大人の遠足BOOK

The 100 top Mountains of Japan.

日本百名山 クルマで行く ベストプラン

日本百名山

クルマで行くベストプラン

Contents

本書の使い方 …… 4
クルマ登山のキーポイント …… 6
山名索引 …… 222

北アルプス・妙高周辺

MAP エリアマップ …… 8
1 白馬岳 …… 10
2 五竜岳 …… 12
3 鹿島槍ヶ岳 …… 14
4 剱岳 …… 16
5 立山 …… 16
6 薬師岳 …… 20
7 水晶岳 …… 22
8 鷲羽岳 …… 22
9 槍ヶ岳 …… 24
10 穂高岳 …… 24
11 焼岳 …… 28
12 黒部五郎岳 …… 29
13 笠ヶ岳 …… 29
14 常念岳 …… 32
15 乗鞍岳 …… 34
16 妙高山 …… 36
17 火打山 …… 36
18 高妻山 …… 38
19 雨飾山 …… 40

北海道

MAP エリアマップ …… 44
20 利尻山 …… 46
21 羅臼岳 …… 48
22 斜里岳 …… 50
23 阿寒岳 …… 52
24 大雪山 …… 54
25 トムラウシ山 …… 56
26 十勝岳 …… 58
27 幌尻岳 …… 60
28 羊蹄山 …… 62

東北・北関東

MAP エリアマップ …… 66
29 八甲田山 …… 68
30 岩木山 …… 70
31 八幡平 …… 72
32 岩手山 …… 74
33 早池峰山 …… 76
34 鳥海山 …… 78
35 月山 …… 80
36 朝日岳 …… 82
37 蔵王山 …… 84
38 飯豊山 …… 86
39 吾妻山 …… 88
40 安達太良山 …… 90
41 磐梯山 …… 92
42 那須岳 …… 94
43 会津駒ヶ岳 …… 96
44 燧ヶ岳 …… 98
45 男体山 …… 100
46 皇海山 …… 102
47 筑波山 …… 104

上信越・埼玉

MAP エリアマップ …… 108

48 越後駒ヶ岳 …… 110
49 平ヶ岳 …… 112
50 巻機山 …… 114
51 苗場山 …… 116
52 谷川岳 …… 118
53 武尊山 …… 120
54 至仏山 …… 122
55 日光白根山 …… 124
56 赤城山 …… 126
57 草津白根山 …… 128
58 四阿山 …… 130
59 浅間山 …… 132
60 両神山 …… 134

中央道周辺

MAP エリアマップ …… 138
61 雲取山 …… 140
62 大菩薩嶺 …… 142
63 金峰山 …… 144
64 瑞牆山 …… 146
65 甲武信ヶ岳 …… 148
66 富士山 …… 150
67 八ヶ岳 …… 152
68 蓼科山 …… 154
69 霧ヶ峰 …… 156
70 美ヶ原 …… 158
71 鳳凰山 …… 160
72 甲斐駒ヶ岳 …… 162
73 仙丈ヶ岳 …… 162
74 北岳 …… 165
75 間ノ岳 …… 165
76 塩見岳 …… 168
77 光岳 …… 170
78 御嶽山 …… 172
79 恵那山 …… 174
80 木曽駒ヶ岳 …… 176
81 空木岳 …… 176

東名高速周辺

MAP エリアマップ …… 180
82 悪沢岳 …… 181
83 赤石岳 …… 181
84 聖岳 …… 183
85 丹沢山 …… 184
86 天城山 …… 186

北陸・西日本

MAP エリアマップ …… 190
87 白山 …… 192
88 荒島岳 …… 194
89 伊吹山 …… 196
90 大台ヶ原山 …… 198
91 大峰山 …… 200
92 大山 …… 202
93 剣山 …… 204
94 石鎚山 …… 206
95 九重山 …… 208
96 祖母山 …… 210
97 阿蘇山 …… 212
98 霧島山 …… 214
99 開聞岳 …… 216
100 宮之浦岳 …… 218

コラム

北アルプス縦走プラン …… 42
北海道エリア・おすすめ周回プラン …… 64
東北エリアを効率よく回る …… 106
上信越エリア・おすすめ周回プラン …… 136
クルマ登山時の失敗例 …… 188
クルマ利用で縦走登山をするには …… 220
百名山完登のためのプランニング …… 221

表紙写真：（上）霧ヶ峰高原ビーナスライン
（下）乗鞍エコーライン

本書の使い方

本書のご利用にあたって

本書では深田久弥が選定した日本百名山を紹介しています。コースはクルマ（マイカーもしくはレンタカー）で行くのに最も適したものを選んでおり、基本的に出発地と下山地が同じになる往復コース、もしくは周回コースをガイドしています。なお、山名は現在の一般的な呼び方を記載しており、『日本百名山』に記載されている山名とは異なるものもあります。

●標高

その山の標高です。一つの山に複数のピークがある場合には最高点の標高を表示し、（ ）内に最高点名を記載しています。なお、最高点が紹介コース中にない場合もあります。

●アクセスルート

関東圏と関西圏の起点となる高速道路のインターから、登山コースへの起点となる駐車場までの経由と距離を示しています。高速道路の経由は最短ルートを紹介していますが、最短ルートの経由が複雑で迷いやすい場合には、わかりやすいルートの中で走行距離が短いものを選んでいます。起点の駐車場へ行く一般道のルートも走行距離が短いものの中からわかりやすいルートを紹介しており、分岐点に目印になるものがないような裏道や抜け道は外しています。また、エリアによってはレンタカー利用を前提とし、飛行機利用の場合は羽田空港、関西空港・伊丹空港から最寄りの空港までの所要時間と、空港や鉄道の駅から起点の駐車場までの経由と距離を紹介しています。

●本文中の項目

サブコース
登山コースメモで紹介しているコースから分かれ、同じ登山口に戻れるコースを掲載しています。登山地図ではこのサブコースを緑色の線で載せています。

こんなコースも
紹介コースとは異なる登山口から山頂を往復するコース。アクセス図と登山地図ではこのコースを青色の線で載せています。

セットで登る
その山と一緒に登りやすいほかの日本百名山を紹介。

下山後の寄り道
下山後に寄りやすい温泉（SPA）やみどころ（SIGHTS）、地元の食やおすすめの食事処(FOOD)、おみやげ品（SOUVENIR）を紹介しています。

群馬県　■標高 2228m

54 至仏山（しぶつさん）
尾瀬ヶ原の西に裾野を延ばす
蛇紋岩に覆われた花の名山

南側直下から見た至仏山。蛇紋岩で形成されたピークだ

コース&アクセスプラン

尾瀬ヶ原の西に位置する至仏山は緩やかに裾野を広げた美しい山容をもつ。マグネシウムを多く含む蛇紋岩で形成された山で、蛇紋岩帯に生えるオゼソウやホソバヒナウスユキソウなどの貴重な高山植物が生育する花の名山だ。植生保護のため、例年、ゴールデンウイーク以降は6月いっぱいまで入山が禁止されている。
登山口の鳩待峠へは関越道の沼田ICからアク

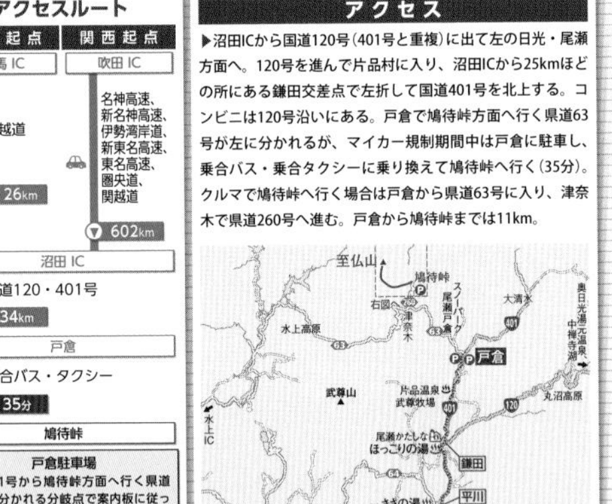

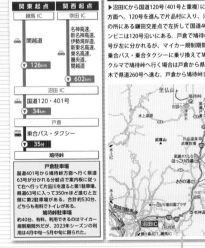

アクセスルート

関東起点	関西起点
練馬IC	吹田IC
関越道	名神高速、新名神高速、伊勢湾岸道、新東名高速、東名高速、圏央道、関越道
126km	602km

沼田IC
国道120・401号　34km
戸倉
乗合バス・タクシー　35分
鳩待峠

戸倉駐車場
国道401号から鳩待峠方面へ行く県道63号が分かれる分岐点で案内板に従って右へ行って片品川を渡ると第1駐車場、県道63号に入って350mほど進むと左側に第2駐車場がある。合計約530台、どちらも有料でトイレがある。
鳩待峠駐車場
約40台、有料。利用できるのはマイカー規制期間外だが、2023年シーズンの利用は4月中旬～5月中旬に限られた。

アクセス
▶沼田ICから国道120号（401号と重複）に出て左の日光・尾瀬方面へ。120号を進んで片品村に入り、沼田ICから25kmほどの所にある鎌田交差点で左折して国道401号を北上する。コンビニは120号沿いにある。戸倉で鳩待峠方面へ行く県道63号が左に分かれるが、マイカー規制期間中は戸倉に駐車し、乗合バス・乗合タクシーに乗り換えて鳩待峠へ行く（35分）。クルマで鳩待峠へ行く場合は戸倉から県道63号に入り、津奈木で県道260号へ進む。戸倉から鳩待峠までは11km。

122

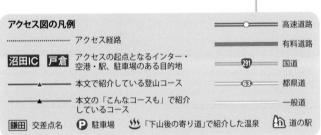

アクセス図の凡例

アクセス経路	高速道路
沼田IC　戸倉　アクセスの起点となるインター・空港・駅、駐車場のある目的地	有料道路
本文で紹介している登山コース	291 国道
本文の「こんなコースも」で紹介しているコース	63 都県道
	一般道

鎌田 交差点名　P 駐車場　「下山後の寄り道」で紹介した温泉　道の駅

●DATA の項目

登山難易度

以下の基準を目安に設定しています。ただし、コースの長さや標高差、難所の多さなど、総合的に見て難易度を判断しています。

初級：歩きやすい登山道で、危険箇所が少ないコース。1日の歩行時間の目安は6時間未満

中級：おおむね歩きやすいが、通過時に注意を要する難所があるコースで、1日の歩行時間の目安は8時間未満

上級：急傾斜の岩稜帯や岩場などが多く、難所を通過する技術と経験が必要とされるコース。1日の歩行時間の目安は8時間以上

日程

日帰りもしくは山中泊の日程を掲載。1日目の行程が長く、登山口周辺で前泊した方がよい場合には「前夜泊」と表示しています。

歩行時間

休憩時間を含まない歩行時間とコースの行程を紹介しています。歩行時間には個人差があり、天候や道の状況によっても変わってきますので、目安としてとらえ、余裕をもった登山計画を立ててください。

登山適期

紹介したコースに登りやすい期間で、残雪がなくなる頃から降雪があるまでの時期を目安としています。残雪の量や梅雨明けの時期などによって適期は前後しますので、山行計画を立てるときにその年の状況を確認しましょう。

●アクセス早わかり

関東圏と関西圏の起点となる高速道路のインターから目的地に近いインターまでの距離と、そのインター（レンタカー利用前提の場合は最寄りの空港や鉄道の駅）から登山コースの起点までの距離を表示しています。

●本書のデータは2023年12月現在のものです。登山道やアクセスに利用する道路の状況や、施設の営業状況は変動する場合があります。

●本書に掲載した山の中には、火山活動によって入山規制が行われることがある山もあります。登山前に気象庁のウェブサイト内にある「火山登山者向けの情報提供ページ」で最新情報をチェックしてください。

セスするが、鳩待峠へ通じる県道の津奈木～鳩待峠間はマイカー規制が行われ、規制中は戸倉に駐車して乗合バスか乗合タクシーに乗り換える。2023年度の規制期間は5月19日～10月31日で、登山シーズン中は規制された。戸倉には第1・第2駐車場があるほか、スノーパーク尾瀬戸倉にも駐車できる（約500台）。

登山コースメモ

鳩待峠の西端にある登山口からブナやダケカンバの樹林帯を緩やかに登っていく。1867mピークの左側を通過し、尾根の右側を進むと湿地状のお花畑に出る。さらにオヤマ沢の源頭部を過ぎ、オヤマ沢田代の湿原へ。湿原に延びる木道をたどって正面に見える小至仏山へ向かう。お花畑が広がる小至仏山直下を登ると蛇紋岩帯となり、小至仏山の山頂に着く。

展望のすばらしい山頂から緩やかに下った後、鞍部から登り返す。この周辺ではホソバヒナウスユキソウやキンロバイなど、さまざまな花が見られる。蛇紋岩に覆われた尾根を進んで至仏山の山頂に立つ。山頂は大パノラマが広がっていて、正面に燧ヶ岳が見えるほか、谷川連峰や平ヶ岳、日光連山などが見渡せる。展望をゆっくり楽しんだら、往路を鳩待峠へ戻る。

DATA

登山難易度	中級
日程	日帰り
歩行時間	4時間：鳩待峠→オヤマ沢田代→小至仏山→至仏山（往復）
登山適期	7月上旬～10月中旬

アクセス早わかり

関東起点 練馬IC 126km 関越道 沼田IC 34km 戸倉

関西起点 吹田IC 602km

54 至仏山

上信越・埼玉

サブコース

鳩待峠から尾瀬ヶ原西端の山ノ鼻へ行って至仏山へ登り、鳩待峠へ下る周回コースを歩くこともできる。山ノ鼻からのコースは登り専用で、往復コースよりも歩行時間は1時間20分ほど長くなる。樹林帯を抜けたら背後に燧ヶ岳を眺めながら登り、高山植物の豊富な高天ヶ原を過ぎて長い木段をたどると至仏山の山頂に着く。

セットで登る

燧ヶ岳（P98）と一緒に登る場合、戸倉に駐車して低公害車などで一ノ瀬へ行き、2泊3日で歩こう。1日目は尾瀬沼東岸で1泊し、2日目は長英新道から燧ヶ岳に登り、見晴新道を下って尾瀬ヶ原の見晴に泊まる。3日目は山ノ鼻から至仏山に登って鳩待峠へ下り、バスで戸倉へ戻る。また、帰路に鎌田交差点から東へ13km行くと日光白根山（P124）の登山口・丸沼高原に着く。

下山後の寄り道

SPA

鎌田交差点から国道120号を沼田方面へ700mほど進んで右へ行くと寄居山温泉の**ほっこりの湯**がある。地元の人々に親しまれてきた施設で、アットホームな雰囲気だ。また、120号の平川交差点で県道64号に入って500mほど行くと、源泉がかけ流しになった**ささの湯**がある。

問合せ先　片品村観光協会☎0278-58-3222

123

登山地図の凡例

- 本文で紹介している登山コース
- その他の主な登山道
- 至仏山 鳩待峠　紹介コースの登山口と目的の山
- 県界
- 市・町・村の区界
- サブコース
- ロープウェイ・ゴンドラ
- 本文の「こんなコースも」で紹介しているコース
- リフト
- 三角点
- 標高点
- 山小屋（有人）・宿
- 無人小屋
- キャンプ指定地・キャンプ場
- 花
- 駐車場
- トイレ
- 水場
- バス停
- 温泉
- 碑

クルマ登山のキーポイント

公共交通機関を利用して山へ行くよりも登山口に近い場所までアプローチできたり、始発バスよりも早く目的地に到着できたり、クルマで山へ出かけるメリットは数多くある。ここでは効率よくクルマで登山するために大事なポイントを紹介しよう。

駐車場への早めの到着をめざす

登山シーズン中、人気の高い百名山には大勢の登山者が訪れ、天候のよい週末などには朝から駐車場が混雑することが多い。北アルプスの剱岳（つるぎだけ）・立山へ登るときに富山側の起点となる立山駅周辺や、山梨・大菩薩嶺（だいぼさつれい）登山口の上日川峠（かみにっかわ）周辺のように駐車場が複数ある場合、登山口に近い駐車場から満車になっていく。到着が遅くなると離れた位置にある駐車場を利用することになり、登山口まで15～20分程度歩くようなこともある。また、駐車場の収容可能台数が少ない場合、駐車場に入れずに車を停める場所を探すのに苦労することもある。こうしたケースでもほかのクルマの通行の妨げとなる狭い路肩スペースに駐車するのは避けよう。

このような点から、スムーズに登山を開始するためにも、早い時間帯に駐車場へ到着できるように計画したい。例えば、混雑が予想される日に奥多摩・雲取山（くもとりやま）や奥秩父・金峰山（きんぷさん）といった首都圏に近いエリアの百名山を訪れる場合には、遅くとも7時前には駐車場へ到着できるようにしよう。登山者が集中する夏期の北アルプスではさらに早い時間帯から駐車場が混雑することも多い。

事前に道路状況をチェックする

百名山といえども、登山口へ行くアクセス道路が走りやすい道であるとは限らず、崩れていたり、落石のある悪路であることもある。南アルプス・光岳（てかりだけ）への起点となる芝沢ゲートへの道や、中央アルプス・恵那山（えなさん）の広河原（ひろかわら）登山口へつながる峰越（みねこし）林道がその例で、大雨や台風の後に道が崩れて通行止めになったことがある。こうした道を利用してアクセスする山へ行く際には、計画の段階で地元自治体のホームページなどで道路の状況を確認しよう。崩壊が激しい場合には、数シーズンにわたって道が通行止めになることもある。

また、登山口へ向かう道がカーブの多い狭い山岳道路であることも多い。運転には十分注意し、特に下りではスピードを出し過ぎないように心がけたい。

紅葉シーズンの週末、埼玉・両神山の日向大谷口にある駐車場は朝７時過ぎにはすべて満車になった

恵那山の広河原登山口へのアクセス時に利用する峰越林道。未舗装区間があって路面には凹凸があるので、慎重に走ろう

北アルプス・妙高周辺

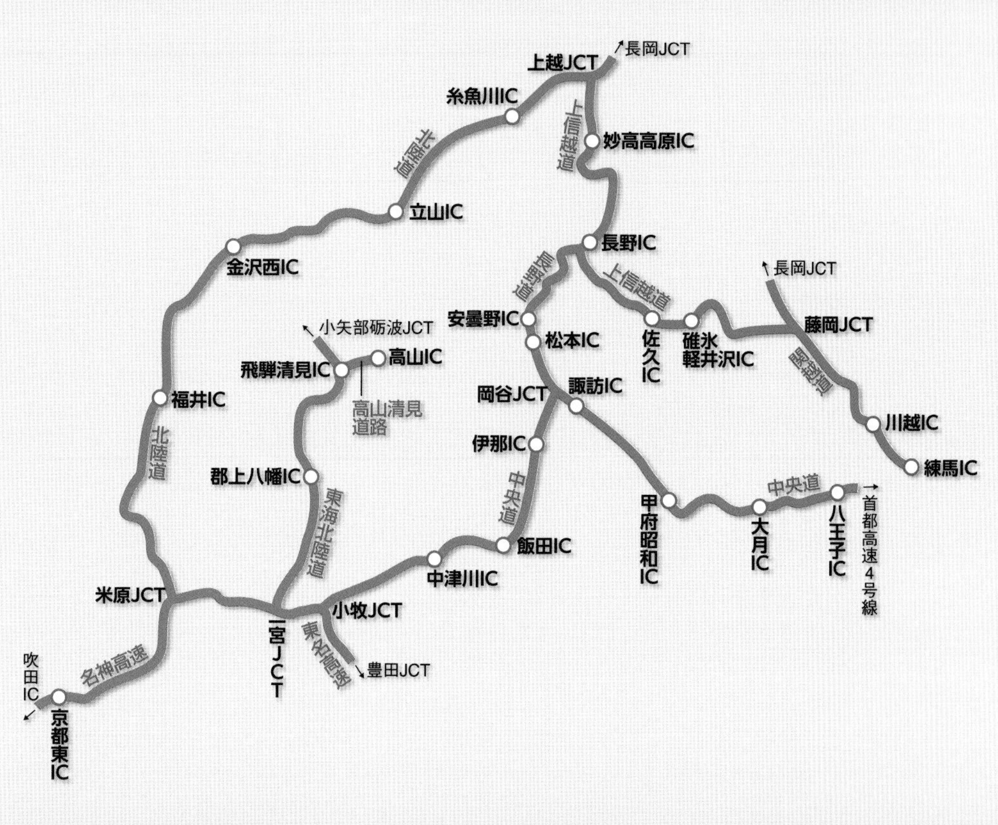

1 白馬岳 …………10
2 五竜岳 …………12
3 鹿島槍ヶ岳 ……14
4 剱岳 …………16
5 立山 …………16
6 薬師岳 …………20
7 水晶岳 …………22
8 鷲羽岳 …………22
9 槍ヶ岳 …………24
10 穂高岳 …………24
11 焼岳 …………28
12 黒部五郎岳 ……29
13 笠ヶ岳 …………29
14 常念岳 …………32
15 乗鞍岳 …………34
16 妙高山 …………36
17 火打山 …………36
18 高妻山 …………38
19 雨飾山 …………40

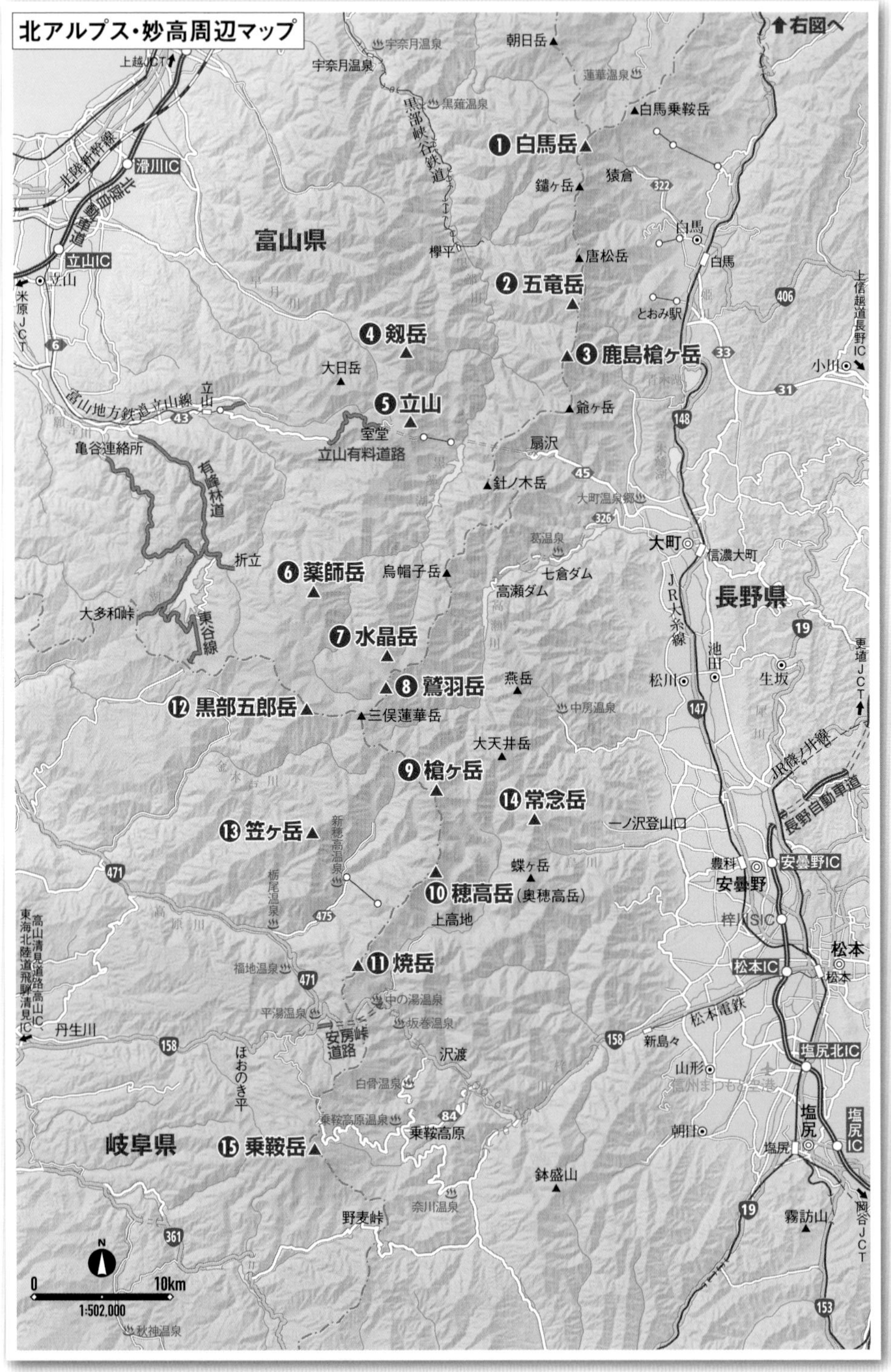
北アルプス・妙高周辺マップ
右図へ
富山県
長野県
岐阜県
1 白馬岳
2 五竜岳
3 鹿島槍ヶ岳
4 剱岳
5 立山
6 薬師岳
7 水晶岳
8 鷲羽岳
9 槍ヶ岳
10 穂高岳（奥穂高岳）
11 焼岳
12 黒部五郎岳
13 笠ヶ岳
14 常念岳
15 乗鞍岳
朝日岳
白馬乗鞍岳
鑓ヶ岳
唐松岳
爺ヶ岳
針ノ木岳
大日岳
烏帽子岳
燕岳
三俣蓮華岳
大天井岳
蝶ヶ岳
鉢盛山
霧訪山
宇奈月温泉
黒薙温泉
蓮華温泉
黒部峡谷鉄道
欅平
猿倉
白馬
とおみ駅
扇沢
室堂
立山有料道路
富山地方鉄道立山線
立山
亀谷連絡所
有峰林道
折立
大多和峠
東谷線
大町温泉郷
葛温泉
七倉ダム
高瀬ダム
大町
信濃大町
JR大糸線
池田
松川
生坂
中房温泉
一ノ沢登山口
JR篠ノ井線
長野自動車道
豊科
安曇野
安曇野IC
梓川SIC
松本
松本IC
松本電鉄
新島々
塩尻北IC
山形
信州まつもと空港
塩尻
塩尻IC
朝日
岡谷JCT
東埴JCT
上信越道長野IC
小川
新穂高温泉
栃尾温泉
上高地
福地温泉
中の湯温泉
平湯温泉
坂巻温泉
安房峠道路
沢渡
白骨温泉
乗鞍高原温泉
乗鞍高原
奈川温泉
野麦峠
ほおのき平
丹生川
東海北陸道飛騨清見IC
高山清見道路高山IC
秋神温泉
上越JCT
滑川IC
立山IC
立山
米原JCT
北陸新幹線
北陸自動車道
0 10km
1:502,000
N

N
0
10km
1:502,000
日本海
長岡JCT
名立谷浜IC
直江津
上越
上越IC
上越JCT
8
日本海ひすいライン
能生IC
上越高田IC
上越妙高
糸魚川
糸魚川IC
北陸自動車道
鉾ヶ岳
米原JCT
親不知IC
新井SIC
妙高
北陸新幹線
新潟県
黒姫山
笹倉温泉
中郷IC
妙高はねうまライン
⑰火打山
焼山
⑲雨飾山
関温泉
燕温泉
犬ヶ岳
⑯妙高山
関川
292
姫川温泉
平岩
妙高高原
妙高高原
妙高高原IC
小谷温泉
笹ヶ峰
39
野尻湖
JR飯山線
148
114
斑尾山
飯山
飯山
朝日岳
黒姫山
信濃町IC
蓮華温泉
信濃
豊田飯山IC
しなの鉄道
⑱高妻山
36
白馬乗鞍岳
小谷
南小谷
戸隠山
18
①白馬岳
戸隠高原
飯綱山
梅池高原
飯綱
猿倉
富山県
鑓ヶ岳
322
飯綱高原
信州中野IC
中野
姫川
白馬
白馬
小布施
小布施SIC
唐松岳
406
高山
長野電鉄
②五竜岳
神城
裾花川
長野
長野
須坂
鹿島槍ヶ岳
③鹿島槍ヶ岳
長野県
33
須坂長野東IC
小川
犀川
青木湖
31
19
爺ヶ岳
白馬長野有料道路
35
上信越自動車道
篠ノ井
長野IC
扇沢
更埴IC
406
更埴JCT
45
19
針ノ木岳
長野自動車道
大町温泉郷
千曲
326
葛温泉
大町
信濃大町
姨捨SIC
聖山
JR大糸線
高瀬ダム
麻績
戸倉上山田温泉
18
坂城
聖高原
麻績IC
坂城IC
しなの鉄道
147
上田菅平IC
東部湯の丸IC
藤岡JCT、練馬IC
信濃松川
生坂
筑北
松川
池田
(2023年度開業予定)
筑北SIC
上田
上田
燕岳
中房温泉
JR篠ノ井線
143
青木
東御
大天井岳
田沢温泉
上田電鉄
左図へ
安曇野IC、岡谷JCT
別所温泉

1 白馬岳（しろうまだけ）

大雪渓と高山植物が出迎える 日本アルプス最北の百名山

ピーク時には登山者が列をなす白馬岳の代名詞的存在・白馬大雪渓

コース&アクセスプラン

北アルプス北部の後立山連峰に位置する白馬岳は花の名山として知られる人気ピーク。東面に広がる白馬大雪渓は日本三大雪渓の一つで、白馬を代表する登山コースだ。ここでは駐車場のある猿倉を起点にして白馬大雪渓を登って白馬岳をめざす往復コースを紹介する。なお大雪渓は、融雪の状況によっては登山ルートを確保できなくなることがある。2023年シーズンも猛

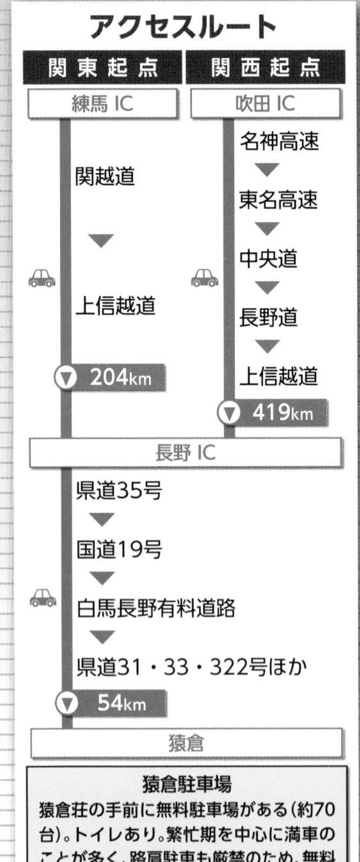

猿倉駐車場

猿倉荘の手前に無料駐車場がある（約70台）。トイレあり。繁忙期を中心に満車のことが多く、路肩駐車も厳禁のため、無料駐車場のある八方交差点周辺に車を停め、猿倉まで路線バスを利用するのが無難。

アクセス

▶長野ICから県道35号を長野市街方面へ北上し、下氷鉋・塔之腰交差点を左折して国道19号（長野南バイパス）を西へ。安庭地区で白馬長野有料道路へ入り、そのまま県道31・33号を進み、国道148号を陸橋で越えてから八方尾根方面をめざす。バスターミナルを兼ねた八方インフォメーションセンターの東側にある八方交差点を直進し、道幅の狭い県道322号を猿倉へ。コンビニは随所にあり、八方周辺が最終。県道322号の二股～猿倉間は冬期（12月～4月下旬）閉鎖。

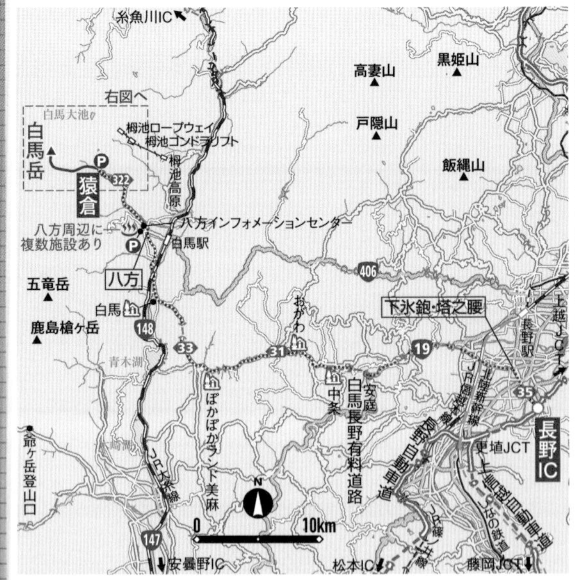

暑などの影響で雪解けが進み、8月28日から大雪渓ルートは通行止めになった。登山道の情報は白馬村公式観光サイトなどに掲載されるので、状況を確認して計画を立てよう。

猿倉へのアクセスは上信越道長野ICからのルートのほか、長野道安曇野ICを起点に県道310・306号から国道147・148号を経て、県道322号で向かうこともできる(安曇野ICから約59km)。

登山コースメモ

1日目、猿倉から白馬尻までは、林道と緩やかな登山道をたどる。ここから先に延びる白馬大雪渓の規模や危険箇所は、積雪量や季節により大きく変動する。雪渓の通過には滑り止めの軽アイゼン等を必ず携行したい。葱平までの雪渓歩きを慎重にクリアし、お花畑が点在する岩稜帯を過ぎると、村営白馬岳頂上宿舎や白馬山荘も近い。

翌日、稜線をひと登りした白馬岳山頂からは、剱岳・立山など北アルプス北部の峰々をはじめ、360度の展望が広がる。猿倉へは往路を戻るが、雪渓で転倒しないよう注意して下ろう。

DATA

登山難易度	上級
日程	前夜泊1泊2日
歩行時間	1日目 6時間20分：猿倉→白馬尻→葱平→白馬山荘／2日目 4時間40分：白馬山荘→白馬岳→葱平→白馬尻→猿倉
登山適期	7月中旬〜10月上旬

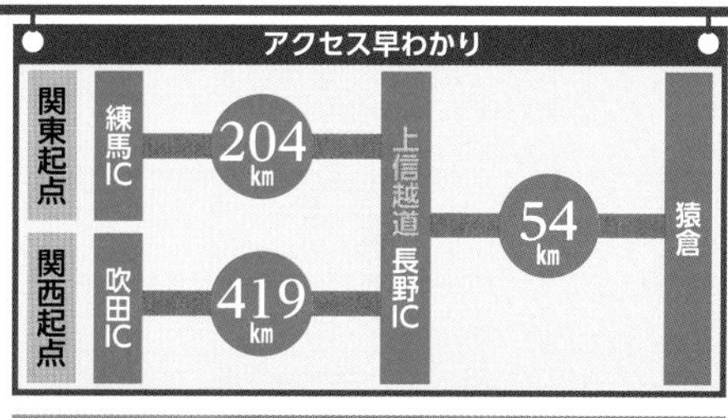

サブコースの小蓮華山から白馬三山を望む(右端が白馬岳)

サブコース

白馬岳から往路を戻らず、稜線を北上すると、白馬大池を経て、栂池自然園へ下ることができる。ロープウェイとゴンドラを乗り継いだ栂池高原からは、八方へ向かう路線バスが運行しており、多くの高山植物に出会える周回コースとしても人気が高い。白馬岳山頂から栂池ロープウェイ自然園駅までの歩行時間は5時間10分。

下山後の寄り道

♨ SPA

日帰り温泉施設の**八方の湯**は、八方インフォメーションセンターとは道路を隔てた八方第2駐車場に隣接しており、バス利用の際も気軽に立ち寄れる。また周辺にはこぢんまりとした造りながら、**みみずくの湯**や**郷の湯**もある。猿倉に車を停めた場合は、素朴な露天風呂となめらかな肌ざわりの湯が人気の**おびなたの湯**が、下山後に立ち寄りやすい。

問合せ先　白馬村観光局☎0261-72-7100

2 五竜岳

山麓から延びるテレキャビンを利用し 荒々しい山容と眺望が魅力の名峰に挑む

縦走路からやや外れた地の岩稜帯に五竜岳山頂がある

コース&アクセスプラン

後立山連峰のほぼ中央部に位置する五竜岳は、岩稜帯に彩られた荒々しい山容が特徴的だ。さえぎるもののない山頂からは北に白馬岳、南に鹿島槍ヶ岳を見通し、黒部渓谷越しに見る剱岳や立山の眺望もすばらしい。

メインルートである遠見尾根へは、駐車場のあるとおみ駅からエイブル白馬五竜のテレキャビン（所要8分）を利用し、標高約1530mのアルプス

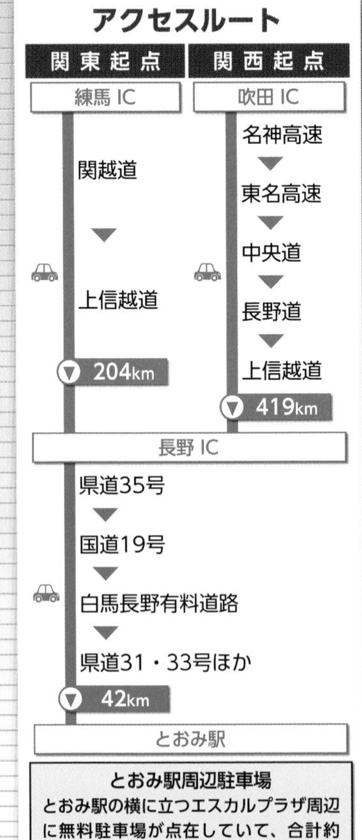

とおみ駅周辺駐車場
とおみ駅の横に立つエスカルプラザ周辺に無料駐車場が点在していて、合計約1500台。山小屋泊まり登山者用のスペースも設けられている。エスカルプラザにはトイレやレストラン、売店がある。

アクセス

▶長野ICから県道35号を長野市街方面へ北上し、下氷鉋・塔之腰交差点を左折して国道19号（長野南バイパス）を西へ。安庭地区で白馬長野有料道路へ入り、そのまま県道31・33号を進み、白馬五竜方面を示す道標に従って左折。白馬五竜交差点で国道148号を横切り、道なりに進むとエイブル白馬五竜のテレキャビンとおみ駅に着く。白馬五竜界隈にコンビニはないため、途中のルート上で必要なものを調達しておくのが無難だろう。

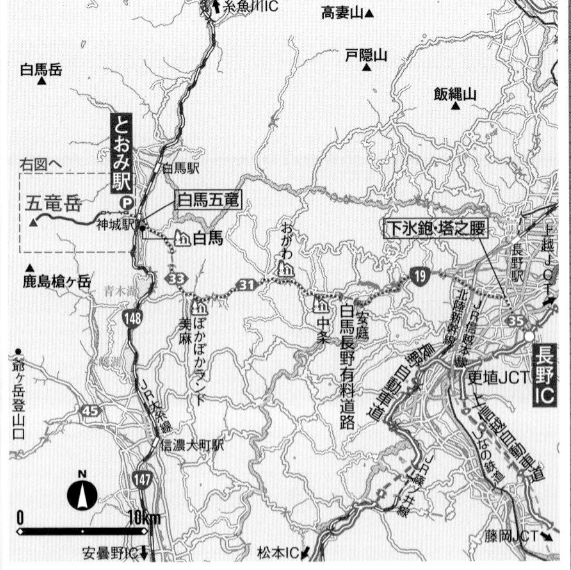

平駅が起点となる。山頂までの標高差は1300m近くあり、途中アップダウンやクサリ場などの難所もある長丁場なので、心して臨みたい。このほか八方（はっぽう）からリフトを乗り継ぎ、唐松岳（からまつだけ）への登山路にあたる八方尾根から後立山連峰の主稜線を歩いて五竜岳へ至るコースも人気がある。

なお登山口までのアクセスは、長野道安曇野（あづみの）ICを起点に県道310・306号から国道147・148号を経て向かうこともできる（安曇野ICからとおみ駅まで約48km）。

登山コースメモ

アルプス平駅からしばらくは散策路を歩き、地蔵ノ頭（じぞうのあたま）を経て樹林帯に。急坂を登ると大展望が広がる小遠見山（ことおみやま）に着く。尾根づたいに中遠見山、大遠見山とピークを越え、その先にある西遠見ノ池からの五竜岳の眺めは、遠見尾根のハイライトだ。登山道は徐々に厳しさを増し、西遠見山を過ぎると岩稜帯のやせ尾根になる。クサリ場や岩場を慎重に通過すれば、高山植物の出迎えを受け、やがて稜線上の五竜山荘に着く。

DATA

登山難易度	上級
日程	1泊2日
歩行時間	1日目　5時間35分：アルプス平駅→小遠見山→大遠見山→五竜山荘／2日目　5時間50分：五竜山荘→五竜岳→大遠見山→小遠見山→アルプス平駅
登山適期	7月中旬～10月上旬

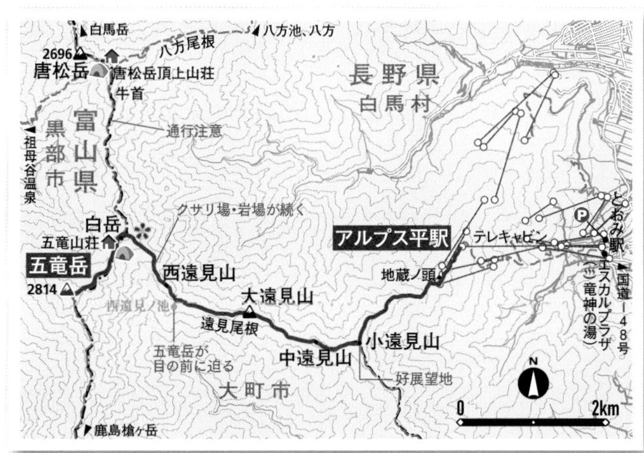

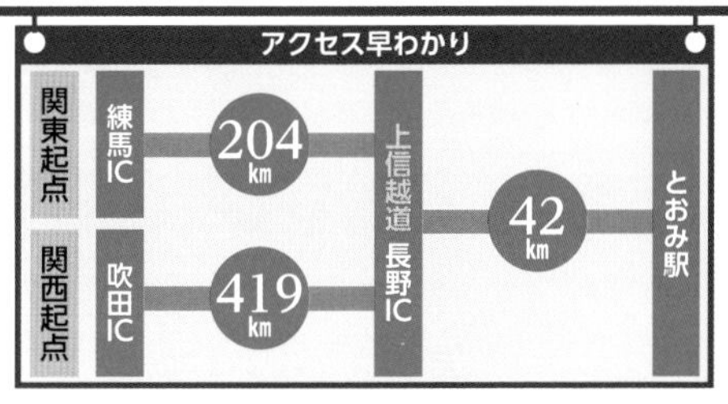

2日目、五竜山荘から山頂までは1時間。岩場やハイマツ帯を登りつめた先の縦走路から少し外れた場所に、眺望抜群のピークがある。下山は往路を戻るが、登り以上に難易度が高く、疲労もたまっているので、気を緩めず歩きたい。

セットで登る

クルマの場合、セットで登りやすいのが白馬岳（しろうまだけ）（P10）。とおみ駅から登山口へ向けて直接北上する近道もあるが、一度白馬五竜交差点に出た方が無難だろう。白馬五竜交差点を左折後、国道148号を北上。飯森（いいもり）陸橋手前を左に入り、県道322号などを利用して猿倉（さるくら）へ向かう（あるいは八方に駐車し、路線バスを利用）。宿泊施設は八方周辺に多数あり、また白馬（はくば）駅界隈も含めて複数の登山用具店が揃っているのも、長期登山の場合には心強い。

下山後の寄り道

SOUVENIR

白馬五竜交差点から国道148号を約200m南下した場所にあるのが**道の駅白馬**。地元白馬村特産の紫米（むらさきまい）「紫舞」をはじめとした物産品や新鮮野菜などを多数取り扱っている。

SPA

テレキャビンのとおみ駅に隣接するエスカルプラザ内にあるのが日帰り入浴施設**竜神の湯**で、白馬姫川温泉から運んだ湯を利用している。

問合せ先
白馬五竜観光協会
☎0261-75-3131

3 鹿島槍ヶ岳（かしまやりがたけ）

後立山連峰の盟主にふさわしい
高山植物と眺望が自慢の双耳峰

北峰と南峰を結ぶ美しい吊尾根が特徴的な鹿島槍ヶ岳

コース&アクセスプラン

後立山（うしろたてやま）連峰のなかでも、ひときわ個性的な双耳峰（そうじほう）の山であり、「鹿島槍」の愛称で広く親しまれている。その特異な山容は、離れた場所からでもひと目でわかるほど際立っている。剱岳（つるぎだけ）や立山の眺望は連峰屈指で、登山道を彩るお花畑の人気も高い。

登山ルートは、扇沢（おうぎさわ）の手前にある爺ヶ岳（じいがたけ）登山口から柏原新道をたどり、爺ヶ岳を経て鹿島槍ヶ

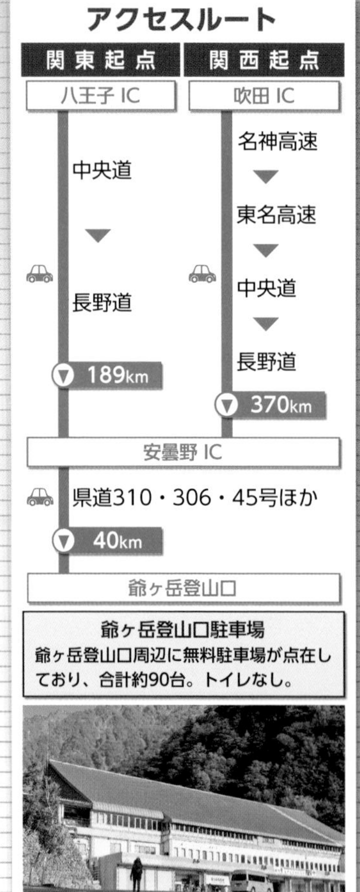

トイレや売店は扇沢にある

アクセス

▶安曇野ICから県道310号を北上し、重柳交差点を右折。道なりに進み、安曇橋南交差点から県道306号を利用。上一北交差点で国道147号を横切り、蓮華大橋南交差点を右折する。500mほどで道標に従い左折し、T字路を大町温泉郷方面に左折して、県道45号に入る。10kmほど進むと、爺ヶ岳登山口に着く。コンビニは安曇野IC周辺で入っておこう。爺ヶ岳登山口周辺の駐車場が満車の場合は、さらに先の扇沢に車を停め、車道を10分ほど歩くことになる。

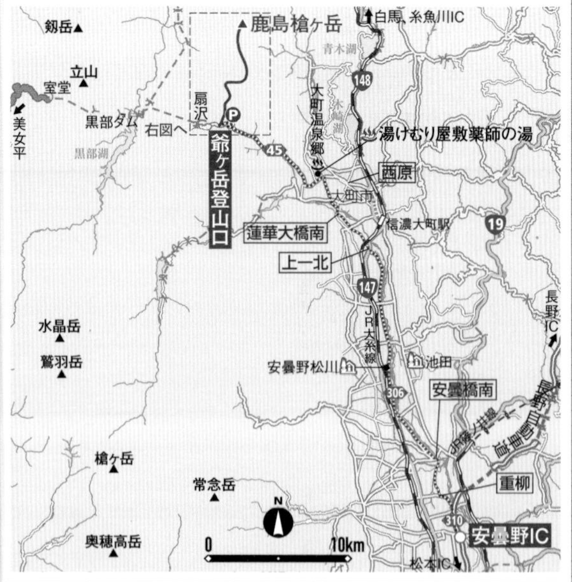

岳へと向かう往復コースが一般的だ。

安曇野ICからのアクセスルートは、途中での右・左折があるので、交差点や道標を見落とさないように。不安な場合は国道147号を大町市街まで北上後、県道45号に入るとわかりやすい。

登山コースメモ

爺ヶ岳登山口から柏原新道に入ると、すぐさま樹林帯の急登が始まるが、やがて傾斜はなだらかとなり、登りつめた縦走路との分岐に種池山荘が立つ。初日はここに宿泊して英気を養おう。

2日目は南峰・中央峰・北峰と3つのピークが連なる爺ヶ岳を過ぎ、高山植物を愛でながら進めば、今宵の宿である冷池山荘に到着。余分な荷物は山荘に預け、鹿島槍ヶ岳へと向かう。最初に見えてくるのが最高点の南峰で、北アルプス全域をはじめとする360度の眺望に息をのむことだろう。吊尾根で結ばれた北峰へは往復で約1時間だ。3日目は往路を下る。

DATA

登山難易度	上級
日　　程	2泊3日
歩行時間	1日目　4時間：爺ヶ岳登山口→種池山荘／2日目　7時間15分：種池山荘→冷池山荘→鹿島槍ヶ岳→冷池山荘／3日目　5時間15分：冷池山荘→種池山荘→爺ヶ岳登山口
登山適期	7月中旬〜10月上旬

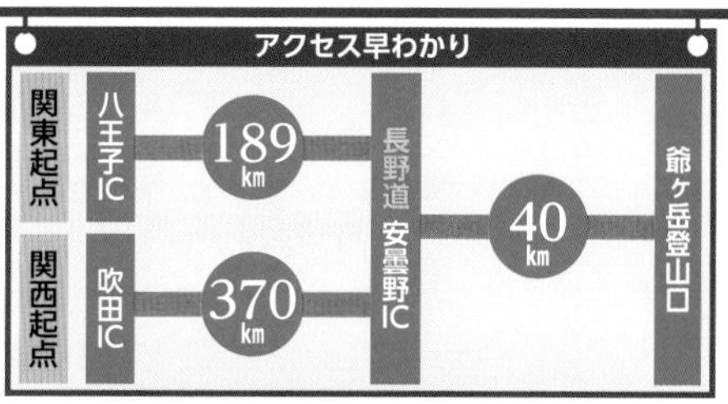

鹿島槍ヶ岳南峰へと続くなだらかな登山道

セットで登る

鹿島槍ヶ岳の北に見えるのが五竜岳。後立山連峰の縦走路を歩いてたどり着くこともできるが、途中には岩場やクサリ場が連続する難所の八峰キレットが立ちはだかり、また縦走後に駐車場に戻るのも厄介だ。セットで登る場合は、一度爺ヶ岳登山口まで戻り、県道45号を大町市街方面へと進んで西原交差点を左折。木崎湖入口を左折後、国道148号を北上し、白馬五竜交差点を左折してとおみ駅へ向かう（アクセス図はP12も参照）。

下山後の寄り道

♨ SPA

帰路に立ち寄りやすいのが、県道45号沿いの大町温泉郷にある**湯けむり屋敷薬師の湯**。温泉郷内唯一の日帰り温泉施設で、広々とした内湯と開放的な露天風呂を備えている。軽食中心の食堂のほか、アルプス温泉博物館を併設。

問合せ先　大町市観光協会☎0261-22-0190

45 剱岳(つるぎだけ)・立山(たてやま)

対照的な山容が登山者を魅了する 北アルプス北部を代表する名峰

前剱から山頂へのルートでは三点支持の基本を忘れずに

コース&アクセスプラン

岩と雪の殿堂として名高い岳人憧れの剱岳、3000m峰でありながら初級者でも比較的登りやすい立山。対照的な顔をもつ2つの山の登山口となるのが、標高約2430mの室堂(むろどう)ターミナルだ。周辺は室堂平とよばれる台地が広がり、池やお花畑を巡る散策路が整備されているほか、ホテルや山小屋も充実。この室堂を起点に、剱岳へは別山(べっさん)尾根を登る2泊3日、立山は一ノ越(いちのこし)経由の

アクセスルート

関東起点

八王子 IC

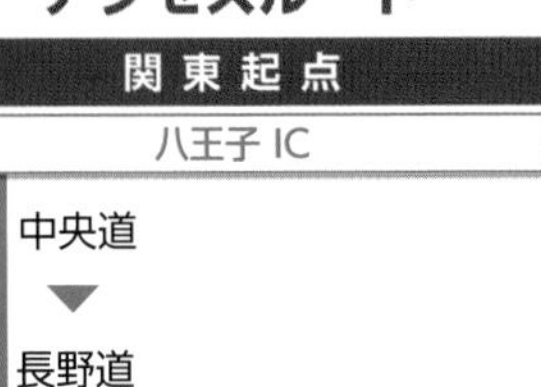

中央道
▼
長野道

189km

安曇野 IC

県道310・306・45号ほか

41km

扇沢

扇沢駐車場
無料の大町市市営駐車場と扇沢近くの有料駐車場があり、合計約580台。トイレ、売店あり。

立山黒部アルペンルート

約1時間30分

室堂ターミナル

ケーブルカーやトロリーバスで室堂をめざす

アクセス

▶安曇野ICから県道310号を北上し、重柳交差点を右折。道なりに進み、安曇橋南交差点から県道306号を利用。上一北交差点で国道147号を横切り、蓮華大橋南交差点を右折する。500mほどで道標に従い左折し、T字路を大町(おおまち)温泉郷方面に左折して、県道45号に入る。11kmほど進むと、扇沢に着く。コンビニは登山口周辺になく、途中の蓮華大橋の手前にある。扇沢からは立山黒部アルペンルートの交通機関を乗り継ぎ、登山口の室堂ターミナルへ向かう。

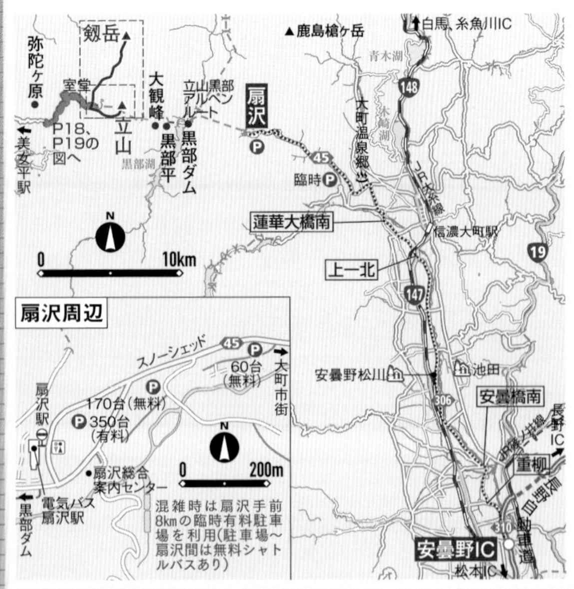

日帰り行程となる。

室堂へのルートは関東起点と関西起点で異なる。いずれからも直接マイカーで入ることはできないため、立山黒部アルペンルートとよばれる交通機関を、長野県側あるいは富山県側から利用する。

関東からは扇沢（おうぎさわ）の駐車場に車を停め、まずは電気バスで黒部湖へ。黒部ダムの上を徒歩で通過したのち、ケーブルカー・ロープウェイ・トロリーバスと矢継ぎ早に乗り継ぐ。夏山シーズンを中心に、登山者だけでなく多くの観光客も訪れるため、乗り継ぎに思わぬ時間を要することもあるので、時間に余裕をもって室堂へ向かいたい。一方、関西からは立山駅の駐車場を利用し、ケーブルカーで美女平駅へ。駅前から高原バスに乗り換え、室堂へ入る。

売店やレストランも備えた室堂ターミナルには登山届ポストが用意されているほか、現地の登山道情報も掲示されているので、最新の状況を確認してから登山を開始しよう。

アクセスルート

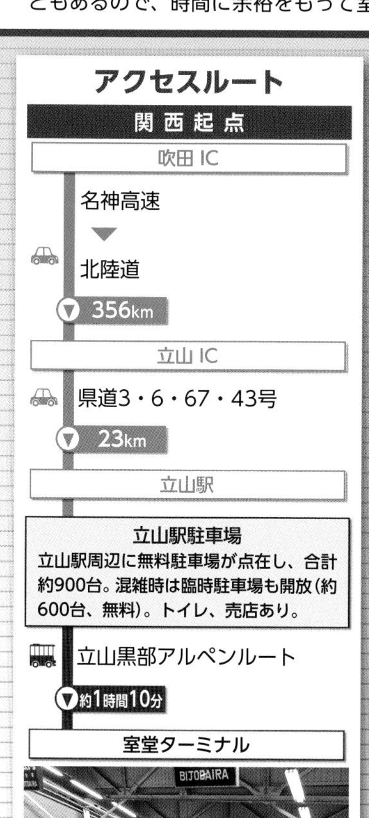

美女平駅までは立山ケーブルカーを利用

アクセス

▶立山ICから県道3号を南下し、道なりに直進すると県道6号になる。そのまま17kmほど進み、立山大橋を渡る県道67号へと右折。その後県道43号と合流し、道標に従って立山駅へ。コンビニは立山ICから約11kmが最終。立山駅周辺に車を停め、ここから先は立山黒部アルペンルートのケーブルカー、高原バスを乗り継いで登山口の室堂ターミナルへ向かう。立山駅早朝発でもよいが、前日の午後便で室堂に入っておけば、翌日の登山行程に余裕が生まれる。

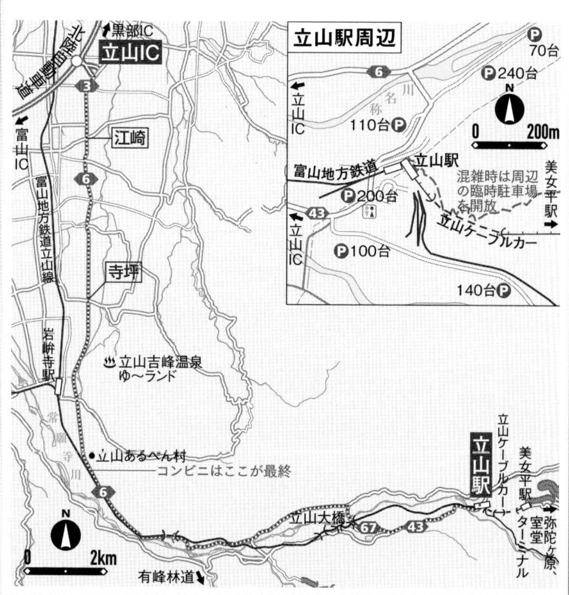

登山コースメモ　剱岳

室堂から雷鳥平、別山乗越を経て、2泊3日で剱岳を往復するのが一般的。剣山荘、剱澤小屋のどちらに泊まってもいいが、同じ小屋に2泊すれば2日目に少ない荷物で山頂を往復できる。ここでは剣山荘泊まりの設定にする。剱澤小屋泊の場合は2日目の行程が50分ほど長くなる。

1日目は室堂ターミナルから散策路をたどり、テント場のある雷鳥平へ下る。この先、別山乗越へ最短距離で向かう雷鳥沢コースは、急坂もあり体力が必要。時間に余裕があれば、傾斜の緩い新室堂乗越経由で別山乗越へ向かうといい。別山乗越からは正面に剱岳を一望できる。剱沢を見下ろしながらトラバースすると剣山荘に着く。

2日目、ヘルメットを装着して出発。一服剱まで

DATA 剱岳

登山難易度	上級
日　　程	2泊3日
歩行時間	1日目　4時間：室堂ターミナル→別山乗越→剣山荘／2日目　6時間：剣山荘→一服剱→前剱→剱岳（往復）／3日目　3時間30分：剣山荘→別山乗越→室堂ターミナル
登山適期	7月下旬～9月下旬

剱岳からの下りも気を抜けない難所の連続だ

では難所も少ない。前剱へは一度大きく下ってから足場の崩れやすい急斜面を登り返す。落石に注意しながら歩きたい。剱岳のピークが眼前に立ちはだかる前剱から先は難所の連続で、クサリ場や岩場での慎重かつ確実な行動が求められる。垂直に近い岩場のカニのたてばいを越えれば、360度の眺望が広がる山頂も近い。下りでもカニのよこばいやハシゴの通過など、緊張を強いられる箇所が続くので、気を緩めることなく、転倒や滑落に注意しよう。

3日目は往路を室堂ターミナルへ戻る。

登山コースメモ　立山

室堂ターミナルからは石畳の散策路を進み、立山室堂山荘を過ぎて一ノ越へ向かう。緩やかな登山道を1時間ほどでトイレや山荘のある一ノ越に着く。ここから山頂へ向けての登山道はこれまでと一変し、傾斜のあるガレ場の道となる。登りきった先が立山の主峰・雄山で、標高3003mの山頂には雄山神社の峰本社が鎮座している。

下りは往路を戻るが、浮き石での転倒や落石に注意したい。

セットで登る

剱岳と立山をセットで登る場合、まずは剱岳登頂を果たし、その後立山へ立ち寄ると効率がよい。剱岳の登山コースメモにある2日目までは同じ行程。3日目は早めに剣山荘を発ち、別山乗越の分岐を別山方面へ。すり鉢状の雷鳥平を見下ろすように稜線をたどれば、真砂岳に続き、

残雪をまとった霊峰・立山をミクリガ池から望む

富士ノ折立、立山最高峰の大汝山(3015m)、雄山の3座を巡れる。雄山からは一ノ越を経て室堂ターミナルへ向かう。3日目の歩行時間は6時間10分。剱澤小屋に宿泊した場合は、別山乗越へは戻らず、剱沢から立山へ向かう稜線へのショートカットコースも利用できる。

サブコース

立山の雄山山頂から一ノ越経由で室堂へ戻らず、そのまま稜線をたどると、立山最高峰の大汝山、次いで富士ノ折立が現れる。さらに進むと真砂岳との分岐に着くので、雷鳥平へ向けて大走谷を下り、雷鳥平から室堂ターミナルへ戻る。全歩行時間は5時間30分。時間に余裕があれば、雷鳥平周辺の山小屋やみくりが池温泉に立ち寄り、山中のいで湯で汗を流すのもいい。

DATA 立山

登山難易度	初級
日　　　程	日帰り
歩行時間	3時間40分：室堂ターミナル→雄山(往復)
登山適期	7月中旬～10月上旬

下山後の寄り道

SIGHTS

往路では登山口である室堂ターミナルまで急ぐことが多く、途中で寄り道する時間を捻出しにくいが、立山黒部アルペンルートにはみどころも多いので、下山後にぜひ立ち寄りたい。

長野県の扇沢へ戻る場合、最初のスポットがトロリーバスとロープウェイの乗継駅である**大観峰**。屋上展望台からは、眼下の黒部湖と背後に立ちはだかる針ノ木岳など後立山連峰の大パノラマが広がる。ロープウェイを降りた**黒部平**周辺には、黒部平庭園や高山植物観察園がある。堰堤上を歩いて移動する**黒部ダム**では、200段の階段を上がれば、展望台から迫力ある観光放水を眺めることができる。

富山県の立山駅へ戻る場合は、高原バスを途中下車し、**弥陀ヶ原**に立ち寄りたい。溶岩台地に広がるなだらかな高原で、池塘を巡る木道が延びている。弥陀ヶ原とは車道をはさんで南側にあるのが**立山カルデラ展望台**で、荒々しい火口壁をもつ立山カルデラの様子がわかる。

問合せ先
大町市観光協会☎0261-22-0190
立山町観光協会☎076-462-1001

雄大な光景が広がる大観峰屋上展望台からの眺望

6 薬師岳（やくしだけ）

富山湾と山の眺望にも恵まれた
重量感あふれるあつい信仰の山

薬師岳へと続く荒涼とした登山道。左奥が薬師岳

コース&アクセスプラン

どっしりとした山容をもつ薬師岳。東面にカール地形を擁する堂々とした姿は威厳に満ちており、また山頂には薬師如来がまつられるなど、古くより信仰の山として親しまれてきた存在でもある。コース中に危険箇所はないが、長丁場の歩きに対応できる体力が必要だ。

登山口の折立（おりたて）へは、夜間通行止めの有峰（ありみね）林道を利用する。アクセス情報では北陸道立山ICか

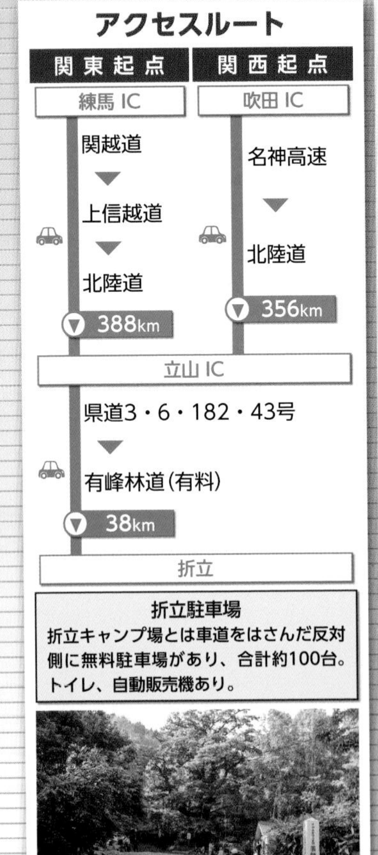

薬師岳へのメイン登山口となる折立

アクセス

▶立山ICから県道3号を南下し、道なりに直進すると県道6号になる。ガソリンスタンドのある芳見橋交差点（T字路）を右折して県道182号に入り、T字路を左折して県道43号に合流。ほどなく小見交差点を右折し、亀谷連絡所から先は有峰林道（有料道路）を約20km走り、道標に従い折立へ向かう。途中コンビニは多くなく、立山ICから約11kmが最終。なお有峰林道の利用時間（走行可能時間）は6～20時で、気象条件により通行規制も実施されるので注意が必要である。

らのルートを示したが、南側の東谷連絡所から有峰林道を利用することもできる。東谷までは松本ICから約100㎞、高山ICから約66㎞。

登山コースメモ

1日目、折立からいきなり樹林帯の急坂が続く。ひと頑張りしてここを抜けると、次第に視界が広がり、前方に薬師岳の姿が見えてくる。五光岩ベンチとよばれる休憩ポイントを過ぎ、幅広く緩やかな登山道を進むと、やがて太郎平小屋のある太郎兵衛平に着く。

2日目は、薬師岳を正面に見据えながら一度薬師峠へ下ったのち、本格的な登りが始まる。薬師岳山荘を過ぎ、ザレ場の斜面を登りつめた先に薬師堂のある薬師岳山頂が見えてくる。槍・穂高から富山湾までの眺望もすばらしい。展望を楽しんだら太郎平小屋を経由して折立へ下る。

セットで登る

薬師岳とは太郎兵衛平をはさんで反対側の稜線をたどった先にあるのが黒部五郎岳(P29)。

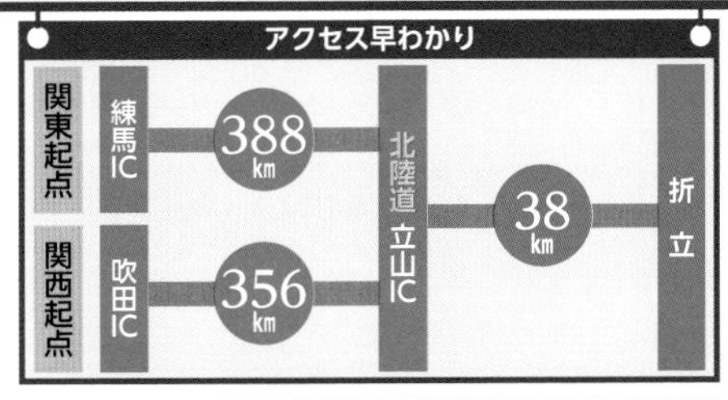

薬師岳山頂から中央カール越しに槍・穂高の峰々を見通す

セットで登る場合は、薬師岳登山を終えたら太郎平小屋に泊まり、3日目、折立へ下らず、南をめざす。左手に雲ノ平の広がりを見ながら、アップダウンを繰り返し、黒部五郎岳までは5時間ほど。山頂から黒部五郎小舎まではカール内の登山道を下り、1時間40分を要する。

4日目は6時間40分かけて同じコースを太郎平小屋へ戻り、5日目に折立へ下る。

DATA

登山難易度	上級
日程	1泊2日
歩行時間	1日目 5時間：折立→太郎平小屋／2日目 8時間40分：太郎平小屋→薬師岳→太郎平小屋→折立
登山適期	7月中旬～10月上旬

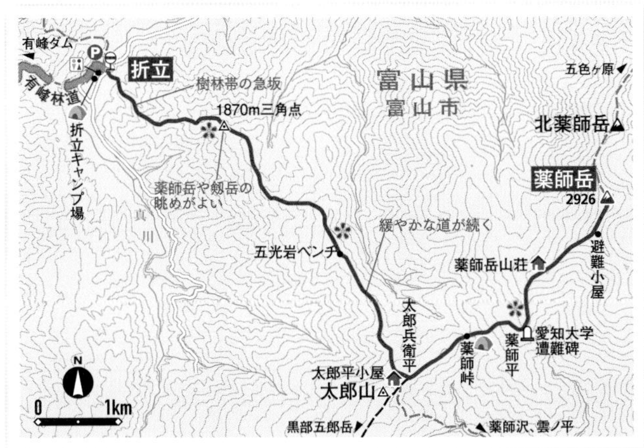

下山後の寄り道

SPA

帰路に立ち寄りやすいのは、亀谷連絡所近くの**亀谷温泉白樺の湯**や、立山グリーンパーク吉峰にある**立山吉峰温泉ゆ～ランド**。グリーンパーク吉峰には宿泊施設もある。

SIGHTS

1960年にダムが完工した**有峰湖**の湖畔には、遊歩道が整備され、ビジターセンターでは散策用の周辺地図も用意。有峰ハウスは宿泊も可能だ。

問合せ先
富山市まちなか観光案内所
☎076-439-0800

■標高 2986m（水晶岳）・2924m（鷲羽岳）

78 水晶岳（すいしょうだけ）・鷲羽岳（わしばだけ）

長大な稜線をたどり
北ア最深部をめざす

長く延びる稜線越しに水晶岳（右）と鷲羽岳（左奥）を望む

コース&アクセスプラン

山肌の色から黒岳ともよばれる水晶岳、黒部川源流域に位置する鷲羽岳は、ともに北アルプスの最も奥まった地にあるため、いずれの登山口からも山頂までは日数を要する。それゆえ登山にあたっては余裕のある日程と、繰り返し立ちはだかるアップダウンをものともしない体力が必要となる。水晶岳は富山県にあり、鷲羽岳は長野県と富山県にまたがる。

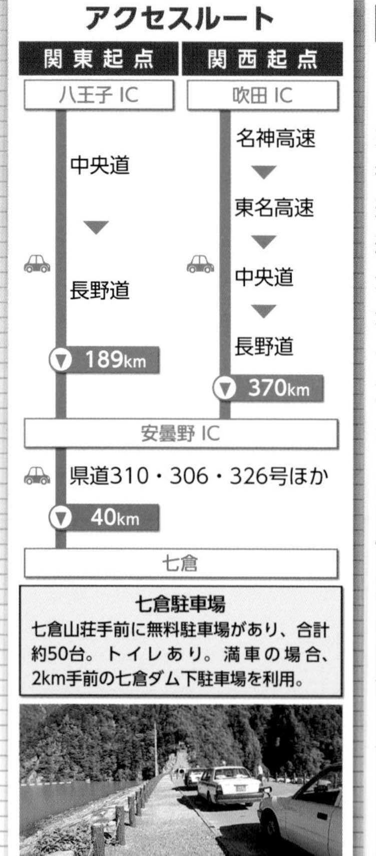

登山口の高瀬ダムへは、タクシーで入ろう

アクセス

▶安曇野ICから県道310号を北上し、重柳交差点を右折。道なりに進み、安曇橋南交差点から県道306号を利用。上一北交差点で国道147号を横切り、蓮華大橋南交差点手前で右折後、高瀬入交差点を左折して県道326号に入る。葛温泉への道標に従い、右・左折しながら県道326号を進み、葛温泉を通り過ぎた先の七倉山荘まで一般車両が入れる。七倉から高瀬ダムまではタクシー約15分または徒歩約2時間。七倉〜高瀬ダム間を走る特定タクシーは運行時間が決められている。

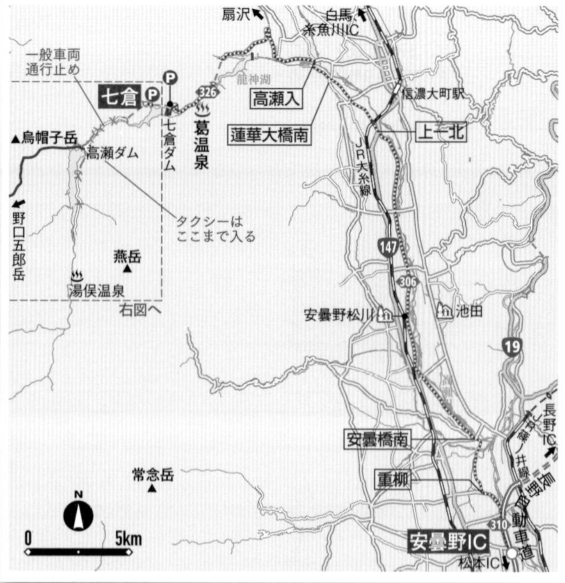

メインの登山口となる高瀬ダムへは、マイカーで入れないので、七倉山荘手前の駐車場を利用する。安曇野ICからここまでの道のりも長いので、七倉山荘や手前の葛温泉に前泊するといい。

関西起点であれば薬師岳の登山口として紹介した折立(P20参照)も利用可能。太郎兵衛平を経て薬師沢へと下り、急登を登り返して秘境・雲ノ平へ。ここからワリモ北分岐をめざし、水晶岳と鷲羽岳を往復したのち、往路を戻るが、長期登山であることには変わりがない。

登山コースメモ

1日目、高瀬ダムからほどなくしてブナ立尾根登山口に着く。ブナ立尾根は北アルプス三大急登の一つともいわれるルートで、烏帽子小屋との標高差は約1200m。辛抱しながら、黙々と上をめざそう。登りきった烏帽子小屋から急峻なピークの烏帽子岳までは往復約1時間半なので、体力や時間に余裕があれば立ち寄りたい。

DATA

登山難易度	上級
日程	前夜泊3泊4日
歩行時間	1日目 6時間：高瀬ダム→烏帽子小屋／2日目 7時間40分：烏帽子小屋→野口五郎岳→水晶岳→水晶小屋／3日目 6時間40分：水晶小屋→鷲羽岳→野口五郎小屋／4日目 6時間50分：野口五郎小屋→高瀬ダム
登山適期	7月下旬～9月下旬

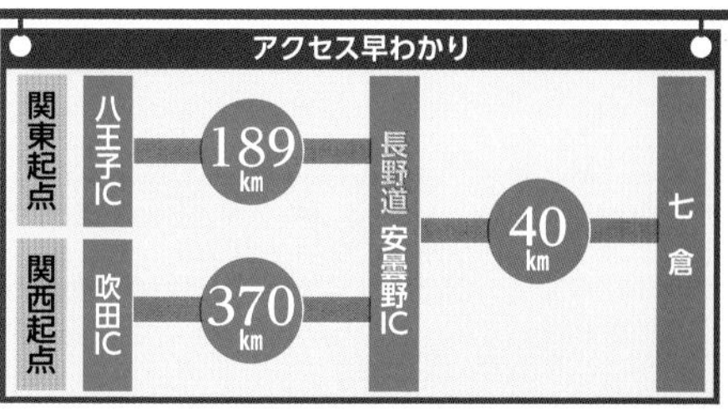

水晶岳山頂には大きな岩がゴロゴロしている

2日目、烏帽子小屋から三ッ岳、野口五郎岳を経て、稜線を忠実にたどれば、やがて水晶小屋に着く。小屋に不要な荷物を預け、水晶岳を往復しよう。

3日目は水晶小屋からワリモ北分岐を経て鷲羽岳をめざす。槍・穂高連峰から眼下の黒部川源流までを一望できる山頂からの眺めは圧巻だ。水晶小屋を経て、野口五郎小屋に泊まる。

4日目、往路を烏帽子小屋まで戻り、ブナ立尾根を下る。急傾斜に加えて、これまでの疲労がたっぷり蓄積しているので、慎重に高瀬ダムへ下山したい。下山後のタクシーは事前に予約を入れておくといいだろう。

下山後の寄り道

♨ SPA

長期登山を終え、すぐに立ち寄れるのが、前泊にも好適で駐車場のある七倉温泉の**七倉山荘**。内風呂のほか、こぢんまりとした露天風呂もある。駐車場から大町市街方面へ3kmほど走ると、高瀬川沿いに**葛温泉**の宿が3軒点在している。そのうちの一つ**髙瀬舘**は開放感あふれる露天風呂のほか、湯温の異なる内風呂もあり、好みの湯で登山の疲れを癒やせる。

問合せ先　大町市観光協会☎0261-22-0190

9 10 槍ヶ岳・穂高岳

やりがたけ・ほたかだけ

迫力ある山岳風景が広がる 北アルプスのトップスター

穂高の山々に囲まれた涸沢。夏は色とりどりの高山植物に彩られる

コース&アクセスプラン

槍ヶ岳は天をついてそそり立つ鋭い山容をもち、山域のシンボルになっている。槍ヶ岳の南に位置する穂高岳の主峰・奥穂高岳は標高3190mで、北アルプスの最高峰。険しい岩稜が連なる槍・穂高連峰はダイナミックな景観が展開し、多くの登山者が憧れる日本アルプスでナンバーワンの人気エリアだ。奥穂は長野県と岐阜県にまたがり、槍は長野県内に位置している。

アクセスルート

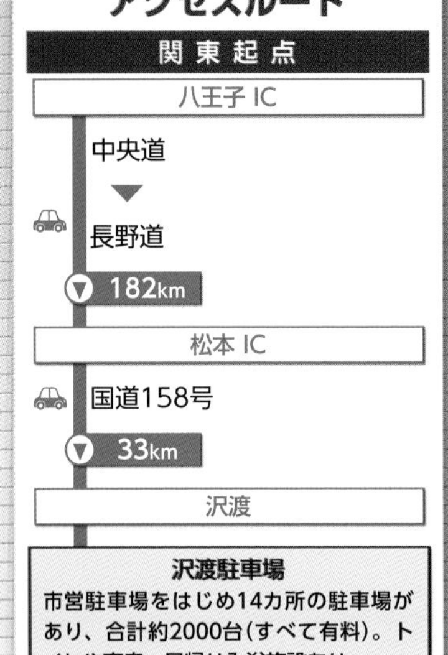

梓川沿いにある沢渡。立ち寄り温泉施設もある

アクセス

▶松本ICを降りて右の上高地方面へ進み、国道158号を走る。コンビニは松本ICから松本電鉄新島々駅前までの間に点在している。沢渡大橋を渡ると約2kmにわたって道路の左右に駐車場があり(最上部は茶嵐駐車場)、ここで上高地行きのシャトルバスに乗り換える。沢渡にはシャトルバスのバス停が6カ所あり、どこから乗っても料金は同じだ。市営の駐車場は24時間出入庫できるが、民間は5時頃からで、シャトルバスの運行時間に合わせて季節によって変動する。

北アルプス南部の中心的存在である槍・穂高へは四方から登山コースが延びているが、上高地(かみこうち)からのコースが最も登りやすい。上高地バスターミナルを起点とし、槍ヶ岳は槍沢経由、奥穂高岳は涸沢(からさわ)を経由する2泊3日の行程となる。

上高地へ行く道路は通年でマイカー規制が行われており、東の長野側は沢渡(さわんど)、西の岐阜側は平湯(ひらゆ)の駐車場を利用してバスかタクシーに乗り換える。東京方面からは長野道松本ICから沢渡へアクセスする。松本ICへは、八王子ICから中央道、長野道を経由するのが距離としては短いが、関越道の練馬IC方面から上信越道、長野道を経由してもいい(練馬ICから248km)。松本ICから沢渡、上高地方面へ続く国道158号は夏山シーズンなどには渋滞し、駐車場も混雑するので、早い時間帯に沢渡へ到着できるように計画しよう。大阪方面からは、東海北陸道飛騨清見(ひだきよみ)ICから中部縦貫道の高山清見道路へ進んで高山ICから平湯へアクセスする。飛騨清見IC～高山IC間は通行料が無料の区間だ。

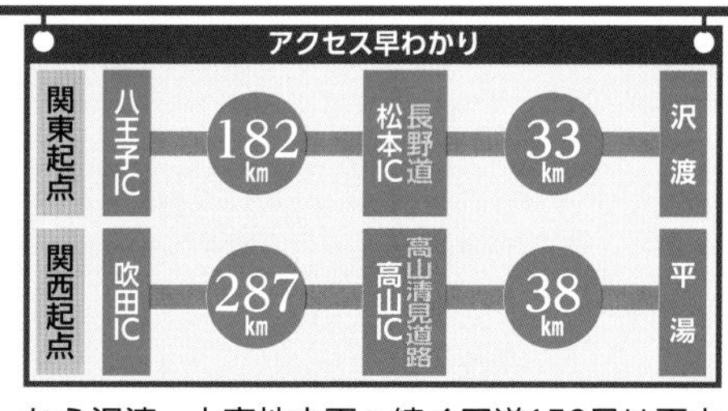

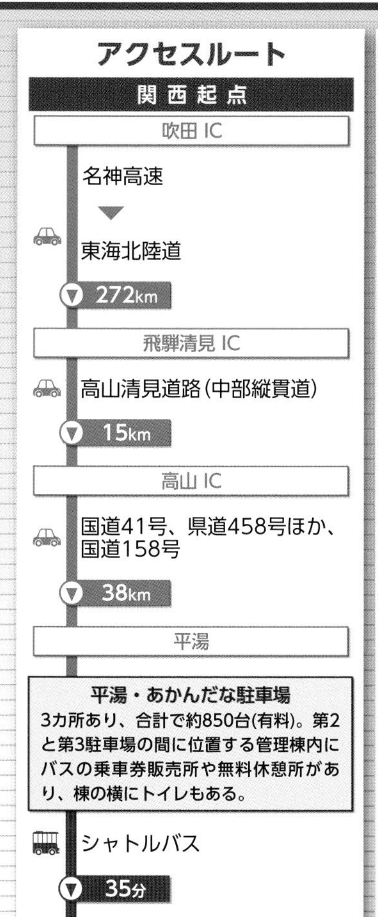

アクセス

▶高山ICを降りて国道41号(472号と重複)を高山市街方面へ進む。下岡本町南交差点で左折し、混雑しがちな高山駅周辺を避けて国道158号へ向かおう。コンビニは高山ICから丹生川の手前までの区間に多い。国道41号から県道89号に入って北上し、下切町交差点で右折して国道158号へ出てもいい。国道158号を東へ進み、平湯トンネルを過ぎて安房峠道路が分かれる交差点を直進。平湯温泉街を抜けて神の湯(休業中)の入口で左へ行くと、あかんだな駐車場の入口がある。

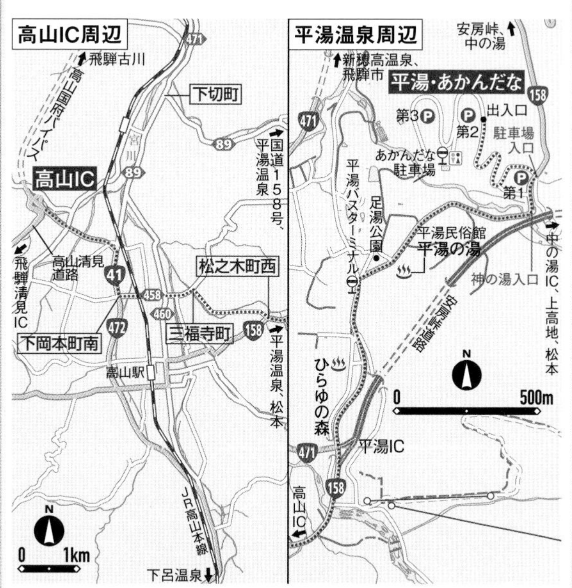

登山コースメモ 槍ヶ岳

上高地から槍沢を経由して2泊3日で槍ヶ岳を往復するのが一般的で、1日目は槍沢ロッヂ、2日目は槍ヶ岳の肩に立つ槍ヶ岳山荘に泊まる。槍ヶ岳山荘の標高は3000mを超えており、1日目に一気に槍ヶ岳山荘まで登るより、途中の山小屋に泊まって高度に体を慣らして2日目に槍ヶ岳をめざす方が高山病になりにくい。また、夏山最盛期や秋の連休時などには穂先とよばれる槍ヶ岳山頂部は登山者で渋滞することが多い。通常は槍の肩から往復で1時間の行程だが、混雑時には2〜3時間かかることもある。

1日目は上高地から槍沢ロッヂへ。標高差は320mほどで、危険箇所はなく歩きやすい。

DATA 槍ヶ岳

登山難易度	上級
日　　程	2泊3日
歩行時間	1日目　4時間50分：上高地→槍沢ロッヂ 2日目　5時間55分：槍沢ロッヂ→天狗原分岐→槍ヶ岳山荘→槍ヶ岳→槍ヶ岳山荘 3日目　7時間55分：槍ヶ岳山荘→上高地
登山適期	7月下旬〜9月下旬

グリーンバンドまで登ると槍ヶ岳の山頂部が見えるようになる

2日目、天狗原（てんぐっぱら）分岐を過ぎて開けたグリーンバンドに出ると、鋭く尖った穂先が間近に望めるようになり、槍へ近づいていく充実感が感じられる。槍の山頂からの展望もすばらしく、北アルプスや中央アルプスの山々を一望できる。

コース中でいちばんの難所は槍の穂先の登下降。槍の肩から山頂まではハシゴやクサリ場のある急峻な岩場が続くので、三点支持を守って慎重に進もう。また槍沢上部には7月頃は残雪があるので、足を滑らせないように注意したい。

登山コースメモ 奥穂高岳

奥穂高岳へは、涸沢に2泊して涸沢から往復するプランが訪れやすい。涸沢には涸沢ヒュッテと涸沢小屋が立ち、キャンプ指定地もある。1日目の行程が6時間を超えるので、沢渡や平湯温泉、上高地周辺の宿に前泊しよう。前泊せずに1日目に横尾の横尾山荘泊、2日目に白出（しらだし）のコルにある穂高岳山荘に泊まって3日目に上高地へ下山するプランにしてもいい。

1日目、上高地から横尾まで、アップダウンのほとんどない歩きやすい道を行く。宿泊地となる涸沢は雄大な穂高の山々に囲まれており、山体をスプーンですくったようなカール地形になっている。カール内には夏はお花畑が広がり、秋はナナカマドやダケカンバの鮮やかな紅葉に彩られ、カールの美しい風景を見るだけでも涸沢まで登る価値は十分にある。

2日目、涸沢からザイテングラートへと進むが、岩尾根のザイテングラートでは浮き石や落石に

奥穂山頂から北穂（中央）、槍へと続く迫力ある山並みを眺める

DATA 奥穂高岳

登山難易度	上級
日程	前夜泊2泊3日
歩行時間	1日目 6時間20分：上高地→横尾→涸沢 2日目 6時間：涸沢→穂高岳山荘→奥穂高岳→穂高岳山荘→涸沢 3日目 5時間20分：涸沢→横尾→上高地
登山適期	7月下旬〜9月下旬

注意したい。穂高岳山荘の立つ白出のコルからの登りがこのコースで最大の難所で、ハシゴとクサリ場のある急登となる。難所を過ぎると眺めのよい岩屑の道となり、背後には槍ヶ岳が見え、3000mの稜線歩きの醍醐味が味わえる。日本第3位の高峰である奥穂高岳山頂は360度の展望が広がっていて、槍ヶ岳や立山連峰のほか、御嶽山（おんたけさん）や富士山などを眺められる。

展望を楽しんだら涸沢まで戻ってもう1泊し、3日目に上高地へ下山する。

サブコース

奥穂高岳から南東へ進み、吊（つり）尾根をたどって前穂高岳へ縦走し、重太郎（じゅうたろう）新道を下って上高地へ下山することもできる。前穂周辺には急峻な岩場があり、重太郎新道も岩の多い急傾斜の道で、クサリやハシゴの設置された難所がある。2日目の宿となる岳沢（だけさわ）小屋までは気の抜けないコースで、2日目の歩行時間は8時間20分と長くなる。3日目は岳沢小屋から沢に沿って進んだ後、樹林帯を下る。上高地まで2時間ほどの道のりだ。

セットで登る

槍・穂高と一緒に訪れやすいのは焼岳（やけだけ）。槍・穂高から下山したら上高地周辺の宿で1泊し、バスターミナルの南西にある焼岳登山口から峠沢を経由して焼岳へ登る（P28参照）。

大キレットを越えて槍ヶ岳と北穂高岳をつないで歩くコースは峻険な岩稜を踏破する難路で、北穂から涸沢岳を経て奥穂へ縦走するコース中にも足場の狭い切れ落ちた難所がある。槍から主稜線上を歩いて奥穂へ縦走するコースは行程も長く、岩稜歩きに慣れたエキスパート以外は横尾から個別に槍と奥穂をめざした方がいい。

下山後の寄り道

♨ SPA

上高地にも立ち寄り入浴ができる宿はあるが、上高地周辺の施設は混雑することが多いので、シャトルバスで沢渡や平湯温泉へ戻ってから温泉に寄るといい。沢渡には中の湯地区から温泉が引き湯されており、日帰り温泉施設の**梓（あずさ）湖畔の湯**があるほか、日帰り入浴できる宿や施設が数軒ある。平湯温泉には多くの露天風呂を備えた**ひらゆの森**や、平湯民俗館に併設された露天風呂の**平湯の湯**で日帰り入浴ができる。

問合せ先
松本市アルプス山岳郷☎0263-94-2221
奥飛騨温泉郷観光協会☎0578-89-2614

11 焼岳（やけだけ）

今も噴気を上げ、火山特有の荒々しい地形を見せる火山

＊アクセス情報は P24・25 に掲載

コース&アクセスプラン

北アルプス南部の玄関口・上高地(かみこうち)へバスで向かうとき、大正池の奥に見えるどっしりとしたピークが焼岳だ。現在も山上で噴気を上げる火山で、噴火警戒レベルが火口周辺規制の2になると登山が規制されるので、火山の活動状況を確認して登山の計画を立てよう。

登山道は長野側と岐阜側から延びており、南側の新中の湯登山口からのコースが最短路だ(往復5時間)。ただ、登山口前の路肩に駐車スペースはあるものの正式な駐車場はないので、沢渡(さわんど)か平湯(ひらゆ)(あかんだな駐車場)に駐車してシャトルバスで移動し、上高地の焼岳登山口から入山しよう(アクセス情報はP24・25参照)。焼岳からは南へ進み、新中の湯ルートを下って中の湯バス停へ下山する。中の湯バス停には沢渡とあかんだな駐車場へ行くシャトルバスが停車する。

DATA

登山難易度	中級
日　　程	前夜泊日帰り
歩行時間	7時間15分：上高地→焼岳登山口→焼岳小屋→焼岳北峰→中の湯バス停
登山適期	7月中旬～10月上旬

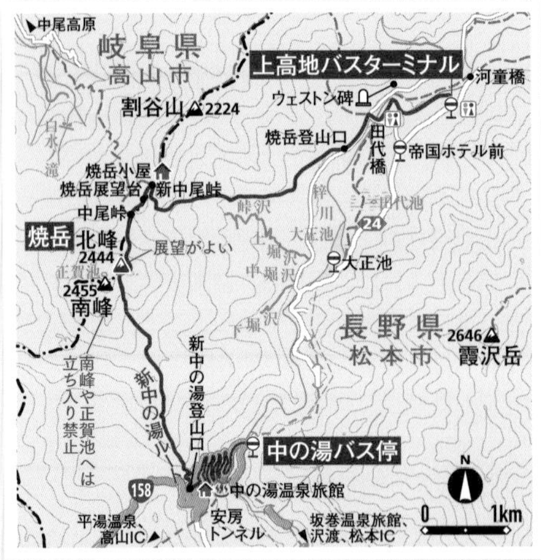

大正池のほとりから眺めた焼岳。貫禄ある姿でそびえる

登山前日は沢渡か平湯温泉に宿泊するのが便利だが、中の湯温泉旅館に前泊して新中の湯ルートを往復してもいい。

登山コースメモ

上高地バスターミナルから焼岳登山口へ。峠沢に沿って登った後、難所の岩場に出る。上部には10mほどのハシゴがかかった岩壁がある。焼岳小屋から焼岳展望台へ行くと、正面に迫力ある焼岳が見える。中尾峠を過ぎて砂礫の道になると、周辺には噴気を上げる噴気孔が見られる。焼岳の北峰山頂は穂高(ほたか)連峰や笠ヶ岳(かさがたけ)など、周囲の山々の眺めがすばらしい。

山頂を後にして南へ向かい、新中の湯ルートへ進む。中の湯温泉旅館からは国道をたどって中の湯バス停へと下る。

下山後の寄り道

♨SPA

北アルプスを望める露天風呂を備えた**中の湯温泉旅館**では日帰り入浴が可能(休止の場合あり)。中の湯バス停から2kmの所にある**坂巻温泉旅館**も日帰り利用ができる。また、沢渡や平湯温泉にも立ち寄り入浴施設がある(P27参照)。

問合せ先
松本市アルプス山岳郷☎0263-94-2221

12 13 黒部五郎岳・笠ヶ岳

くろべごろうだけ・かさがたけ

黒部源流の盟主と飛騨の名峰

東の鷲羽岳付近から見たカールの広がる黒部五郎岳

コース&アクセスプラン

ゴロゴロと石や岩に覆われた場所をゴーロと呼び、黒部川源流域に位置するゴーロをもつ山であることから山名がついた黒部五郎岳。黒部源流の盟主で、東面に美しいカールを抱いた山容は風格がある。黒部五郎へは、富山側の折立（おりたて）からと岐阜側の新穂高（しんほたか）温泉からのコースが主に利用されており、関東や関西方面からアクセスしやすいのは新穂高温泉だ。

アクセスルート

関東起点	関西起点
八王子 IC	吹田 IC
中央道 ▼ 長野道	名神高速 ▼ 東海北陸道
▼182km	▼272km
松本 IC	飛騨清見 IC
国道158号 ▼ 安房峠道路（有料） ▼ 国道471号 ▼ 県道475号	高山清見道路（中部縦貫道）
	▼15km
	高山 IC
	国道41号 ▼ 県道458号ほか ▼ 国道158・471号 ▼ 県道475号
▼64km	▼55km
新穂高温泉	新穂高温泉

新穂高温泉駐車場

新穂高温泉には合計で1000台以上の駐車場がある。登山者用無料駐車場（市営新穂高第3駐車場）は新穂高温泉バス停の800mほど手前に位置し（約200台、トイレあり）、バス停までは歩いて10分ほど。新穂高ロープウェイそばの駐車場は観光客用で駐車料金が6時間ごとに加算され、連泊での使用には向かない。無料の駐車場としては鍋平登山者用駐車場などがあるが、新穂高温泉バス停まで行きは30分、帰りは40分歩く。

アクセス

▶東京方面からは、松本ICで降りて国道158号を右へ行く。安房峠道路、国道471号を走り、奥飛騨温泉郷栃尾交差点で右折して県道475号へ。大阪方面からは、高山ICを降りて国道41号から国道158号方面へ進んで東へ向かい、平湯IC口交差点で左折して国道471号へ進む。県道475号に入ってトンネルを2つ通過し、スノーシェッドに入るとシェッド内に登山者用無料駐車場と深山荘の案内板があり、案内に従って左へ行く（松本ICと高山IC周辺の地図はP24・25参照）。

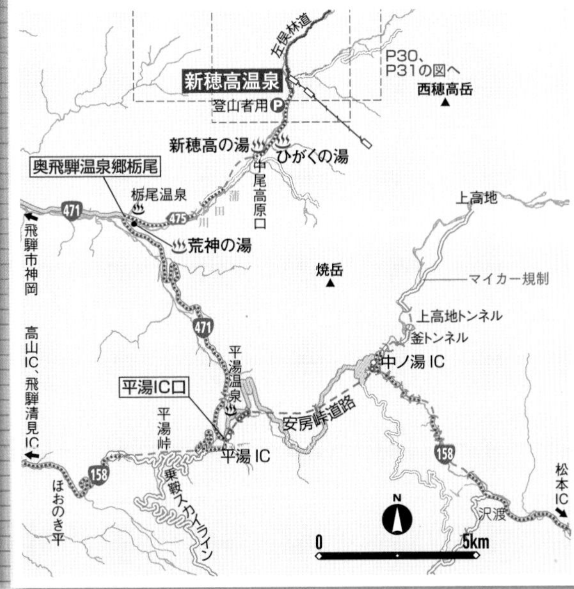

笠ヶ岳は岐阜の高山市北東部にそびえる。山名どおりに笠のような美しい山容をもち、端正な姿から古くから山麓の人々に崇められてきた。山頂からの展望はすばらしく、特に東に連なる槍・穂高連峰の眺めは秀逸。笠ヶ岳へのメインルートは新穂高温泉から笠新道を登るコースだ。

関東方面からは長野道の松本ICから、関西方面からは東海北陸道の飛騨清見ICから高山清見道路(無料)へ進んで高山ICから新穂高温泉へアクセスする。新穂高温泉には駐車場が多くあるが、山行時には深山荘のそばにある登山者用無料駐車場を利用するのが一般的。夏山最盛期などには朝から満車になることがあるので、新穂高温泉など奥飛騨温泉郷の宿に前泊し、早い時間に駐車場へ到着できるようにしよう。

DATA 黒部五郎岳

登山難易度	上級
日程	3泊4日
歩行時間	**1日目 5時間15分**：新穂高温泉→鏡平山荘／**2日目 6時間10分**：鏡平山荘→双六岳→黒部五郎小舎／**3日目 8時間**：黒部五郎小舎→黒部五郎岳→双六小屋／**4日目 5時間50分**：双六小屋→鏡平→新穂高温泉
登山適期	7月中旬～9月下旬

登山コースメモ　黒部五郎岳

3泊4日の日程で、新穂高温泉から黒部五郎岳を往復する。

1日目、新穂高温泉を出発して左俣林道を歩き、小池新道の登山口へ。小池新道は危険箇所が少なく、歩きやすいコースだ。灌木帯を進んで秩父沢を渡り、大きな石に覆われた道を登る。シシウドヶ原を過ぎて涸れた沢を歩いた後、急な道を登ると鏡平山荘の立つ鏡平に着く。山荘の手前には水面に槍ヶ岳を映す鏡池があり、池畔からは槍・穂高の眺めがよい。

2日目、鏡平から樹林帯を登り、弓折岳の山腹を横切って稜線上の弓折乗越に出る。乗越から北へ行くと周囲にはお花畑が一面に広がっている。稜線上を緩やかに登り下りし、双六池を過ぎると双六小屋に着く。小屋からハイマツの中を登ると巻道コース、続いて中道が分かれる。行きは双六岳を経由し、帰りは中道を歩こう。双六岳の山頂部は広く、山頂は360度の展望が広がっていて、特に槍ヶ岳の眺めがすばらしい。山頂から尾根道を北へ進んで丸山を過ぎる。三俣蓮華岳から西へ下った後、小ピークを越える。この日の宿・黒部五郎小舎は池塘が点在する五郎平の草原の一角にある。

3日目、いよいよ黒部五郎岳の山頂をめざす。山頂へは東面に広がる黒部五郎カール内を歩いていく(尾根通しのコースは残雪期に利用される)。小屋から緩やかに登ってカールへと進んでいく。カール内は大きな岩が多い草原が広がり、小沢が流れる別天地だ。カールの底から急傾斜の道をジグザグに登って黒部五郎の肩に出て、尾根を南へ行くと黒部五郎岳の山頂だ。山頂からの展望は抜群で、槍・穂高連峰から剱・立山連峰まで、北アルプスの山々を一望できる。山頂からは来た道を戻って黒部五郎小舎へ下り、三俣蓮華岳を経由して花の多い双六岳の中道を歩き、双六小屋へ行く。

4日目、双六小屋を出て弓折乗越から小池新道を下り、新穂高温泉へ下山する。

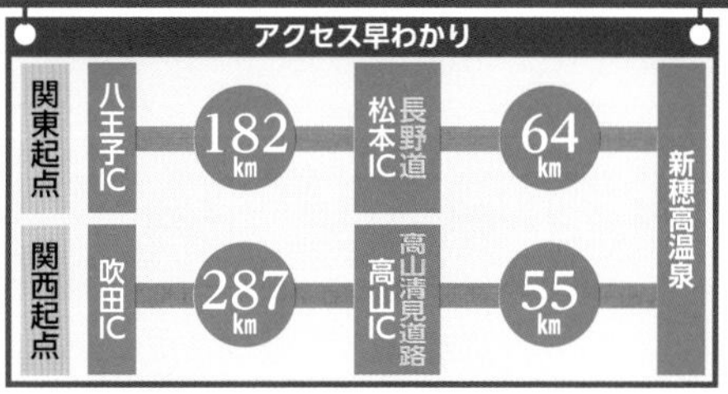

登山コースメモ　笠ヶ岳

新穂高温泉を起点とし、笠新道から笠ヶ岳へ登る。笠ヶ岳山荘に泊まる1泊2日の行程だ。

1日目、新穂高温泉から左俣林道へ進んで笠新道登山口へ。笠新道は登山口から稜線上の笠新道分岐まで標高差が約1350mあり、急登が続くハードなコース。無理をせずにゆっくり登っていこう。標高2100m付近を過ぎると樹林帯から灌木帯の登りとなり、やがて杓子平に出る。カール地形となった杓子平には高山植物が豊富だ。稜線上の笠新道分岐からはなだらかな尾根道が続く。緩やかにアップダウンを繰り返し、抜戸岩の間を抜けて笠ヶ岳山荘まで行く。

2日目、山荘から石屑の斜面を登って笠ヶ岳の山頂へ。山頂からの展望は抜群で、槍・穂高連峰をはじめとする大パノラマが展開する。展望を楽しんだら山荘へ戻り、往路を下山する。

笠新道分岐から笠ヶ岳を見ながら尾根道を進む。右のピークは小笠

DATA 笠ヶ岳

登山難易度	上級
日程	前夜泊1泊2日
歩行時間	1日目　8時間30分：新穂高温泉→笠新道登山口→笠ヶ岳山荘／2日目　7時間：笠ヶ岳山荘→笠ヶ岳→笠ヶ岳山荘→新穂高温泉
登山適期	7月中旬～9月下旬

セットで登る

黒部五郎岳と笠ヶ岳へ一緒に登る場合は、笠新道よりも小池新道の方が体力的に登りやすいので、黒部五郎から先に登ろう。黒部五郎岳に登った後に双六小屋に泊まり、翌日に双六小屋から笠ヶ岳へ行って笠ヶ岳山荘に泊まる。双六小屋から笠ヶ岳までは6時間の行程だ。

下山後の寄り道

♨ SPA

新穂高温泉では県道475号の南側に日帰り温泉の**ひがくの湯**がある。開放的な露天風呂を備え、飛騨牛料理のメニューがある食事処を併設する。新穂高温泉バス停近くに位置する**中崎山荘奥飛騨の湯**も食事処のある入浴施設。また475号の中尾高原口近くの蒲田川沿いに野趣あふれる**新穂高の湯**、栃尾温泉には周囲の山々を見渡せる**荒神の湯**がある。どちらも露天風呂だけで、寸志で利用できる。

問合せ先
奥飛騨温泉郷観光協会☎0578-89-2614

14 常念岳

じょうねんだけ

息をのむ大展望が山頂で待ちかまえる クルマでのアクセスに恵まれた人気の山

槍・穂高連峰の展望台としても屈指の常念岳山頂からの眺め

コース&アクセスプラン

北アルプスの前衛ともいえる常念山脈。その主峰が常念岳で、山麓の松本平から仰ぎ見る端正な山容が印象的だ。登山口は一ノ沢と三股(みつまた)が一般的だが、比較的危険箇所も少なく、ルート途中に常念小屋のある一ノ沢からのコースが利用しやすい。

一ノ沢、三股のいずれの登山口も路線バスの便はなく、マイカー利用がメインであるため、

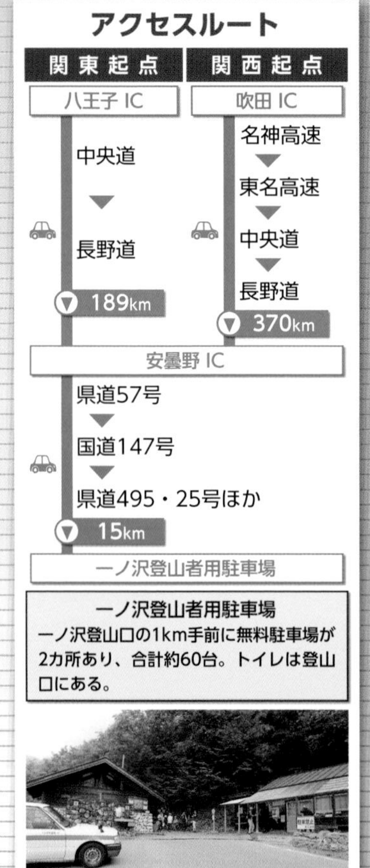

登山相談所も開設される一ノ沢登山口

アクセス

▶安曇野ICから県道57号を西へ向かい、豊科(とよしな)駅入口交差点を右折して国道147号を200mほど北上。新田交差点を左折し、県道495号に入る。T字路の北海渡交差点を右折し、県道25号を北上後、烏川橋交差点を左折。300mほど進んだ先を国営アルプスあづみの公園・常念登山口方面へ左折し、道なりに山道を進むと一ノ沢の登山者用駐車場に着く。登山相談所のある一ノ沢登山口へは駐車場から約1km歩く。タクシーは登山口まで入れる。コンビニは大糸線の手前までに入ろう。

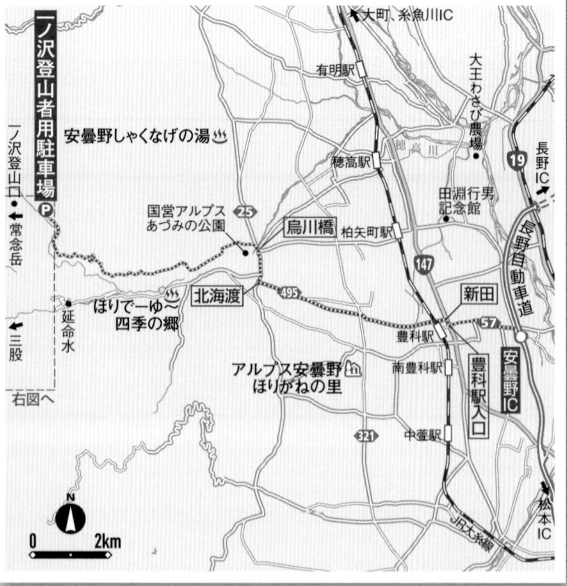

ピーク時には駐車場が満車になることもしばしば。可能であれば安曇野地区に前泊し、早めの出発を心がけよう。

登山コースメモ

1日目、駐車場から一ノ沢登山口までは車道を約20分歩く。沢に沿って緩やかな道がしばらく続き、古池を過ぎると徐々に傾斜が増してくる。道標のある大滝で休憩後、沢をさかのぼるように高度を稼いでいくと、胸突八丁の急登が始まる。ここを乗り越え、最終水場を過ぎれば、ひと踏ん張りで常念小屋の立つ常念乗越に着く。岩だらけの登山道の先にある常念岳山頂からは、槍・穂高連峰をはじめ、見事なまでの絶景が広がる。2日目は往路を戻る。

こんなコースも

三股登山口から体力を要する険しい登山道を登ると、前常念岳経由でダイレクトに常念岳山頂にアクセスできる(常念小屋までの歩行時間8時間5分)。2日目は再び常念岳山頂を経て、蝶ヶ岳までの稜線散歩を存分に満喫しよう(蝶ヶ岳ヒュッテまでの歩行時間は5時間30分)。3日目は蝶ヶ岳新道を下り、三股に戻る(歩行時間3時間35分)。一ノ沢コースに比べて難易度はかなり増すが、眺めのよい常念岳〜蝶ヶ岳の稜線を歩けるうえ、周回して登山口へ戻れる利点がある。

DATA

登山難易度	中級
日程	前夜泊1泊2日
歩行時間	1日目 7時間30分:一ノ沢登山者用駐車場→常念小屋→常念岳→常念小屋/2日目 3時間30分:常念小屋→一ノ沢登山者用駐車場
登山適期	7月中旬〜10月上旬

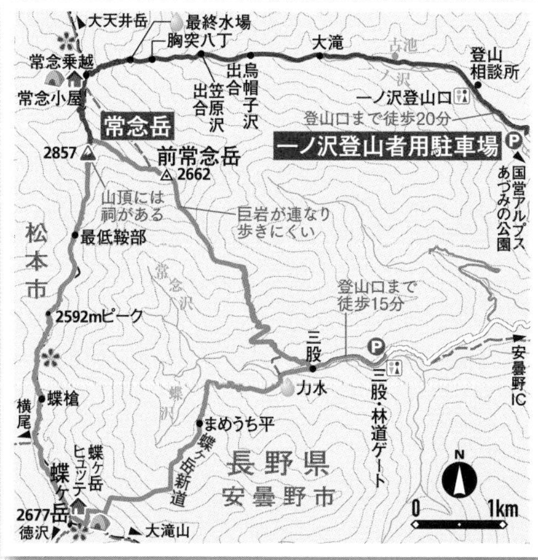

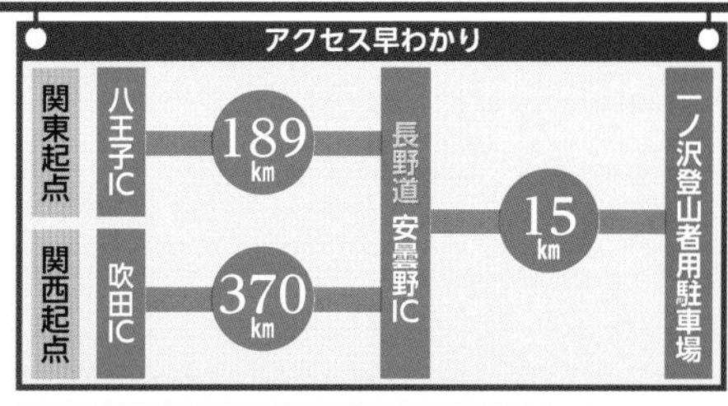

蝶ヶ岳へ向かう稜線から常念岳を仰ぎ見る

下山後の寄り道

SPA

国営アルプスあづみの公園を抜け、渓谷をさかのぼった先にあるのが**ほりでーゆ〜四季の郷**。三股登山口へのルート途中にあるが、一ノ沢登山者用駐車場からも立ち寄りやすく、前泊にも便利。県道25号沿いにある**安曇野しゃくなげの湯**は多彩な浴槽が人気の日帰り入浴施設で、ゆったりとした食事処を併設している。

SOUVENIR

安曇野ICへ戻る際に立ち寄りやすいのが**道の駅アルプス安曇野ほりがねの里**。旬の味ほりがね物産センターでは、新鮮な農作物を中心に地元の物販も充実。併設の食堂・かあさんのおむすびの店も人気がある。

問合せ先
安曇野市観光情報センター☎0263-82-9363

15 乗鞍岳

山頂からの大パノラマが魅力の登りやすい3000m峰

肩の小屋へ行く途中に剣ヶ峰を眺める。手前には大雪渓が広がる

コース&アクセスプラン

乗鞍岳は北アルプス最南端に位置する3000m峰。最高峰の剣ヶ峰など23のピークをもつ複合火山で、山上には火口湖の権現池をはじめ、美しい池が点在している。剣ヶ峰への登山口は標高約2700mの畳平。山頂との標高差は約320mで、2時間かからずに標高3026mの山頂に立つことができ、最も登りやすい3000m峰だ。

畳平へ至る道路は通年でマイカー規制が行わ

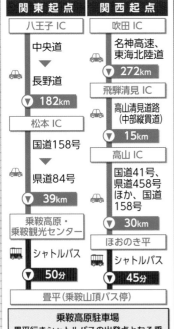

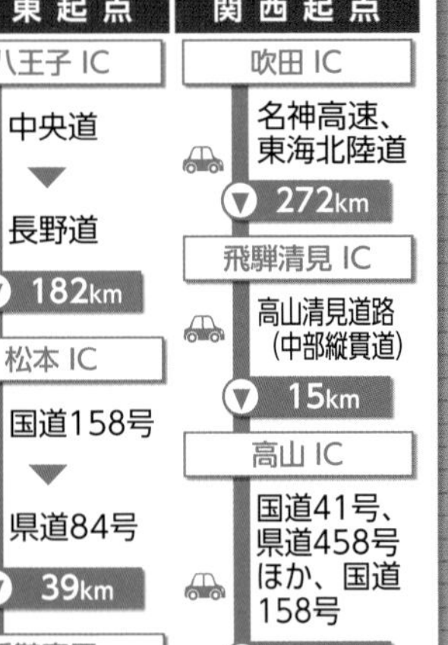

乗鞍高原駐車場
畳平行きシャトルバスの出発点となる乗鞍観光センターの駐車場(約200台)のほか、すずらん橋東側の第3駐車場(約400台)、三本滝駐車場(約100台)などがある。いずれも無料で、シャトルバスの停留所やトイレがある。

ほおのき平駐車場
約1500台(無料)。トイレ、売店、自動販売機あり。

アクセス

▶関東からは、松本ICを降りて国道158号を右へ。奈川渡ダムを過ぎて前川渡交差点で左の乗鞍高原方面へ進み、県道84号を走ると乗鞍高原の乗鞍観光センターに着く。関西からは、高山ICから国道41号(472号と重複)を高山市街方面へ。下岡本町南交差点で左折して県道458号に入り、三福寺町交差点で右へ行って国道158号へ。国道158号を23kmほど走ると右側にほおのき平入口がある。高山ICを出て県道89号を北上し、下切町交差点で右折して国道158号へ出てもいい。

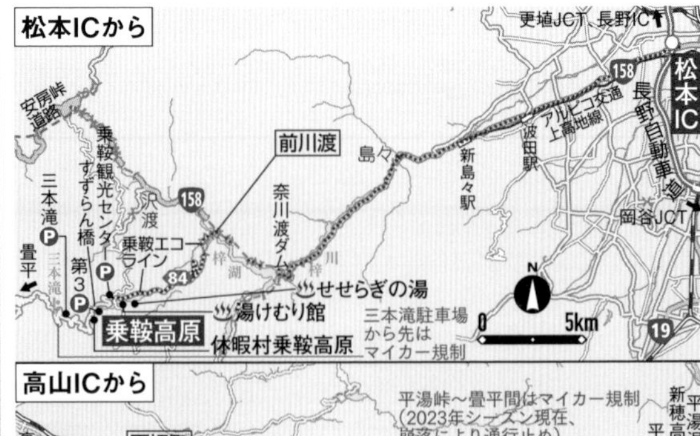

＊2023年シーズン時点で乗鞍スカイラインは崩落箇所があって通行止めのため、ほおのき平～畳平間のバスは運休されている。乗鞍スカイラインは2024年シーズン中に復旧予定だが、時期は未定。

れており、長野側は乗鞍高原、岐阜側はほおのき平に駐車してシャトルバスに乗り換える。長野道松本ICから国道158号、県道84号経由でアクセスする乗鞍高原には、バス停のある乗鞍観光センターやすずらん橋近くに駐車場があり、バスの料金はどこから乗車しても同じだ。ほおのき平へのアクセスは、高山清見道路(無料)の高山ICから国道158号などを利用する。

登山コースメモ

畳平でバスを降り、バスが走ってきた東の方向へ進み、砂利道に入る。肩の小屋まではなだらかな道を歩く。鶴ヶ池の横を通り、不消ヶ池を過ぎて摩利支天岳の東側を巻いていくと、正面に剣ヶ峰が見えるようになる。まもなく肩の小屋に着き、肩の小屋口からの道が合流する。

小屋から登山道となり、砂礫の斜面を登っていく。登山道上には岩や石が多く、周囲には火山らしい荒涼とした景観が広がる。蚕玉岳付近まで登ると右下に権現池が見え、剣ヶ峰が間近に迫る。蚕玉岳から砂礫の尾根道を行くと道が

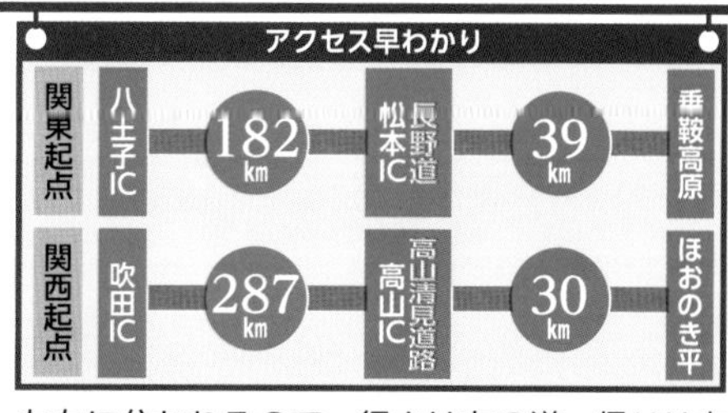

左右に分かれるので、行きは左の道、帰りは右の道を行こう。左の道へ進んで売店の頂上小屋の前を通過し、最後に岩に覆われた急斜面を登って剣ヶ峰の山頂へ。山頂は360度の展望が広がっていて、槍・穂高連峰などの北アルプス南部の山々や御嶽山、中央アルプスなどが一望できる。山頂からは往路を畳平へ下山する。

セットで登る

駐車場のある乗鞍高原とほおのき平からクルマで移動しやすいのは、槍ヶ岳・穂高岳への起点となる沢渡と平湯(P24・25参照)。乗鞍高原からは、帰路に国道158号に出て前川渡交差点から左へ進むと3kmほどで駐車場のある沢渡に着く。ほおのき平から平湯のあかんだな駐車場へは、国道158号経由で約10km。

DATA

登山難易度	初級
日程	日帰り
歩行時間	2時間50分:畳平→肩の小屋→剣ヶ峰(往復)
登山適期	7月上旬～10月上旬

下山後の寄り道

SPA

長野側の起点となる乗鞍観光センターのほど近く、県道84号の南側に日帰り温泉施設の乗鞍高原温泉・**湯けむり館**が立つ。湯は乳白色の硫黄泉で、内風呂と露天風呂から乗鞍岳を眺めることができる。湯けむり館の東側には乗鞍高原温泉を引き湯した無料の露天風呂・**せせらぎの湯**もある。また、乗鞍高原には休暇村乗鞍高原をはじめ、日帰り入浴が可能な宿が多い。岐阜側では、ほおのき平駐車場の横に位置する宿泊施設・**宿儺の湯ジョイフル朴の木**に飛騨にゅうかわ温泉宿儺の湯があり、立ち寄り入浴ができる。

問合せ先
のりくら高原観光案内所☎0263-93-2147
飛騨乗鞍観光協会☎0577-78-2345

新潟県　■標高 2454m（妙高山）・2462m（火打山）

16
17

妙高山・火打山

湿原のヒュッテを起点に
岩と花の秀麗な二山へ

妙高山南峰付近から山頂の溶岩ドーム越しに火打山と焼山を遠望する

コース&アクセスプラン

妙高山は山頂の溶岩台地が特異な景観を見せ、火打山は花が豊富な湿原の池塘に穏やかな山容を映す。好対照の二山は焼山と合わせて頸城三山とよばれる。山中には高谷池ヒュッテと黒沢池ヒュッテの2軒の山小屋があり、どちらに泊まって二山を巡ってもいい。

登山口となる笹ヶ峰へは上信越道妙高高原ICからアクセスする。東京方面からは、八王子IC

アクセスルート

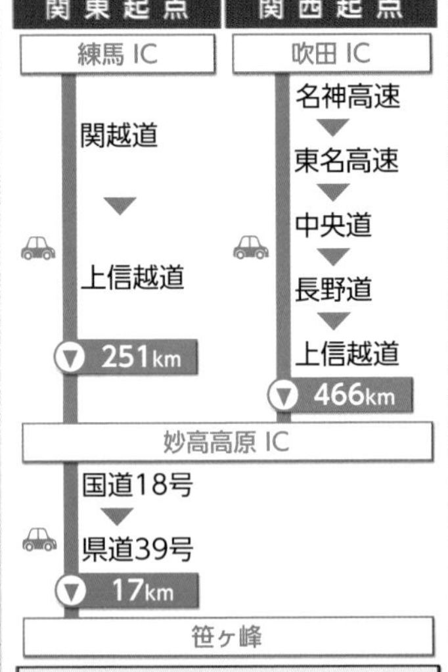

笹ヶ峰周辺駐車場
登山届ポストがある登山口に30台利用できる駐車場がある。トイレは笹ヶ峰バス停前の笹ヶ峰キャンプ場の駐車場（150台）にある（いずれも無料）。

登山口に隣接した笹ヶ峰の駐車場

アクセス

▶妙高高原ICから国道18号の妙高野尻バイパスを右へ進んで笹ヶ峰方面へ行き、次の信号の杉野沢入口交差点を右折する。県道39号の妙高高原公園線を行き、立ち寄り温泉の苗名の湯を過ぎて道なりに走る。一本道をひたすら進み、笹ヶ峰牧場の先で笹ヶ峰ダムへの道を分けて直進する。山小屋明星荘の前を過ぎるとすぐに右側に登山口前に位置する駐車場がある。県道39号をさらに少し行くと笹ヶ峰キャンプ場があり、その入口にある広い駐車場を利用してもいい。

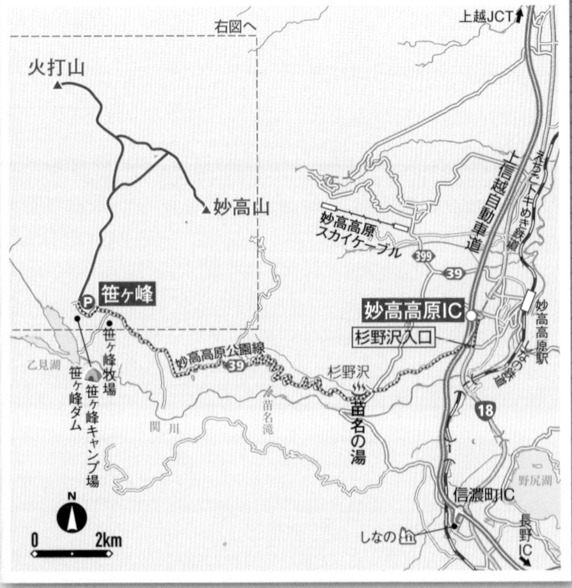

から中央道、長野道経由のルート（286km）を利用してもいい。県道39号を進んでいくと笹ヶ峰キャンプ場の大きな駐車場の手前に登山口がある。なお、妙高山だけを登る場合、東麓の妙高高原スカイケーブルを利用して山頂駅から往復してもいい（約7時間10分）。ケーブルの山麓駅へは妙高高原ICから5㎞ほどだ。

登山コースメモ

1日目は笹ヶ峰から黒沢池経由で妙高山を往復する。登り始めはシラカバ林の中の緩やかな道だが、流れの激しい黒沢を渡ってから徐々に勾配が増し、十二曲りとよばれるつづら折りの急坂にさしかかる。分岐のない一本道をひたすら登ると富士見平とよばれる高谷池・黒沢池分岐になり、黒沢池方面へ進むと、ようやく高山植物に覆われた緩やかな平原の道になる。

黒沢池ヒュッテにチェックインを済ませ、妙高山を往復する。長助池からの道を合わせると妙高山への最後の登行になる。きわめて急な坂を時には手を使いながらよじ登ると妙高山の北峰に飛び出し、花に覆われた溶岩台地を進むと最高所の南峰に着く。絶景を堪能したら往路をたどって黒沢池ヒュッテへ戻る。

2日目、黒沢池の湿地を左手に見ながら茶臼山を越えていく。このあたりから天狗の庭にかけて花の豊富な湿原の中の道が続き、さらに火打山にかけてもハクサンコザクラやワタスゲなどのさまざまな高山植物が見られる。天狗の庭を過ぎると最後の登りになり、ライチョウ平を過ぎて木段を急登していくと火打山の広い山頂に着く。西の焼山（火山活動により入山規制されることがある）と前日登った妙高山の迫力ある眺めを堪能し、高谷池まで戻る。高谷池から横道を緩やかに下っていくと黒沢池からの道が合流し、前日登った道をたどって笹ヶ峰へと下る。

DATA

登山難易度	中級
日　　程	前夜泊1泊2日
歩行時間	1日目　7時間25分：笹ヶ峰→黒沢池ヒュッテ→妙高山→黒沢池ヒュッテ／2日目　6時間20分：黒沢池ヒュッテ→火打山→笹ヶ峰
登山適期	7月上旬～10月中旬

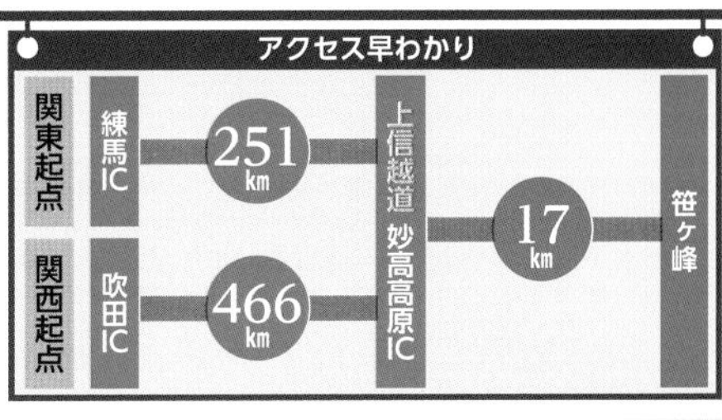

お花畑に囲まれた天狗の庭。正面に火打山が望める

下山後の寄り道

SPA

県道39号沿いにある杉野沢地区の中心に日帰り温泉施設・杉野沢温泉の**苗名の湯**がある。浴場と休憩室のみのシンプルな施設だが、周辺にはそば処もある。

問合せ先　妙高観光局☎0255-86-3911

■標高 2353m

18 高妻山（たかつまやま）

険しいアップダウンと 難所のある戸隠連峰の最高峰

八丁ダルミ手前の小ピーク・九勢至からの高妻山

コース&アクセスプラン

戸隠（とがくし）連峰の一峰で、山頂に連なる尾根には一〜十までのピークが並ぶ。山頂からは北信五岳をはじめとする、すばらしい景観が堪能できる。

高妻山の登山口となるのは東面の戸隠キャンプ場。登りはキャンプ場から一不動（いちふどう）経由で登り、帰路は弥勒尾根（みろくおね）新道で下る周回コースを紹介する。標高差が1180mほどあるハードなコースで、沢を渡る箇所もあるので増水時の入山は避けよ

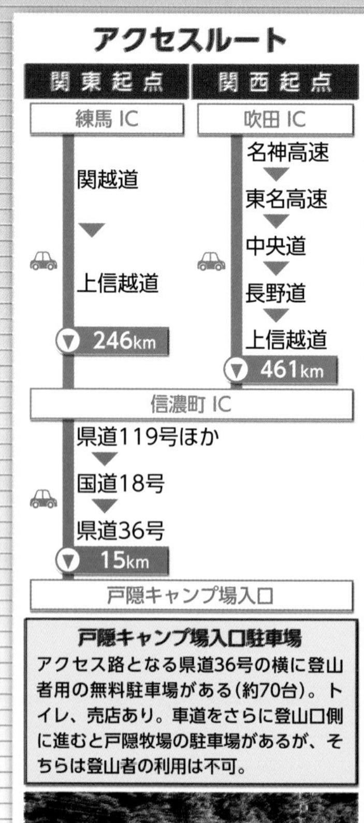

登山者用駐車場と県道をはさんでトイレがある

アクセス

▶信濃町ICを右折して国道18号のバイパスへ。わずかに進むと県道119号に突き当たり、ここを左折する。約630m先にある黒姫高原入口交差点を右折して国道18号に入り、約580mで一茶記念館入口交差点へ。右折して県道36号を道なりに進むと、戸隠キャンプ場入口にある登山者用の駐車場に着く。アクセス途中にコンビニはないが、信濃町ICから国道18号をアクセス路とは反対方向となる野尻湖側へ1.5kmほど進むとコンビニがある。

う。歩行時間が9時間と長いうえ山中に宿泊施設がないので、山麓の戸隠キャンプ場や戸隠周辺の宿泊施設に前泊し、日帰りで登ることになる。

登山口の戸隠キャンプ場へは上信越道の信濃町ICから林間ドライブが楽しめる県道36号でアクセスする。また、同じ上信越道の長野ICから、そばと神社で知られる戸隠経由でアクセスすることもできる。

登山コースメモ

標高約1170mの戸隠キャンプ場入口から、約13km、約9時間の山行がスタートする。

キャンプ場入口から車道を進む。15分ほどで戸隠牧場があり、一不動経由と弥勒尾根新道経由のコースに分かれるが、前者のコースを行く。クサリとトラバースのある沢沿いの道を登って稜線上の一不動へ。途中にある氷清水から先は水場がないので、必ず給水しておこう。ここには避難小屋が立っているが、あくまで緊急用のため、宿泊には利用しないこと。

DATA

登山難易度	上級
日程	前夜泊日帰り
歩行時間	9時間：戸隠キャンプ場入口→一不動→五地蔵山→高妻山→弥勒尾根新道→戸隠キャンプ場入口
登山適期	6月中旬～10月中旬

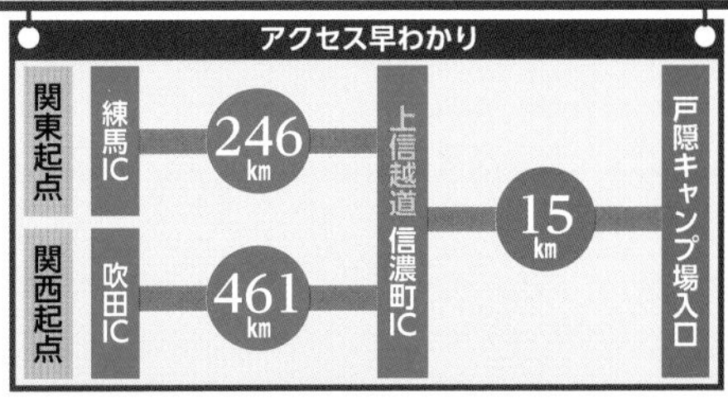

一不動の手前では帯岩のトラバースなど、難所が続く

一不動からは、小ピークが連続する尾根道をたどり、高妻山の山頂へ。

下山は往路を五地蔵山まで引き返し、弥勒尾根新道に入る。一不動コースよりも危険箇所こそ少ないが、ひたすら急斜面の下りが続く。

セットで登る

山頂から望める妙高山や火打山をあわせて登りたい。下山後に信濃町IC方面へ戻り、国道18号、県道119・280・39号を経由して笹ヶ峰へ。ここを起点に2山に登る周回コースをとると効率よく登れる(P36参照)。ただし、山麓と山中の山小屋のプラス2泊が必要。

下山後の寄り道

FOOD

最寄りインターとなる信濃町ICのそばに**道の駅しなの**がある。信濃町特産の霧下そばが味わえるレストランや、地場産加工品などを揃えた売店がある。牛乳工場を併設しているだけに、新鮮な乳製品や絞りたての牛乳を使ったソフトクリームも人気。

問合せ先　戸隠観光協会☎026-254-2888

19 雨飾山（あまかざりやま）

ブナと岩峰、温泉が魅力の 長野・新潟県境の名峰

笹平からの雨飾山。紅葉の笹原を抜け山頂へ

コース&アクセスプラン

長野・新潟県境、妙高連峰西端に位置する雨飾山。山頂東面には荒々しい岩壁の布団菱を抱き、南北二つの山頂からは、白馬連峰や日本海を一望する。山頂への4本の登山道のうち、最短時間で登ることができる、長野県側の小谷温泉道が最もよく歩かれる。山麓に山のいで湯・小谷温泉があるのも魅力だ。

紅葉の名山である雨飾山は秋に混雑するため、

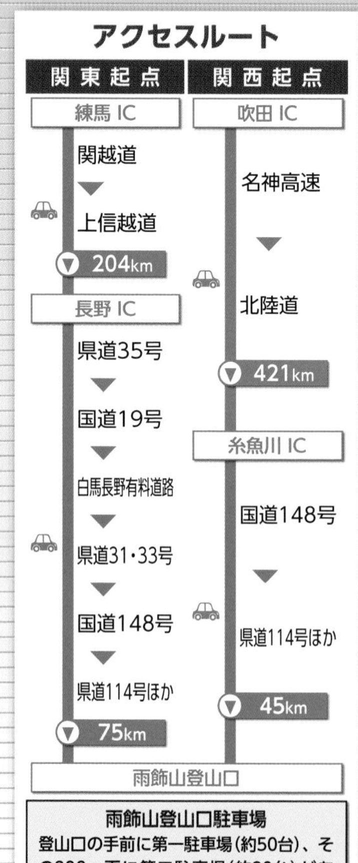

雨飾山登山口駐車場

登山口の手前に第一駐車場（約50台）、その200m下に第二駐車場（約20台）がある（ともに無料）。第一駐車場そばにトイレと自動販売機がある。

アクセス

▶長野ICを右折して、県道35号を長野市街方面に進む。約3kmで国道19号に入り、約13km先の長野市信更町安庭で白馬長野有料道路へ。さらに県道31・33号で国道148号に出る。白馬村中心部を抜け、小谷村の小谷温泉口交差点を右折して県道114号へ。約15kmで雨飾山登山口に着く。北陸道の糸魚川ICからは国道148号を南下して県道114号に入る。なお、雨飾山登山口へは長野道安曇野ICから国道147・148号経由でアクセスも可能（約80km）。

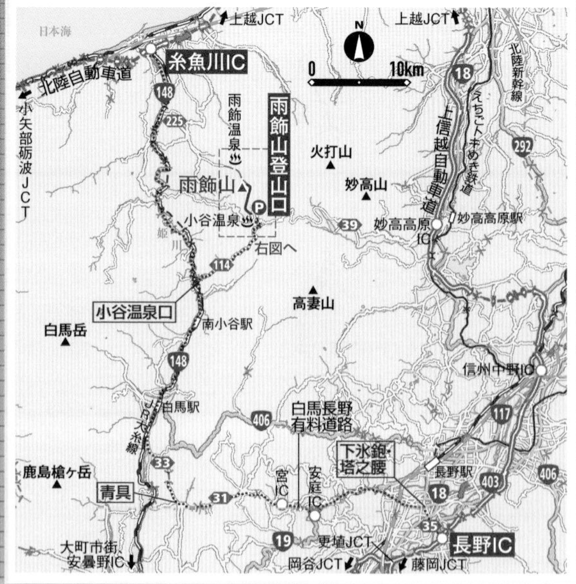

9月下旬～10月下旬の土・日曜、祝日には登山相談所が設けられ、周辺の林道への路上駐車が禁止される。なお、糸魚川ICからアクセスする場合は、新潟県側のメイン登山口・雨飾温泉雨飾山荘（糸魚川ICから国道148号、県道225号など経由で約20km）を拠点に登ってもいい。

登山コースメモ

雨飾山の登山口は雨飾高原キャンプ場の入口に位置し、駐車場のほか、トイレや休憩所がある。ここから山頂まで約4km・累積標高差約900mの小谷温泉道を往復する。

登山口から尾根の取付点までは、ミズバショウが咲く湿地に設けられた木道を行く。取付点からは急登となるが、途中にはブナ平とよばれるブナ林の明るい場所があり、新緑や紅葉の頃はすばらしいたたずまいを見せる。下っていき、やがて荒菅沢に出る。ここからは、雨飾山東面の布団菱の大岩壁が一望できる。

荒菅沢からはコース最大の難所となるガレ場のある急登を経て稜線上の笹平へ。この先で新潟県側からのコースを合わせ、最後にきつい登りで雨飾山の山頂だ。

新潟県側のメインコースである雨飾山荘からの薬師尾根道は、小谷温泉道同様急登が続くが、途中の中ノ池の周囲にお花畑が広がっている（往復約7時間30分）。

DATA

登山難易度	中級
日程	前夜泊日帰り
歩行時間	6時間30分：雨飾山登山口→ブナ平→笹平→雨飾山（往復）
登山適期	6月下旬～10月下旬

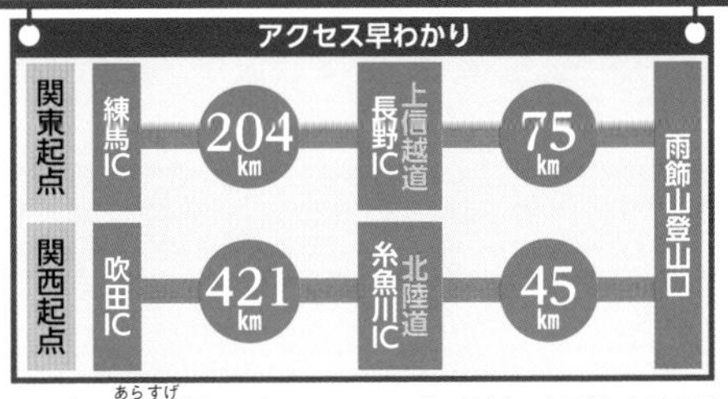

下山後の寄り道

SPA

小谷温泉は、雨飾山登山口から国道148号へ向かう途中にある。信玄の隠し湯の一つで、古くから湯治場として親しまれている。宿泊施設は雨飾高原バス停の近くに**雨飾荘**、さらに下った先に**山田旅館**があり、山田旅館では立ち寄り入浴も受け付けている。また、雨飾荘の近くには小谷村の**雨飾高原露天風呂**もある。新潟県側の登山口となる**雨飾温泉雨飾山荘**でも、宿泊以外に立ち寄り入浴も可能。

雨飾高原露天風呂。入浴料は寸志

問合せ先
小谷村観光連盟☎0261-82-2233
糸魚川市観光協会☎025-555-7344

Column 1

北アルプス縦走プラン

水晶岳(すいしょうだけ)、鷲羽岳(わしばだけ)、槍ヶ岳(やりがたけ)をつなぐ裏銀座コースをはじめ、北アルプスでは多くの縦走プランを組めるが、駐車場のあるスタート地点に戻りやすい縦走コースは限定される。北部では白馬岳(しろうまだけ)から後立山(うしろたてやま)連峰を南へ縦走すると、五竜岳(ごりゅうだけ)、鹿島槍ヶ岳(かしまやりがたけ)にも登頂できるが、下山後はクルマを停めた場所までバスや電車で移動することになる。白馬岳登山口の猿倉(さるくら)か栂池(つがいけ)自然園から入山し、3座を縦走して扇沢(おうぎさわ)へ下山する前夜泊4泊5日の行程で、八峰(はちみね)キレットなどの険しい岩稜帯を通過する上級者向きコースだ。クルマはJR大糸線白馬駅から約2kmの位置にある八方(はっぽう)周辺に駐車し、扇沢へ下山後はバスで信濃大町駅に出て、電車で白馬駅へ戻ってクルマをピックアップする。

南部では新穂高(しんほたか)温泉から槍平(やりだいら)経由で槍ヶ岳に登った場合、西鎌(にしかま)尾根、双六(すごろく)小屋を経由して笠ヶ岳(かさがたけ)へ縦走できる。笠ヶ岳からは笠新道を下って新穂高温泉へ下山する。

黒部川源流域周辺

黒部川源流域の百名山を巡る

百名山をつなぐ縦走プランとしておすすめは、黒部川源流域の周回コース。富山市の折立(おりたて)を起点とし、北アルプスの最深部に位置する黒部五郎岳(くろべごろうだけ)、鷲羽岳、水晶岳の3座の百名山にまとめて登頂する。3座を周回後、さらに薬師岳(やくしだけ)に登る4泊5日のロングコースだ。

1日目は折立から太郎平(たろうだいら)小屋まで行く。薬師沢小屋～雲ノ平(くものたいら)間は前半が急傾斜の道になっているので、太郎平小屋から黒部五郎岳、鷲羽岳、水晶岳の順に周回した方が体力的には歩きやすい。黒部五郎岳から黒部五郎小舎へは、庭園のような美しい風景が広がる黒部五郎カールを経由する道を行く。

3日目、鷲羽岳と水晶岳に登頂したら水晶小屋に泊まり、4日目に雲ノ平、薬師沢小屋を経由して太郎平小屋に戻る。5日目は太郎平小屋から薬師岳を往復して折立へ下山するが、歩行時間が9時間近くなるので、疲れを感じているようであれば無理をせずに小屋から折立へ下ろう。

DATA

黒部川源流域周回プラン・歩行時間（4泊5日）

1日目　5時間：折立→太郎平小屋
2日目　6時間40分：太郎平小屋→黒部五郎岳→黒部五郎小舎
3日目　7時間：黒部五郎小舎→鷲羽岳→水晶岳→水晶小屋
4日目　8時間10分：水晶小屋→ワリモ北分岐→雲ノ平→薬師沢小屋→太郎平小屋
5日目　8時間40分：太郎平小屋→薬師岳→太郎平小屋→折立

北海道

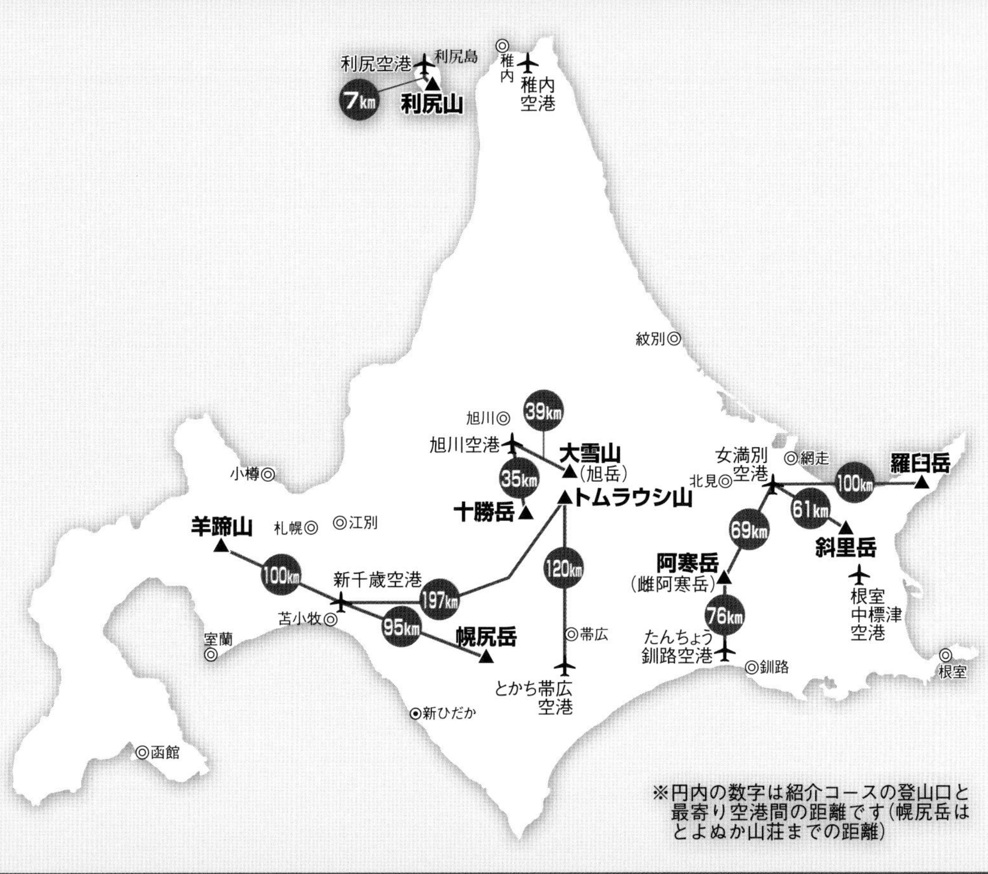

20 利尻山 ………… 46
21 羅臼岳 ………… 48
22 斜里岳 ………… 50
23 阿寒岳 ………… 52
24 大雪山 ………… 54
25 トムラウシ山 … 56
26 十勝岳 ………… 58
27 幌尻岳 ………… 60
28 羊蹄山 ………… 62

北海道マップ

礼文島
野寒布岬
稚内
利尻空港
利尻島
⑳利尻山
天塩川
天売島
焼尻島
羽幌
日本海
朱鞠内湖
留萌
雄冬岬
暑寒別岳
旭川鷹栖IC
旭川北IC
深川
旭川
滝川IC
深川IC
神威岬
積丹岬
積丹半島
石狩湾
滝川
赤平
砂川
芦別
美瑛
小樽IC
小樽
札幌西IC
札幌IC
道央自動車道
美唄
後志自動車道
札樽自動車道
江別
岩見沢
三笠
富良野
岩見沢IC
㉘羊蹄山
札幌
千歳東IC
茂津多岬
狩場山
恵庭
夕張岳
長万部IC
長万部
洞爺湖
支笏湖
千歳IC
千歳
新千歳空港
追分町IC
夕張IC
占冠IC
トマムIC
せたな
虻田洞爺湖IC
伊達IC
伊達
内浦湾
道央自動車道
奥尻島
八雲IC
八雲
室蘭IC
白老IC
苫小牧西IC
苫小牧
日高自動車道
むかわ
平取
㉗幌尻岳
室蘭
登別
渡島半島
日高富川IC
日高
森IC
森
駒ヶ岳
大沼公園IC
日高厚賀IC
江差
新ひだか
北斗
函館
大千軒岳
亀田半島
函館空港
恵山岬
松前半島
白神岬
津軽海峡
大間崎
竜飛崎
えりも
えりも岬

宗谷岬
稚内空港
クッチャロ湖
浜頓別
オホーツク海
音威子府
名寄
士別
士別剣淵IC
オホーツク紋別空港
紋別
和寒IC
湧別
サロマ湖
遠軽
遠軽IC
旭川紋別自動車道
能取湖
知床岬
網走湖
網走
大空
21 羅臼岳
24 大雪山
▲(旭岳)
25 トムラウシ山
▲石狩岳
北見
美幌
女満別空港
斜里
爺爺岳
26 十勝岳
十勝オホーツク自動車道
22 斜里岳
根室海峡
国後島
屈斜路湖
北海道
十勝清水IC
阿寒湖
摩周湖
雄阿寒岳
弟子屈
根室中標津空港
足寄
23 阿寒岳
(雌阿寒岳)
足寄IC
清水
道東自動車道
本別IC
根室湾
歯舞群島
音更帯広IC
帯広
池田
阿寒IC
風蓮湖
たんちょう釧路空港
厚岸
根室
納沙布岬
とかち帯広空港
釧路
落石岬
十勝川
尻羽岬
忠類大樹IC
太平洋
N
0
50km
1:2,404,000

20 利尻山（りしりざん）

天を突く山容が登山者を魅了する 日本海に浮かぶ孤高の独立峰

行く手に屹立する姿が印象的な利尻山

コース&アクセスプラン

稚内（わっかない）沖の日本海に浮かぶ利尻島。島全体があたかも一つの山のごとく、中央にそそり立つ独立峰が利尻山で、その凜々（りり）しい姿は最北の百名山の名に恥じない。

登山道は現在2ルートあるが、空港やフェリー乗り場にも近く、交通の便がよい鴛泊（おしどまり）コースが一般的だ。夏期を中心に高山植物が咲き誇り、さえぎるもののない眺望も抜群。とはいえ、標

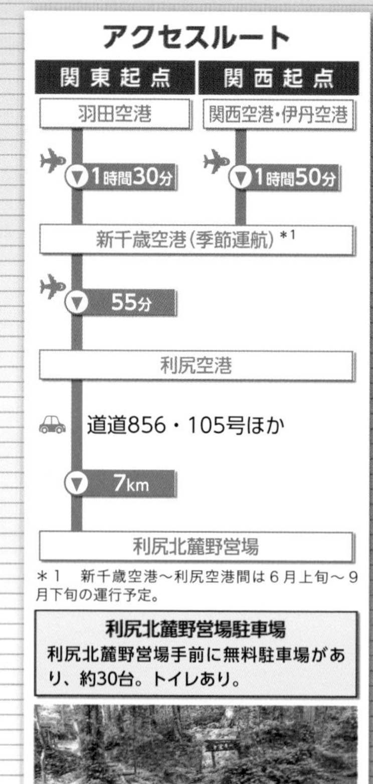

利尻北麓野営場から10分ほどの所にある甘露泉水

アクセス

▶利尻空港へは、東京・大阪から新千歳空港を経由し、季節運航便で向かう。登山口の利尻北麓野営場までは約7kmなので、登山目的のみであればタクシー利用が便利（約15分）。直接登山口へ向かわず、鴛泊で前泊するのが一般的。利尻空港からは道道856号を経て道道105号を右折。さらに利尻富士町役場方面へ右折し、登山道を示す道標に従い右折。道なりに進むと利尻北麓野営場の駐車場に着く。稚内港からのフェリー便がある鴛泊港から利尻北麓野営場までは約4km。

高差1500mの長い道のりを往復するため、風雨が強いときには慎重な判断が求められる。

東京から稚内空港への直行便を利用する場合は、レンタカーを利用せずに路線バスで稚内市街をめざし、稚内港からフェリー(所要時間1時間40分)で鴛泊港へ向かおう。

登山コースメモ

登山口の利尻北麓野営場からほどなく現れるのが、名水百選の甘露泉水（かんろせんすい）。ここで飲み水を補給しておこう。針葉樹林帯を進めば、やがて尾根沿いの道となり、次第に視界が開けてくる。この先、長官山（ちょうかんやま）まではひたすら登りが続く。

長官山で前方が大きく開け、利尻山避難小屋の先にスッとそびえる利尻山のピークが見通せる。避難小屋までは傾斜が緩やかだが、徐々に

DATA

登山難易度	**上級**
日　　程	**前夜泊日帰り**
歩行時間	**9時間**：利尻北麓野営場→ポン山分岐→長官山→沓形分岐→利尻山(往復)
登山適期	**7月上旬〜9月中旬**

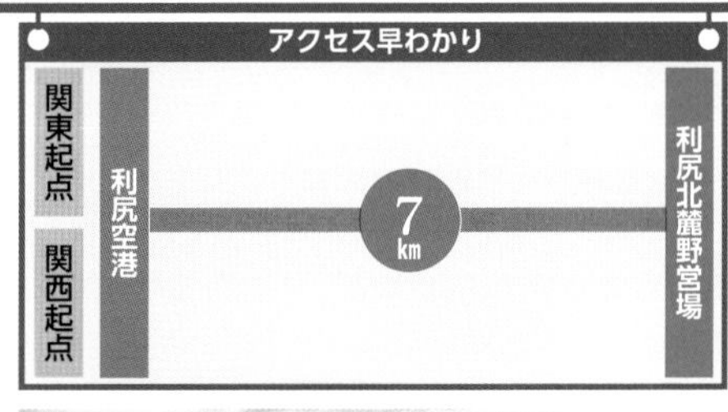

山頂近くの奇岩・ローソク岩（右側）

傾斜が増し、九合目を過ぎる。固有種のリシリヒナゲシをはじめ、高山植物に励まされながら沓形（くつがた）分岐を通過し、ひと頑張りすると利尻山北峰(1719m)に着く。眼下にはぐるりと海に囲まれた離島の独立峰ならではのパノラマが広がる。なお最高点の南峰は、崩落のため立ち入りが禁じられている。

下りでは山頂直下など、踏ん張りのきかない箇所も多数あるので、転倒に注意しよう。

なお、利尻島の西側の集落である沓形から延びるのが沓形コースだ。五合目の見返台園地が登山口にあたり、歩く距離自体は鴛泊コースよりわずかに短くなるが、コース上部に難所が控えているため、難易度は上がる。鴛泊コースとは九合目半で合流する。

下山後の寄り道

♨ **SPA**

鴛泊コースの下山後に立ち寄りやすいのが、利尻北麓野営場から2kmほど車道を下った先にある**利尻富士温泉保養施設**。露天風呂は開放感十分で、利尻山の眺望もよい。沓形にある**利尻ふれあい温泉**(ホテル利尻に併設)では露天風呂から沈む夕日を眺められる。

問合せ先　利尻富士町観光協会☎0163-82-1114

21 羅臼岳（らうすだけ）

**自然豊かな知床半島に鎮座する
眺望に秀でた道東屈指の名峰**

お椀を伏せたようななだらかな山頂部をもつ羅臼岳

コース&アクセスプラン

羅臼岳は、知床（しれとこ）半島の背骨にあたる知床連山の主峰であり、かつ最高峰でもある。樹林帯を抜け、ハイマツと岩に彩られた山頂からは、自然が色濃く残る知床半島を境に、オホーツク海と根室海峡を同時に眺められるなど、ほかの山域では味わえない感動を得られることだろう。

最寄りの女満別（めまんべつ）空港に到着後、その日のうちに登山を開始することはできないので、近隣で

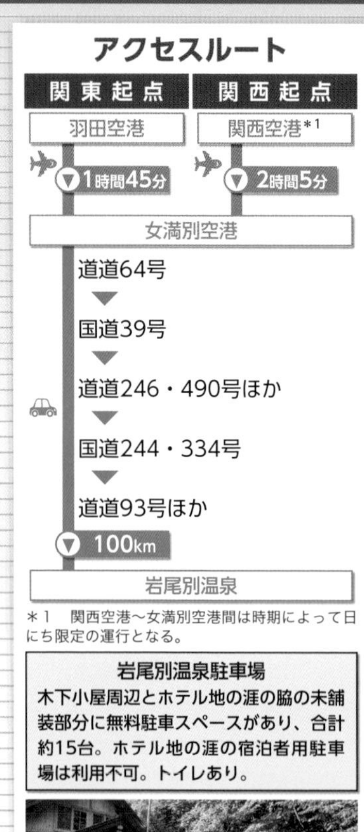

アクセスルート

関東起点	関西起点
羽田空港	関西空港*1
✈ 1時間45分	✈ 2時間5分

女満別空港
道道64号
▼
国道39号
▼
道道246・490号ほか
▼
国道244・334号
▼
道道93号ほか
100km
岩尾別温泉

＊1　関西空港～女満別空港間は時期によって日にち限定の運行となる。

岩尾別温泉駐車場
木下小屋周辺とホテル地の涯の脇の未舗装部分に無料駐車スペースがあり、合計約15台。ホテル地の涯の宿泊者用駐車場は利用不可。トイレあり。

岩尾別コース登山口にある木下小屋

アクセス

▶女満別空港から道道64号を北上後、国道39号（240号と重複）との交差点で右折して39号を進み、T字路で小清水方面へ右折する。道道246号を道なりに進むと道道490号になる。「止まれ」の標識がある十字路で斜里方面へと右折し、農道を道なりに東へ進み、国道391号を過ぎて国道244号へ入る。直進すると334号になり、オホーツク海沿いの道を進む。ウトロ温泉を抜け、道道93号を知床五湖方面へ。岩尾別温泉の道標に従い、狭い道を4kmほど進むと岩尾別温泉に着く。

の前泊がおすすめ。登山口の岩尾別温泉には2軒の宿泊施設(木下小屋は素泊まり専用)があり、前泊に好適だ。温泉宿が立ち並ぶウトロも、登山口までの距離が約12kmで、クルマ利用であればさほど不便はなく、コンビニもあるので前泊するには都合がよい。

登山コースメモ

岩尾別温泉からは、しばらく樹林帯の急斜面が続く。時折木々の向こうに見えるオホーツク海を振り返りながら登ると、弥三吉水とよばれる水場に出る。ここでのどをうるおしたのち、再び樹林帯を登りつめると、知床連山の縦走路が合わさって平坦地になった羅臼平に着く。なお、一帯はヒグマの生息域とも重なるため、クマよけ鈴などの対策も講じたい。

ハイマツを縫うようにつけられた登山道は徐々に傾斜を増し、大きな岩をいくつも越えれば、ようやくピークが見えてくる。山頂からは正面の知床連山をはじめ、根室海峡越しに見える北方領土の国後島、広がりあるオホーツク海を一望でき、振り返った先には眼下の羅臼湖から日本百名山の斜里岳までを見通せる。

DATA

登山難易度	中級
日程	前夜泊日帰り
歩行時間	7時間10分:岩尾別温泉→弥三吉水→羅臼平→羅臼岳(往復)
登山適期	7月中旬～9月下旬

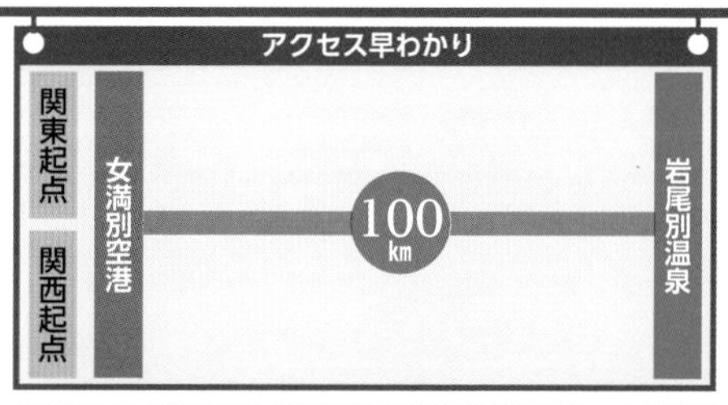

山頂が近づくにつれ国後島の姿も鮮明になってくる

こんなコースも

岩尾別温泉とは羅臼岳をはさんだ反対側に位置するのが羅臼温泉。無料露天風呂のそばにあるキャンプ場脇から延びるのが羅臼温泉コースで、岩尾別コースに比べて距離・歩行時間とも長く、登山者は少ない。『日本百名山』の著者・深田久弥は、このコースを利用して羅臼岳登頂を果たしているが、霧に包まれて何も見えなかったと記している。往復の歩行時間は約10時間。

下山後の寄り道

♨ SPA

登山口の岩尾別温泉にあるのが**ホテル地の涯**。男女別の内風呂のほか、野趣あふれる混浴の露天風呂もある。また近くにはホテルで管理しているワイルドな露天風呂(野湯)もあるが、マナーを守って利用したい。**ウトロ温泉**では各ホテルの風呂を立ち寄り利用できるほか、ウトロ港を見下ろす高台に日帰り専用の**夕陽台の湯**もある。

問合せ先　知床斜里町観光協会☎0152-22-2125

■標高 1547m

22 斜里岳（しゃりだけ）

沢沿いの登山道を抜けた先に 道東一帯を見通す眺望が広がる

ハイマツに覆われた新道コースは下山時に利用する

コース&アクセスプラン

知床半島の付け根に位置し、左右に大きく裾野を延ばした美しい様子が目を引く斜里岳。登山道は清里町側と斜里町側から延びているが、よく利用されているのが登山口に山小屋のある清里町から登るルート。途中、沢沿いの旧道コースと尾根道の新道コースに分かれ、往路と復路で異なる山の風情を楽しめる。

前泊は登山口の山小屋・清岳荘でも可能だが、

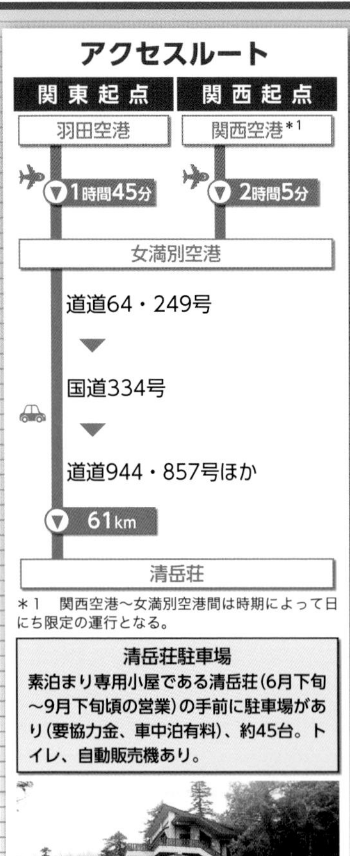

登山シーズンには管理人が常駐する清岳荘

アクセス

▶女満別空港へは、東京・大阪から直行便がある。女満別空港から道道64号を南下後、空港の南側を回り込むように進んだ後、道道249号を南下。国道334号との交差点を左折後、道なりに東へ進む。小清水町市街地の先で清里方面へ右折後、道道944号を進み、道道1115号との交差点を過ぎて江南方面へ右折して道道857号を南下後、斜里岳登山口を示す道標に従い、登山口の清岳荘へ。コンビニは途中の市街地周辺にあり。登山口ゲートの先は11月上旬～5月通行止め。

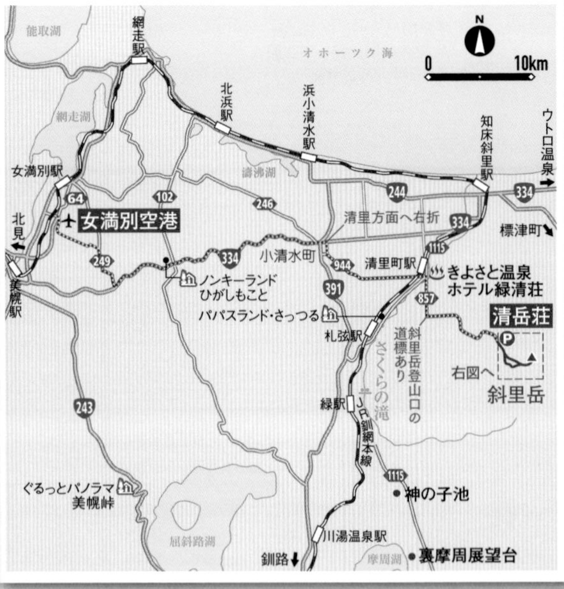

素泊まり利用に限られる(寝具貸出あり、有料)。登山口から約14km離れたJR清里町駅周辺には、リーズナブルな温泉ホテルや民宿がある。女満別空港からのアクセスルート上にあたり、コンビニもあるので、こちらの利用が便利だ。

登山コースメモ

駐車場のある清岳荘から1kmほど林道をたどり、その後沢沿いの山道を進む。幾度か水量の少ない沢を渡っていくと、ほどなく下二股の分岐に到着する。沢沿いの旧道コースは、下りの場合滑りやすくなるため、登りで利用しよう。この先、大小さまざまな滝が次々と現れ、クサリ場もあるなど、沢コースのハイライトが続く。渡渉に備えて、スパッツを携行しておきたい。上二股で新道コースと合流後は、ガレ場の登りとなり、やがて眺めのよい馬の背に着く。

ハイマツ帯の稜線をたどれば、斜里岳神社を経て斜里岳山頂に到着。北海道らしい雄大な360度の展望が広がる。復路は上二股から新道コースを通って登山口へと戻る。

DATA

登山難易度	中級
日程	前夜泊日帰り
歩行時間	6時間:清岳荘→下二股→上二股→斜里岳→上二股→熊見峠→下二股→清岳荘
登山適期	7月上旬〜9月下旬

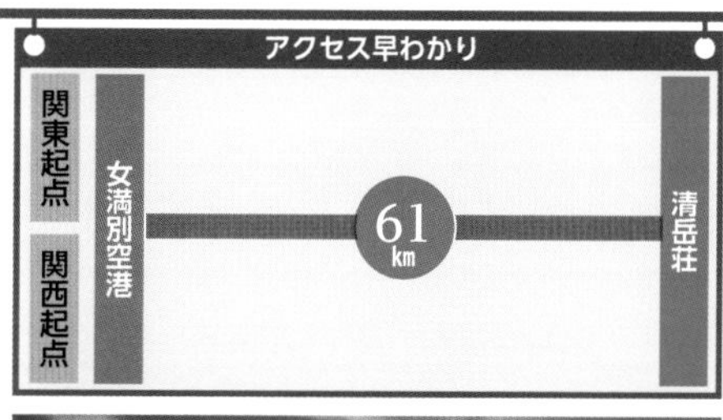

斜里岳山頂では知床から阿寒・大雪までを一望できる

セットで登る

斜里岳とセットで登りやすいのが羅臼岳(P48)。斜里岳登頂後、清岳荘まで戻り、その日のうちにウトロ温泉または岩尾別温泉まで移動する。道道857号から1115号を北上し、国道334号に合流。国道244号との重複区間を経て、オホーツク海沿いを北東に進む。ウトロ温泉までは約62km、岩尾別温泉までは約74km。

下山後の寄り道

SPA

下山後に立ち寄りやすいのが、前泊にも便利な**きよさと温泉ホテル緑清荘**。露天風呂はないものの、湯は源泉かけ流し。主浴槽のほか、気泡湯や低温サウナなども充実している。

SIGHTS

清里町には意外に知られていない穴場が点在している。**神の子池**は摩周湖の伏流水が湧出し、神秘的な雰囲気。**裏摩周展望台**からの摩周湖の眺めも捨てがたい。**さくらの滝**では6〜8月の登山適期に、サクラマスの豪快な滝越えが見られる。

問合せ先　きよさと観光協会☎0152-25-4111

23 阿寒岳（あかんだけ）

荒々しい景観といで湯が魅力の北海道東部を代表する火山

荒涼とした火口内で神秘的な水をたたえる青沼

コース&アクセスプラン

阿寒岳とは、阿寒湖東畔の原生林に囲まれた雄阿寒岳（おあかんだけ）（1370m）と、阿寒湖の南西約8kmの地に姿を見せる雌阿寒岳（めあかんだけ）（1499m）の総称。厳密にはそれぞれ別の山であるが、ここでは訪れやすく、標高も高い雌阿寒岳を紹介する。

雌阿寒岳の魅力は、火山特有の荒涼とした風景と眺望のよさもさることながら、山麓のいで湯や神秘の湖・オンネトーの存在も外せない。

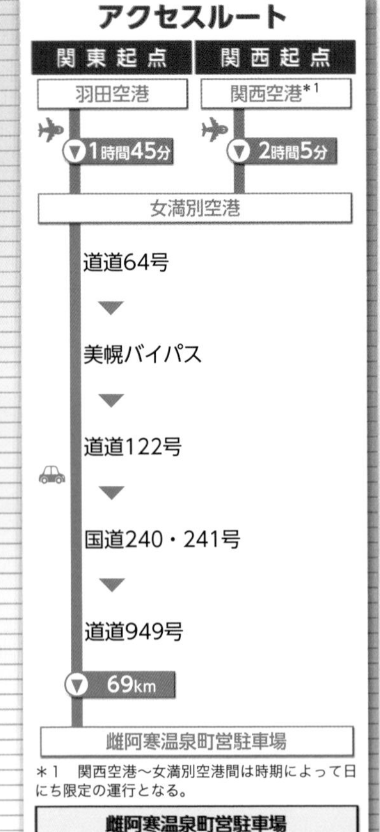

アクセス

▶女満別空港へは、東京・大阪（時期により日にち限定）から直行便がある。女満別空港ICから美幌バイパス（無料の自動車専用道路）に入る。美幌ICで降り、直進して道道122号を進むと国道240号に合流する。国道240号を50㎞ほど南下し、釧路方面との分岐を右折して国道241号に入る（雄阿寒岳へは直進）。雌阿寒温泉・オンネトー方面へと左折し、道道949号を3kmで雌阿寒温泉。登山口周辺にコンビニ・商店はなく、津別町市街地が最終。阿寒湖畔に商店多数あり。

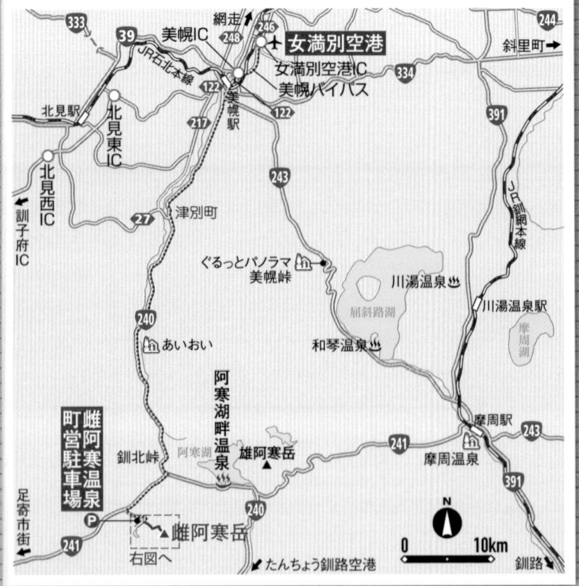

登山前には火山活動状況もチェックしておこう。

登山口である雌阿寒温泉へのアクセスは、女満別空港からのほか、東京・大阪(時期により変動)からの直行便があるたんちょう釧路空港の利用も可。国道240・241号などを経由し、雌阿寒温泉までは約76km。前泊にも利用できる阿寒湖畔温泉から雌阿寒温泉までは約17km。

登山コースメモ

雌阿寒温泉の登山口からは、しばらく根の張り出しが顕著なアカエゾマツの樹林帯を登る。道は徐々にハイマツ帯に入り、四合目で森林限界を超えたあたりから急傾斜となるので、マイペースで高度を稼ごう。

火口壁の上に出れば急登も終わり、火山特有の荒涼とした光景に目を奪われる。噴火口にできた赤沼を見下ろしながらさらに歩けば、ほどなく雌阿寒岳山頂に着く。

木々などがない山頂は、すばらしい眺望の反面、風が強い場合は避難する場所がないため、防寒対策を忘れずに。往路を戻る下りでは、樹林帯での転倒に気をつけたい。

DATA

登山難易度	初級
日程	前夜泊日帰り
歩行時間	3時間30分：雌阿寒温泉町営駐車場→五合目→雌阿寒岳(往復)
登山適期	6月上旬〜10月中旬

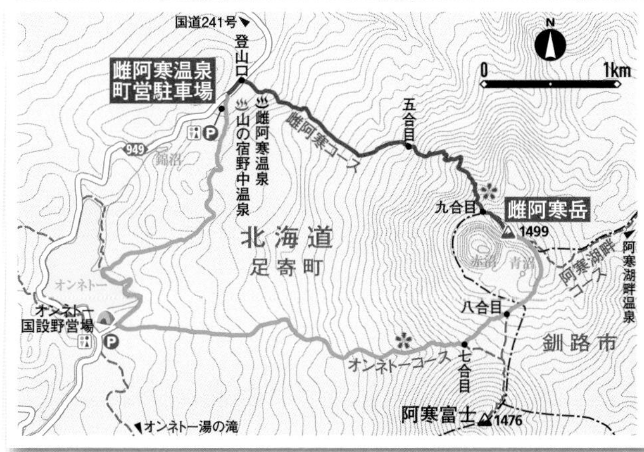

サブコースから見下ろしたオンネトー

サブコース

雌阿寒岳山頂から往路を戻らず、そのまま先へと進めば、コニーデ型火山の阿寒富士との分岐に着く。火山灰に覆われて歩きにくい阿寒富士へは八合目から40分。ここからは眼下に見えるオンネトーへ向けて、根の張り出した樹林帯を下る。見る角度によって湖面の色が変わるオンネトーの東岸を経て雌阿寒温泉へと戻ろう。雌阿寒岳山頂からの歩行時間は、阿寒富士への往復を含まない場合2時間30分。

下山後の寄り道

♨ SPA

登山口でもある雌阿寒温泉にあるのが**山の宿野中温泉**。野趣あふれる露天風呂もさることながら、総アカエゾマツ造りの内風呂は必見。阿寒湖南畔の**阿寒湖畔温泉**には眺望自慢のホテルが立ち並び、多くが日帰り入浴可(繁忙期不可の場合あり)。

問合せ先
あしょろ観光協会
☎0156-25-6131

24 大雪山(たいせつざん)

ロープウェイ利用で山腹まで上がれる アクセスと眺望に恵まれた道内最高峰

姿見ノ池から地獄谷越しに旭岳を仰ぎ見る

コース&アクセスプラン

大雪山とは北海道の中央部に位置する標高2000m級の山々の総称。その主峰が道内最高峰でもある旭岳(あさひだけ)だ。山麓の旭岳温泉からはロープウェイ(所要10分)が延びており、標高約1600mの姿見(すがたみ)駅が登山の起点となる。山頂までの歩行距離はさほど長くないが、そのぶん登山道の傾斜は急になる。山頂からは「北海道の屋根」とよぶにふさわしい眺望が広がっている。旭岳を

アクセスルート

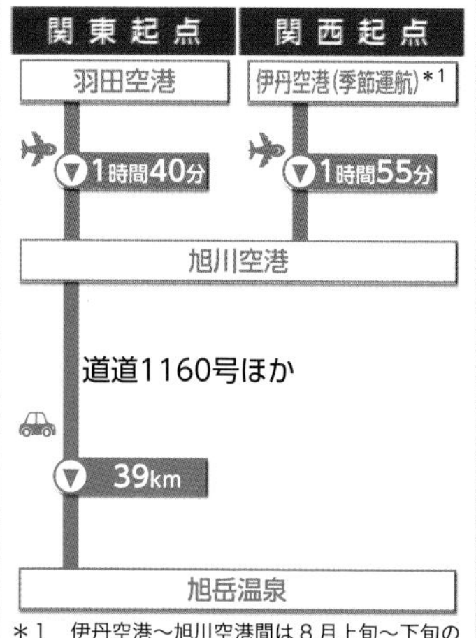

＊1　伊丹空港〜旭川空港間は８月上旬〜下旬の運行予定。

旭岳温泉駐車場

大雪山旭岳ロープウェイ旭岳山麓駅前に有料駐車場があり、約150台。旭岳ビジターセンター向かいの公営駐車場は無料、約90台。いずれもトイレあり。

山頂手前にある奇岩・金庫岩

アクセス

▶旭川空港から南へ行き、すぐに案内板に従って東川、旭岳温泉方面へ左折する。忠別川を越えて道道1160号に出合ったら右折して1160号を進む。南東へ走って志比内橋を渡るが、橋の手前で大雪旭岳源水方面への道標に従って忠別湖の北側を走ってもいい。道道213号との重複区間に入り、天人峡温泉方面への分岐を過ぎると、道は徐々に山岳エリアへと入り、点在する旭岳温泉の施設を通り抜けた先に大雪山旭岳ロープウェイの駅舎が見えてくる。

水面に映す姿見ノ池付近は日本一早く色づく紅葉の名所としても人気が高く、ピーク時には多くの観光客も足を運ぶことから大混雑する。

最寄りの旭川空港からの日帰り登山は、日程面で無理が生じがちになるので、山麓の旭岳温泉で前泊し、体調を整えてから山へ向かうのが無難だろう。

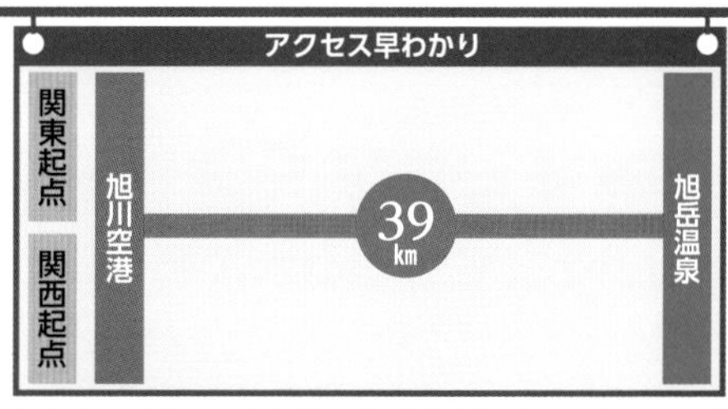

旭岳から間宮岳へ向けて大きく下る

登山コースメモ

大雪山旭岳ロープウェイ姿見駅から姿見ノ池までは散策路で20分ほど。姿見ノ池からは地獄谷の噴煙の先にめざす旭岳が見える。火山地形特有の歩きにくい岩礫の道を登りつめると、巨岩のニセ金庫岩に続き、真四角の金庫岩が現れる。ここまで来れば山頂も近い。トムラウシ山や十勝岳をはじめ、山頂からの雄大な眺めは、道内最高峰の名に恥じない。下山は往路を戻る。

サブコース

旭岳山頂から往路を戻らず、雪渓あるいは砂礫の急斜面を慎重に下り、間宮岳（まみやだけ）へと登り返す。ピークというよりなだらかに盛り上がった尾根といった印象だが、ここに立つと今なお噴気を上げ、有毒ガスを噴出する御鉢平（おはちだいら）を見通せる。カルデラに沿うように北上し、中岳分岐から野天湯の中岳温泉を経て、高山植物が多く見られる裾合平（すそあいだいら）へと下る。裾合分岐から比較的平坦な登山道をたどり、姿見駅へ戻ろう。全歩行時間は7時間と長めだが、早朝発でも歩くだけの価値がある周回コースだ。

DATA

登山難易度	中級
日　　程	前夜泊日帰り
歩行時間	4時間：姿見駅→旭岳石室→旭岳（往復）
登山適期	7月上旬～9月下旬

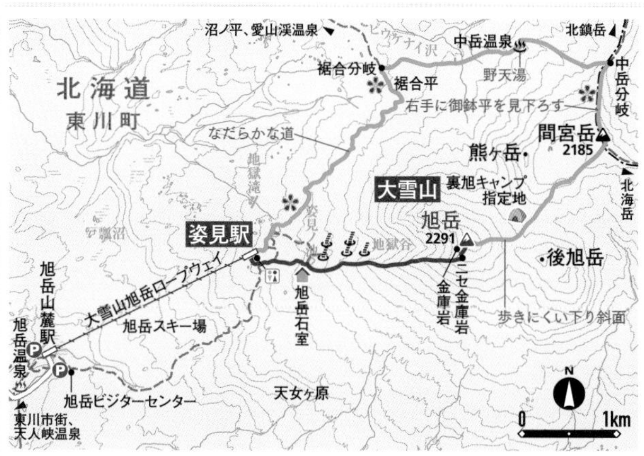

下山後の寄り道

SPA

前泊にも好適な**旭岳温泉**に日帰り入浴専用施設はないが、3軒の宿泊施設で立ち寄り入浴を受け付けている。また旭岳温泉から道道1160・213号を約21km走った先にあるのが、大雪山に源流をもつ忠別川の流れが生み出した大峡谷に抱かれた**天人峡温泉**（てんにんきょう）。この天人峡にある御やどしきしま荘でも日帰り入浴ができる。

問合せ先
ひがしかわ観光協会
☎0166-82-3761

25 トムラウシ山（やま）

大雪山系の懐深くに鎮座する
岩礫に覆われたはるかなる山

自然の造形美に驚かされるトムラウシ公園から山頂を見る

コース&アクセスプラン

トムラウシ山へは前泊地のトムラウシ温泉からの日帰り登山が基本。クルマの場合は宿から林道を8kmほど分け入った短縮コース登山口を利用できるが、それでも標高差約1200mを往復する行程は長く厳しい。コース上や山頂付近に避難小屋などの施設はないので、場合によっては山頂直下の南沼野営指定地でのテント泊も考慮に入れたい。コース上部には池塘が点在し、

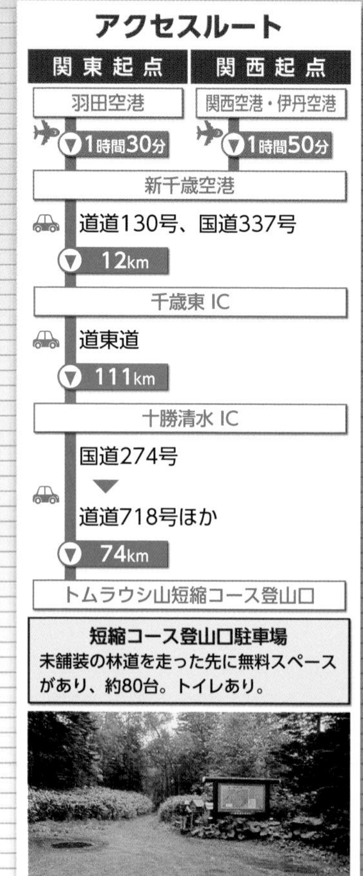

登山届ポストなどがある短縮コース登山口

アクセス

▶新千歳空港へは、東京・大阪から直行便が運航。新千歳空港から北へ行き、長沼方面へ進んで国道337号に入る。そのまま北上して千歳東ICから道東道（有料）に入り、帯広方面をめざす。十勝清水ICから国道274号を右の清水市街方面へ向かう。国道38号にぶつかって左折後、すぐに上士幌方面へと右折。道道718号との交差点で屈足方面へと左折し、718号を約58km進むとトムラウシ温泉だ。ここから林道を8kmほど走るとトムラウシ山短縮コース登山口に着く。

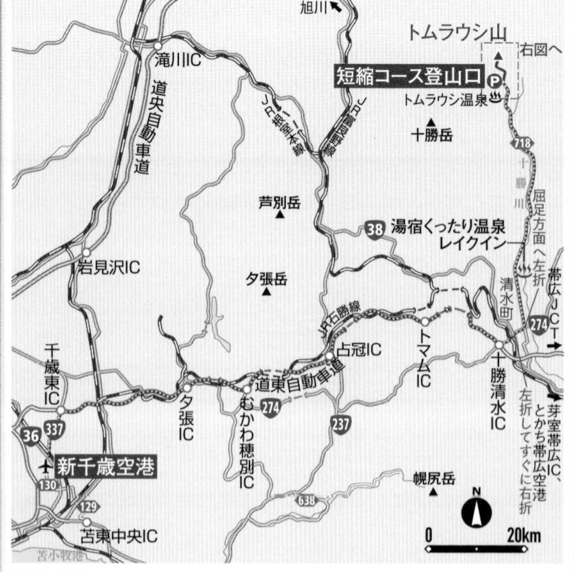

高山植物も豊富に見られるなど、あたかも天上の楽園のような観を呈している反面、吹きさらしの環境ゆえ、天候悪化に備えて防寒対策には万全を期したい。

東京起点であれば、新千歳空港に加え、とかち帯広空港からもアクセスできる。この場合、道道109・1157号を経て幸福ICから帯広広尾道（無料区間）を芽室帯広ICまで北上。道道75号などを経て、道道718号でトムラウシ温泉へ向かう。とかち帯広空港からトムラウシ山短縮コース登山口までは約120km。航空便の時刻やほかの山へのアクセスなどを考慮に入れながら、いずれの空港を利用するか検討しよう。

登山コースメモ

短縮コース登山口で身支度を整え、20分ほど歩くとトムラウシ温泉からの正規コースが合流する。カムイ天上を過ぎるとぬかるみの多い尾根上の登山道を歩くので、スパッツを携行した方がいい。沢へ向けて下った先がコマドリ沢分岐。遅くまで雪渓の残る沢をさかのぼり、岩礫帯を抜けると前トム平に着く。

視界が大きく開けるなか、ナキウサギの声を耳にしながら進むと、ハイマツと岩の台地に池塘が点在するトムラウシ公園に出る。夏の高山植物、秋の紅葉がすばらしい所だ。ほどなく南沼野営指定地手前の分岐に到着して右へ。人工物が視界に入らない大パノラマが広がる山頂までは、岩の積み重なる道を歩く。

下山は往路を登山口まで戻る。

DATA

登山難易度	上級
日程	前夜泊日帰り
歩行時間	10時間30分：短縮コース登山口→カムイ天上→前トム平→トムラウシ山（往復）
登山適期	7月上旬～9月下旬

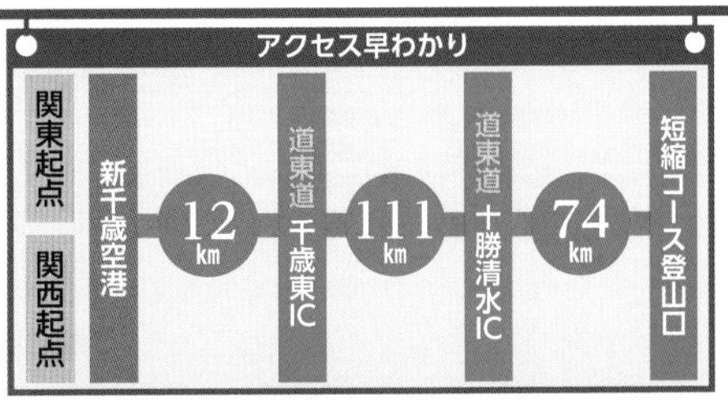

短い秋には見事な紅葉が広がるトムラウシ公園

下山後の寄り道

SPA

前泊にも利用するトムラウシ温泉にあるのが一軒宿の**トムラウシ温泉東大雪荘**。山奥の秘湯の風情は希薄だが、天井の高い内風呂、豪快な湯量の露天風呂とも人気がある。帰路の道道718号沿いにあるのが**湯宿くったり温泉レイクイン**。明るく開放的な内風呂に加え、露天岩風呂も併設。宿泊も可能で、周辺では各種アウトドア体験もできる。

問合せ先　新得町観光協会☎0156-64-0522

26 十勝岳

殺風景ながらも眺望に恵まれた 噴気活動盛んな十勝連峰の盟主

火山礫に覆われた登山道の先に十勝岳山頂が見える

コース&アクセスプラン

大雪山の南方に位置する十勝連峰の最高峰である十勝岳。噴気活動が続く火山で、火山の活動状況を確認して登山計画を立てよう。十勝岳の好展望地でもある望岳台からの登山ルートが最もポピュラーで、十勝岳温泉から安政火口脇を経て主稜線を縦走するコースもある。

最寄りとなるのは旭川空港。同じくこちらを利用する大雪山(P54参照)とセットで登るのに

アクセスルート

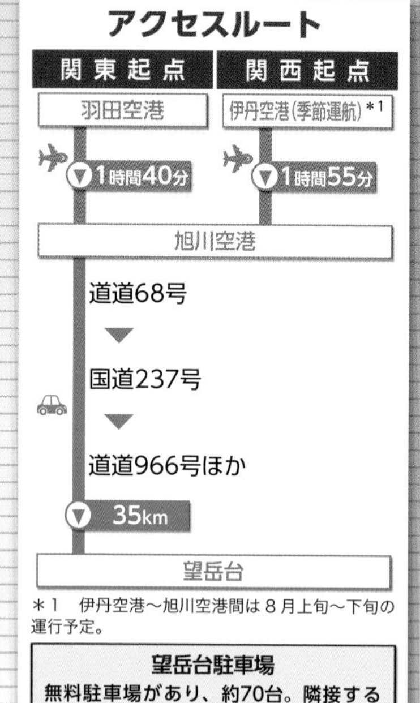

＊1　伊丹空港～旭川空港間は8月上旬～下旬の運行予定。

望岳台駐車場

無料駐車場があり、約70台。隣接する防災シェルター(冬期は閉鎖)のトイレを利用できる。

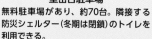

駐車場横のシェルター。トイレは24時間利用可能

アクセス

▶旭川空港へは、東京・大阪(季節運航)から直行便がある。旭川空港から道道68号を道なりに南下し、国道237号とのT字路を富良野・美瑛方面へ向かう。青い池入口交差点を左折し、道道966号へ入る。南東へひたすら進み、北海道らしい光景の白樺並木を過ぎると白金温泉が見えてくる。温泉街の先を十勝岳温泉方面へと右折し、道標に従い望岳台方面へ左折すると、ほどなく駐車場が見えてくる。国道237号沿いや美瑛町市街地にコンビニあり。

も好適だ。前泊には白金温泉が便利。山麓の美瑛・富良野エリアには北海道を代表する観光スポットが点在しているので、登山とあわせてクルマで巡るのもいいだろう。

登山コースメモ

望岳台からハイマツなどが入り混じる登山道を緩やかに登っていく。美瑛岳分岐を過ぎると十勝岳避難小屋の前に出る。天候悪化や火山活動が活発化した際には心強い存在だ。火山礫の尾根をたどった先が昭和火口。右手にあるグラウンド火口をはじめ、あたりには火山特有の光景が広がる。この先登山道の傾斜は緩くなるが、最後に岩混じりの急登に変わる。山頂からは大雪・十勝の山並みはもちろんのこと、遠く日高の峰々まで見通せる。下山は往路を戻る。

サブコース

早朝発が可能で、時間と体力に余裕があれば、十勝岳山頂から十勝連峰の主稜線を北東方面にたどり、美瑛岳をめざそう。ゆったりとした稜線を歩き、分岐を左折すると美瑛岳(2052m)に着く。十勝岳に次ぐ連峰第2の高峰だけに、こちらからの眺めも劣らない。ポンピ沢を経てメインコースに合流し、望岳台へ下る。全歩行時間は9時間30分。

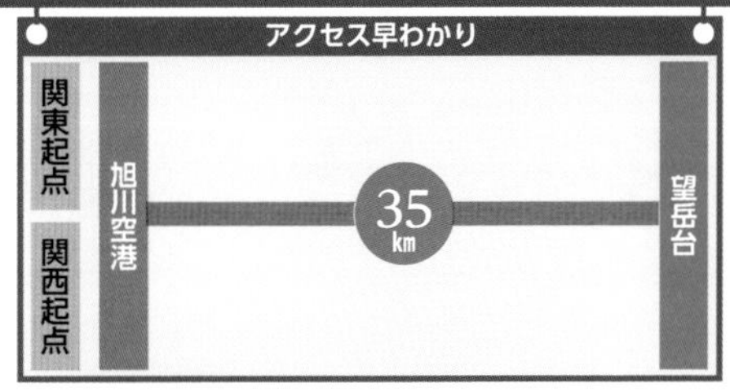

美瑛岳から十勝岳を望む

DATA

登山難易度	中級
日　　程	前夜泊日帰り
歩行時間	6時間20分：望岳台→美瑛岳分岐→昭和火口→十勝岳(往復)
登山適期	7月上旬～9月下旬

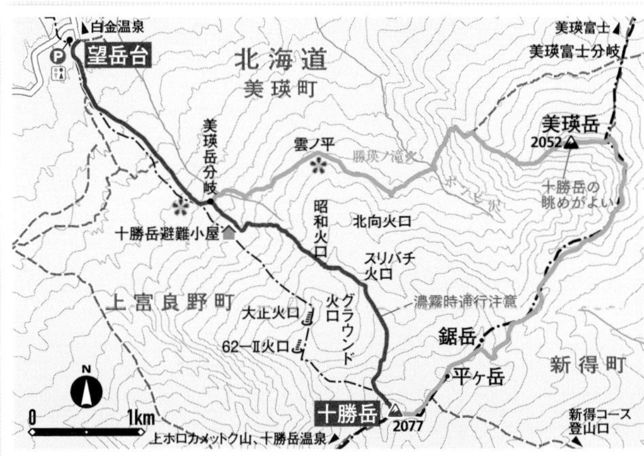

下山後の寄り道

SPA

望岳台から南西へ向かうと見えてくるのが立派な造りの**吹上温泉保養センター白銀荘**。道内屈指の巨大露天風呂が評判で、自炊宿泊施設を併設。近くには無料野天湯の**吹上露天の湯**もある。十勝岳温泉コースの登山口に立つのが**十勝岳温泉湯元凌雲閣**。安政火口越しに十勝連峰を望む露天風呂が人気だ。

SIGHTS

美瑛市街へ向かう道道966号近くの駐車場から歩いていけるのが**白金青い池**。本来は火山泥流の被害を食い止めるためのブロック堰堤であったが、火山成分を含む水が溜まり、立ち枯れのカラマツもあいまって、幻想的な光景をかもし出している。

問合せ先
美瑛町観光協会
☎0166-92-4378

27 幌尻岳（ぽろしりだけ）

豊富な経験と体力が欠かせない 日本百名山随一といわれる難峰

戸蔦別岳から日高山脈最高峰の幌尻岳を望む

コース&アクセスプラン

北海道の背骨ともよばれる日高山脈は、大雪山系の南に位置し、南端はそのままえりも岬から太平洋へと没する。長大かつ原始の姿が色濃く残る山脈の最高峰が幌尻岳である。

食料・寝具を背負い、沢の渡渉を十数回繰り返す2泊3日のハードな行程のため、日本百名山最難関との呼び声も高い。増水時には急激に沢の水位が上昇し、またヒグマも頻繁に出没する

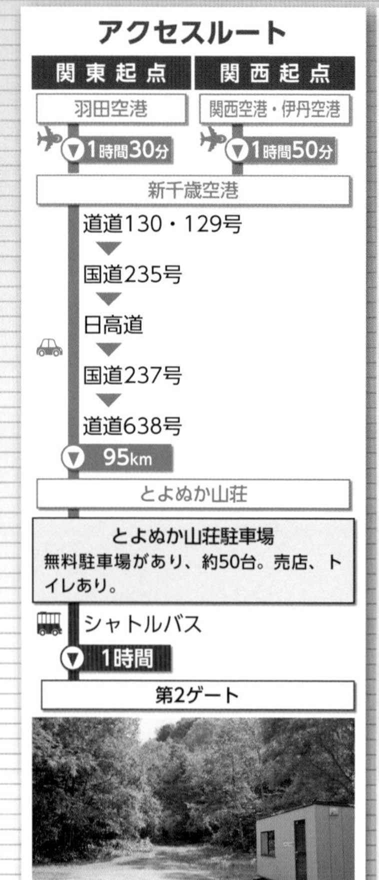

第2ゲートからは林道を1時間40分歩く

アクセス

▶新千歳空港へは、東京・大阪から直行便が運航。新千歳空港から道道130・129号を経て国道235号へと左折。ほどなくして苫東中央ICから道標に従い日高道（無料区間）に入り、浦河方面へ。日高富川ICで国道237号を日高・平取方面へ左折。豊糠への道標に従い右折し、途中山間部を抜けながら道道638号を進むと、10km弱でとよぬか山荘に着く。マイカーは山荘に停め、ここからシャトルバス（要予約、7〜9月運行）で第2ゲートへと向かう。

など、状況によっては登山を中止し引き返す冷静な判断が求められる。体力はもちろん、経験値の高さも必要とされるので、不安な場合は現地を知る山岳ガイドの力を借りた方が賢明だろう。登山にあたっては渓流靴やヘルメットがあると安心だ。なお、テント泊は禁止されている。

登山口への一般車両の通行は禁じられているので、とよぬか山荘でシャトルバス(7月上旬～9月下旬の運行)に乗り換えて第2ゲートへ向かう。とよぬか山荘はかつての学校を改装した施設だ。なお、とよぬか山荘・シャトルバス・山小屋(幌尻山荘、素泊まりのみ)は完全予約制。

氷河地形の北カール越しに戸蔦別岳が見える

登山コースメモ

1日目は第2ゲートでシャトルバスを降り、ダム取水口まで林道を歩く。ここから額平川沿いの山道となり、沢の渡渉を繰り返していく。渇水期でひざ下、雪解け期には股下までの水位があり、雨が降るとさらに上昇する。この日は幌尻山荘に泊まる。

2日目、不要な宿泊道具などを山荘に置き、登山を開始。樹林帯の急斜面を越え、尾根に出ると命の水とよばれる水場に出る。さらに急登を行くと眺望が開け、北カールを見下ろすようになる。登山者の少ない新冠川コースが合流すると幌尻岳山頂も近い。展望を満喫した後は正面に見える戸蔦別岳をめざす。途中で右手に見える七ッ沼カールの池塘とお花畑が美しい。戸蔦別岳のピークを踏んで、この日は幌尻山荘へ下る。なお体力や天候が不安な場合は、幌尻岳から往路を幌尻山荘へ戻るのが無難だ。

3日目、復路も渡渉に注意しながら、第2ゲートへ下る。

DATA

登山難易度	上級
日程	前夜泊2泊3日
歩行時間	**1日目　4時間40分**：第2ゲート→幌尻山荘／**2日目　9時間30分**：幌尻山荘→幌尻岳→戸蔦別岳→幌尻山荘／**3日目　4時間20分**：幌尻山荘→第2ゲート
登山適期	7月上旬～9月下旬

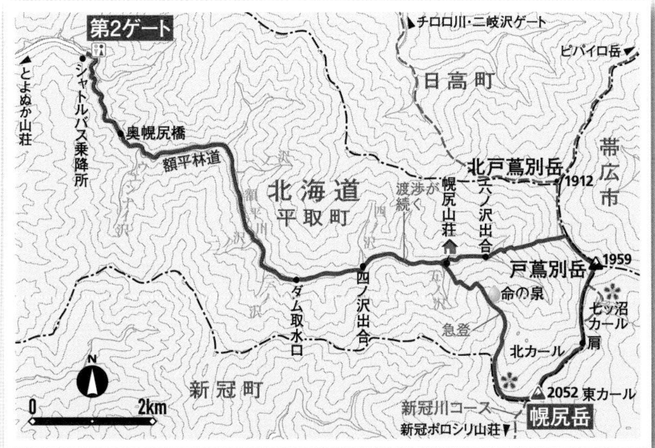

下山後の寄り道

♨ SPA

とよぬか山荘から平取市街方面へ28kmほど走ると、日帰り入浴に便利な**びらとり温泉ゆから**がある。大浴場にはジャグジーやサウナがあり、明るい露天風呂を併設。宿泊もできるので登山の疲れを癒やすのにも便利だ。

問合せ先
びらとり観光協会
☎01457-3-7703

28 羊蹄山（ようていざん）

蝦夷富士の愛称で親しまれる 北海道西部の秀麗な独立峰

真狩コース登山口の羊蹄山自然公園から見た羊蹄山

コース&アクセスプラン

成層火山の独立峰で、その端正な山容から蝦夷富士とも称される羊蹄山。後方羊蹄山との呼び名もある。

山頂へ向けての登山口は、京極、喜茂別、真狩、半月湖野営場の4カ所。いずれの登山口からも山頂までは標高差が1500m前後あり、日帰りでの往復には体力が必要になる。多くの登山者が利用するのが真狩コースあるいは半月湖野営

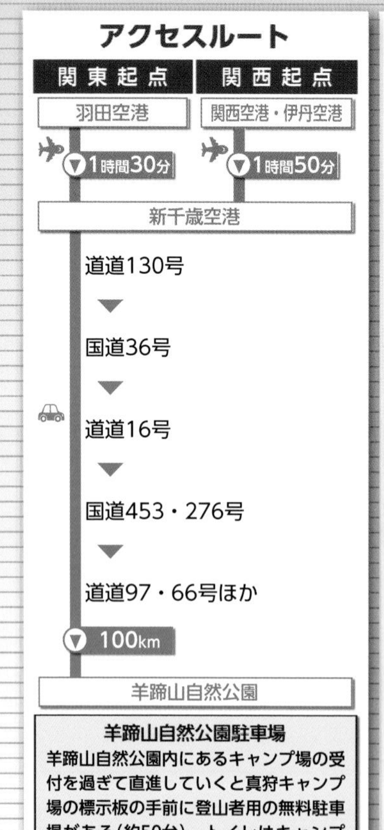

羊蹄山自然公園駐車場

羊蹄山自然公園内にあるキャンプ場の受付を過ぎて直進していくと真狩キャンプ場の標示板の手前に登山者用の無料駐車場がある（約50台）。トイレはキャンプ場受付の近くなどにある。

アクセス

▶新千歳空港から国道36号に出て北上し、平和交差点を左折。1km先の交差点を右折後、錦町3交差点を左折して道道16号へ。支笏湖手前で喜茂別方面へ左折し、国道453号を経て、国道276号（453号と重複）で支笏湖南畔を西へ。美笛峠を越え、道なりに倶知安方面へ進む。T字路で右折後、国道230号との重複区間を過ぎて倶知安方面へ左折後、案内板に従って真狩方面へ左折し、T字路で左折して道道97号へ。道道66号になり、道標に従って右折すると羊蹄山自然公園に着く。

場登山口からの倶知安(くっちゃん)ひらふコースだが、ここでは新千歳空港からのアクセスを考慮し、比較的登りやすい傾斜で登山道も整備されている真狩コースを紹介する。

なお長丁場のため前泊が前提となるが、山麓の真狩村に宿泊施設は多くないので、近隣の町村も選択肢に加えておこう。

登山コースメモ

樹林帯の登山道は二合目あたりから傾斜を増し、四合目が近づく頃に視界が開けてくる。六合目を過ぎると徐々に岩場が現れ、高山植物も見られるようになる。羊蹄山避難小屋(夏期を中心に管理人が常駐、有料)との分岐にあたる九合目から急登を越えると、火口縁の一角に着く。反時計回りに進んだ山頂からは、洞爺湖(とうやこ)や太平洋の眺めがすばらしい。余裕があれば、火口縁を一周してから往路を下るといい。

DATA

登山難易度	**上級**
日　　程	**前夜泊日帰り**
歩行時間	**8時間50分**：羊蹄山自然公園→真狩コース九合目→羊蹄山(往復)
登山適期	**6月下旬〜9月下旬**

▶半月湖野営場
倶知安町
倶知安ひらふコース
北山 1843
京極コース
京極町
ひらふコース九合目
父釜
1898
羊蹄山避難小屋
真狩コース九合目
分岐
羊蹄山
真狩コース
ニセコ町
六合目
喜茂別コース
ジグザグの急登
四合目
南コブ 650
二合目
北海道
真狩村
真狩コース登山口
真狩キャンプ場
駐車場から登山口まで徒歩5分
羊蹄山自然公園
ニセコ駅
66
羊蹄山の湧き水
0　1km
京極町
羊蹄自然公園入口
道の駅 真狩フラワーセンター▼
まっかり温泉▼

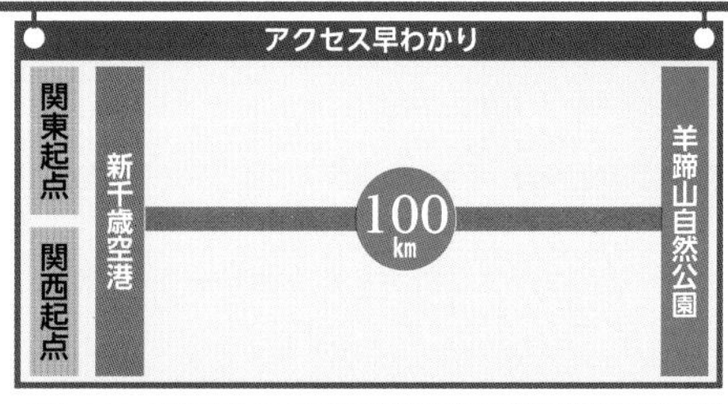

火口縁に立つと、かつての火口跡がはっきりわかる

こんなコースも

倶知安ひらふコースは、山麓の倶知安町やニセコ町に宿泊施設が多いので、前泊地次第ではこちらから登るといいだろう。半月湖野営場登山口からの歩行時間は山頂との往復のみで8時間40分で、真狩コースと大差ない。

下山後の寄り道

SPA

下山後に立ち寄りたいのは**まっかり温泉**。羊蹄山を借景に見立てた露天風呂からは、自ら歩いてきた真狩コースを手に取るように見通せるので、感慨もひとしおだ。

SIGHTS

羊蹄山山麓では、山に降った雨が伏流水(ふくりゅうすい)となり、各所で豪快に湧き出している。道道66号の羊蹄山自然公園入口近くにあるのが観光農園内にある**羊蹄山の湧き水**で、帰路に立ち寄りやすい。羊蹄山をはさんで反対側にあるのが京極町の**ふきだし湧水**(名水百選)。一帯はふきだし公園として整備され、近くに日帰り温泉もある。

問合せ先　真狩村観光協会☎0136-45-2243

Column 2

北海道エリア・おすすめ周回プラン

北海道にある日本百名山は合計9座。長期休暇にレンタカーを利用して多くの山に登ろうとした場合、最大のネックは移動距離の長さだ。一例を挙げると、利尻山への玄関口となる稚内市街から羅臼岳登山口の岩尾別温泉までは一般道を利用して約400kmあり、これは東京・名古屋間の移動距離をゆうに超える。また、レンタカーの利用に際しては、乗り捨て料金が加算され、料金はレンタカー店舗間の距離によって決められるのが一般的。距離が長くなると料金も高くなるため、起点となる空港近くの営業所に戻ることを念頭に、セットで登る山を選ぶのが無難だ。

同一空港利用の場合の周回プラン

道東の女満別空港からであれば、羅臼岳、斜里岳、阿寒岳の3座を周回できる。羅臼岳あるいは阿寒岳のどちらを最初に登るかが思案のしどころだが、歩行時間の最も長い羅臼岳からの下山後の移動を考慮すると、阿寒岳を1番目とするのがいい。まずは前泊地の雌阿寒温泉から雌阿寒岳を往復後、国道241・391号などを利用して斜里岳の前泊地までは100km少々の移動だ(斜里岳登山口から羅臼岳の前泊地まではP51の「セットで登る」参照)。羅臼岳の登山を終え、山麓の温泉で一夜を過ごしたのち、女満別空港へ戻る4泊5日の行程となる。

道央の旭川空港からの場合、セットで巡りやすいのが大雪山と十勝岳だ。空港から登山口までの距離は大差ないが、最初に十勝岳に登り、歩行時間の短い大雪山を後回しにすれば、下山したその日のうちに旭川空港へ戻りやすくなる。十勝岳登山口の望岳台から大雪山・旭岳の前泊地である旭岳温泉へは、道道966・213・1160号などを利用して約60kmの移動となる。

なお北海道の空の玄関口である新千歳空港からはトムラウシ山、幌尻岳、羊蹄山へ向かうことができるが、いずれも空港から離れており、かつ方向も異なる。加えて山の難易度も高く、それぞれがハードな登山となるため、何回かに分けて訪れる方が賢明だろう。

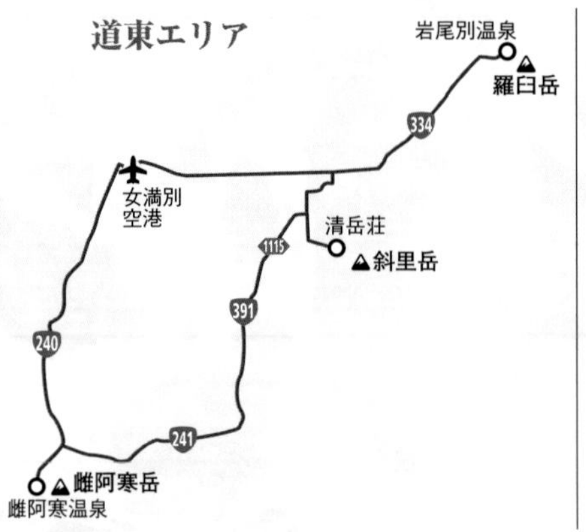

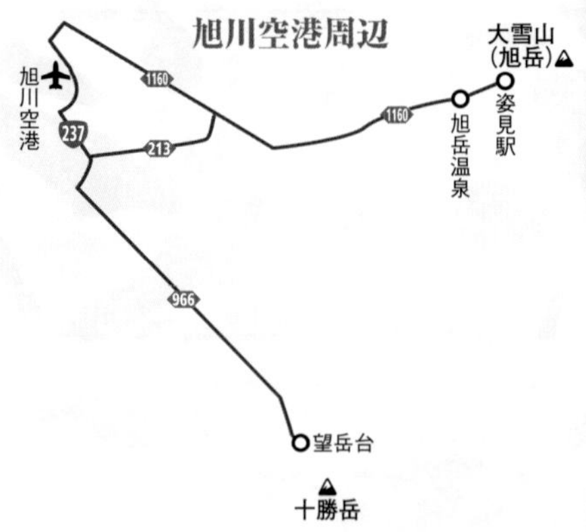

東北・北関東

29 八甲田山 …… 68
30 岩木山 ……… 70
31 八幡平 ……… 72
32 岩手山 ……… 74
33 早池峰山 …… 76
34 鳥海山 ……… 78
35 月山 ………… 80
36 朝日岳 ……… 82
37 蔵王山 ……… 84
38 飯豊山 ……… 86
39 吾妻山 ……… 88
40 安達太良山 … 90
41 磐梯山 ……… 92
42 那須岳 ……… 94
43 会津駒ヶ岳 … 96
44 燧ヶ岳 ……… 98
45 男体山 …… 100
46 皇海山 …… 102
47 筑波山 …… 104

東北・北関東マップ
北海道
青森県
秋田県
岩手県
山形県
宮城県
29 八甲田山
30 岩木山
31 八幡平
32 岩手山
33 早池峰山
34 鳥海山
青森IC
青森東IC
黒石IC
大鰐弘前IC
八戸北IC
八戸IC
十和田IC
安代IC
安代JCT
一戸IC
久慈IC
能代南IC
八竜IC
秋田北IC
秋田南IC
秋田空港IC
松尾八幡平IC
西根IC
滝沢IC
盛岡IC
大曲IC
横手IC
花巻IC
東和IC
北上江釣子IC
水沢IC
一関IC
古川IC
岩泉龍泉洞IC
宮古中央IC
遠野IC
釜石JCT
気仙沼IC
遊佐鳥海IC
酒田みなとIC
酒田IC
庄内空港IC
鶴岡IC
日本海東北自動車道
東北自動車道
秋田自動車道
八戸自動車道
釜石自動車道
三陸自動車道
東北新幹線
秋田新幹線
北海道新幹線
青い森鉄道
三陸鉄道
JR大湊線
JR五能線
JR八戸線
JR山田線
JR羽越本線
JR奥羽本線
日本海
太平洋
津軽海峡
陸奥湾
十和田湖
田沢湖
八郎潟
大間崎
尻屋崎
下北半島
むつ
小島
白神岬
竜飛崎
小泊岬
北海岬
夏泊崎
津軽半島
五所川原
つがる
大戸瀬崎
青森
青森空港
櫛ヶ峰
十和田
三沢
蕪島
八戸
弘前
白神岳
須郷岬
大館
北秋田
二戸
鹿角
米代川
能代
入道崎
森吉山
男鹿
湯上
八幡平
姫神山
秋田駒ヶ岳
秋田
仙北
盛岡
宮古
閉伊崎
黒崎
和賀岳
秋田空港
大仙
由利本荘
いわて花巻空港
花巻
横手
北上
遠野
釜石
尾崎
にかほ
雄物川
焼石岳
湯沢
奥州
大船渡
陸前高田
碁石海岸
気仙沼
御崎岬
栗駒山
一関
酒田
庄内空港
新庄
鶴岡
最上川
栗原
登米
北上川
尾花沢
右図
0
50km
1:1,921,000
N

秋田県
山形県
岩手県
宮城県
新潟県
福島県
群馬県
栃木県
茨城県
千葉県
34 鳥海山
35 月山
36 朝日岳（大朝日岳）
37 蔵王山
38 飯豊山（飯豊本山）
39 吾妻山（西吾妻山）
40 安達太良山
41 磐梯山
42 那須岳
43 会津駒ヶ岳
44 燧ヶ岳
45 男体山
46 皇海山
47 筑波山
日本海
太平洋
左図へ
右図へ
1:1,921,000
1:1,213,000

29 八甲田山

標高差の少ない山歩きの後は 山麓のいで湯巡りも楽しみ

田茂萢湿原越しの赤倉岳、井戸岳、八甲田大岳（左から）

コース&アクセスプラン

八甲田山とは、八甲田大岳を最高峰とする火山群の総称。山中には池や湿地帯が点在する一方、火山ならではの荒々しい景観が見られる。北西側から山上へ延びる八甲田ロープウェーを利用すれば標高差少なく八甲田大岳を往復でき、初級者でも訪れやすい。また、ヒバ千人風呂で知られる酸ヶ湯温泉を起点に仙人岱、大岳、毛無岱を周回するコースもよく歩かれている。

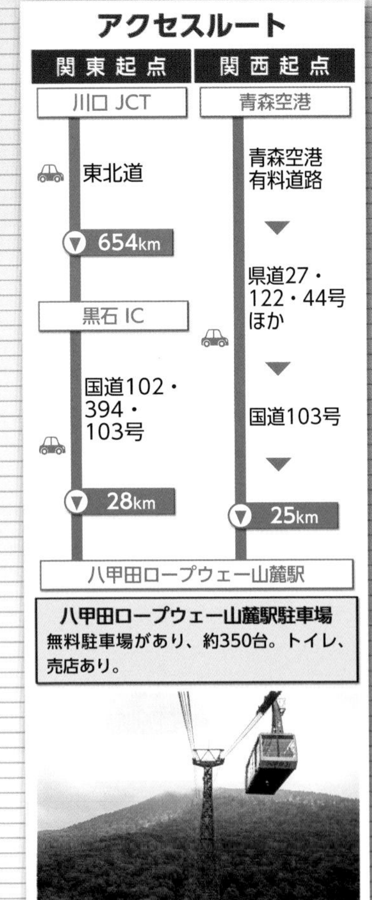

八甲田ロープウェーで山頂公園駅をめざす

アクセス

▶黒石ICから国道102号を十和田湖方面へ約6km進み、左折して国道394号へ入る。国道103号とのT字路を青森市街方面へと左折し、八甲田ロープウェーへの道標のある枝道へ入ると、すぐに広々とした駐車場が見えてくる。青森空港からは青森空港有料道路を経て県道27号に入る。高田方面へ右折し、県道122号を高田字川瀬交差点で右折。県道44号から国道103号で十和田湖方面へ向かい、約15kmで八甲田ロープウェー山麓駅に着く。

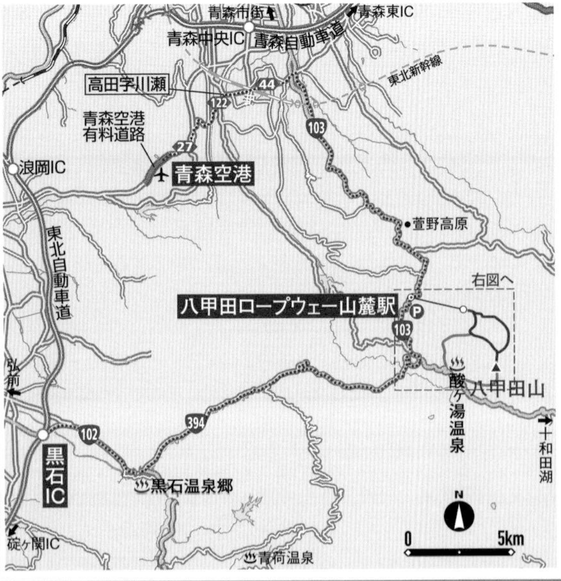

八甲田ロープウェー山麓駅方面へは、東北道黒石ICからアクセスする。レンタカーの場合は青森空港から国道103号に出て山麓へ向かう。

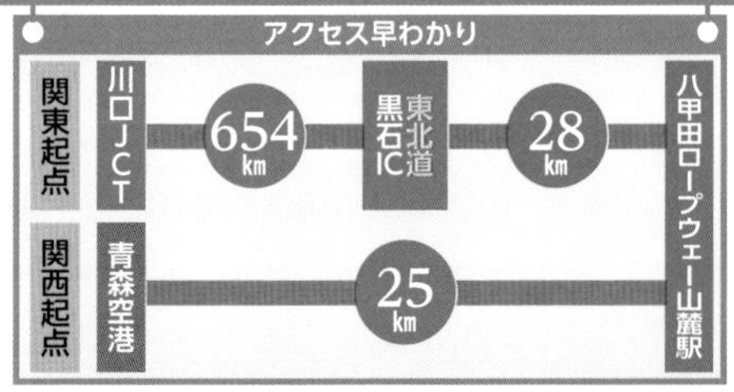

登山コースメモ

八甲田ロープウェー山頂公園駅からのコースを紹介する。駅から田茂萢湿原にかけては遊歩道が設けられていて観光客の姿が多い。高山植物の咲く湿原を抜け、上毛無岱分岐を過ぎる。ハイマツの広がる尾根を登っていくと、北側が切れ落ちた道となり、赤倉岳の山頂に着く。さらに井戸岳の噴火口跡の東縁を進み、大岳鞍部避難小屋へと下る。ここから八甲田大岳を往復する。山頂標のある大岳山頂は眺めがすばらしい。展望を楽しんだら避難小屋まで戻り、毛無岱方面へと下る。樹林帯に入って急な道を下り、木道が現れると上毛無岱の湿原に出る。分岐で酸ヶ湯温泉方面への道と分かれ、パラダイスラインとよばれるコースで山頂公園駅へ戻る。

上毛無岱から秋の下毛無岱を見下ろす

こんなコースも

酸ヶ湯温泉から仙人岱を経由して八甲田大岳に登り、毛無岱を巡って酸ヶ湯へ戻る周回コース（歩行時間4時間40分）も人気が高い。酸ヶ湯には広い公共駐車場（無料）やトイレがある。登山口から樹林帯を登って地獄湯ノ沢に出るが、この周辺は火山性ガスが噴出しているので、速やかに行動しよう。木道が現れると仙人岱で、水場もある。仙人岱からアオモリトドマツの樹林帯などを登って大岳山頂に立ち、上毛無岱、下毛無岱の湿原を抜けて酸ヶ湯へと下る。

DATA

登山難易度	初級
日程	日帰り
歩行時間	4時間15分：山頂公園駅→八甲田大岳→上毛無岱→山頂公園駅
登山適期	6月下旬〜10月中旬

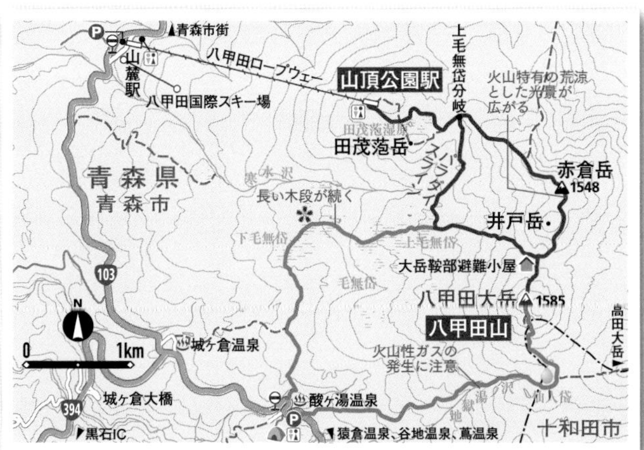

下山後の寄り道

SPA

八甲田山の魅力の一つは、山麓に湧く豊富な温泉群。サブコース下山口の**酸ヶ湯温泉**をはじめ、国道103号沿いには、**城ヶ倉温泉**、**猿倉温泉**、**谷地温泉**、**蔦温泉**といった風情あるいで湯が目白押し。一方、黒石ICの手前、国道394号と国道102号の分岐近くには、温湯・落合・板留といった**黒石温泉郷**を構成する落ち着きある湯どころが点在している。

問合せ先
青森観光コンベンション協会
☎017-723-7211

30 岩木山（いわきさん）

津軽地方のシンボルとして愛される 360度の展望が広がる独立峰

鐘のモニュメントのある岩木山山頂から日本海を眺める

コース&アクセスプラン

青森西部に位置し、広い津軽（つがる）平野のどこからでも眺められる岩木山。山頂部や山腹に噴火口跡のある成層火山で、見る方向によって山容は変わるが、裾野を悠然と延ばした姿は美しく、津軽富士ともよばれる。独立峰だけに山頂では360度のパノラマが楽しめ、八甲田山（はっこうださん）や日本海などが見渡せる。津軽の人々に昔から崇められてきた山で、岩木山神社の里宮が山麓に、奥宮

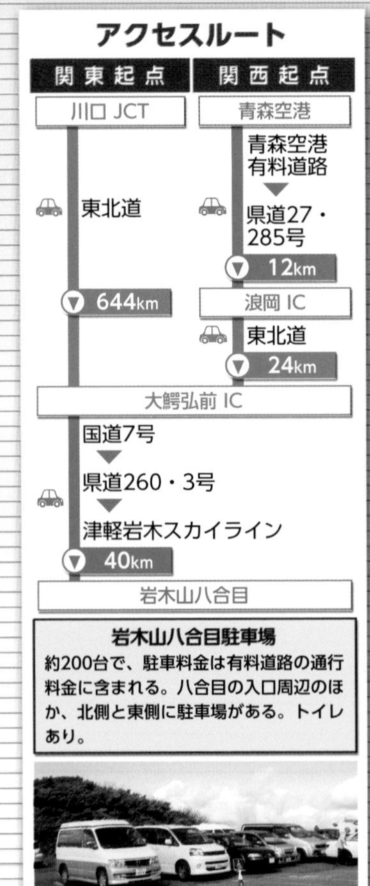

岩木山八合目駐車場
約200台で、駐車料金は有料道路の通行料金に含まれる。八合目の入口周辺のほか、北側と東側に駐車場がある。トイレあり。

八合目の駐車場には観光客も多く訪れている

アクセス

▶大鰐弘前ICを降りて国道7号を左の大鰐方面へ200mほど進み、高速道路石川入口交差点で右折して県道260号に入る。JR奥羽本線を越えて弘前公園手前のＴ字路で左へ行き、すぐに右折して県道3号を走る。嶽温泉の案内板を過ぎると右側に津軽岩木スカイラインの入口が現れる。津軽岩木スカイラインは9.8kmの有料自動車道だ。青森空港からレンタカーを利用する場合は空港の西に位置する東北道浪岡ICから大鰐弘前ICへ行く。

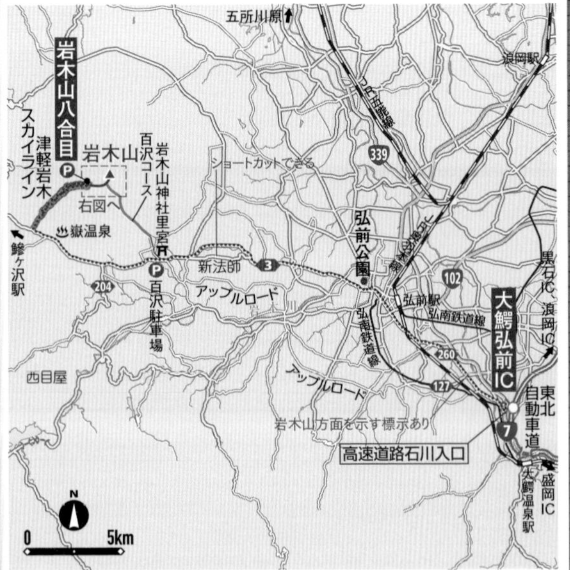

が山頂にある。八合目まで有料道路の津軽岩木スカイラインが延びており、標高約1250mの八合目からは3時間ほどで山頂を往復できる。

津軽岩木スカイラインへのアクセスには東北道の大鰐弘前(おおわにひろさき)ICから県道260・3号などを利用する。県道3号は弘前公園周辺で混雑することがあるので、県道260号から左折して県道127号へ入り、アップルロードを走って県道3号へ向かってもいい(岩木山八合目まで約45km)。

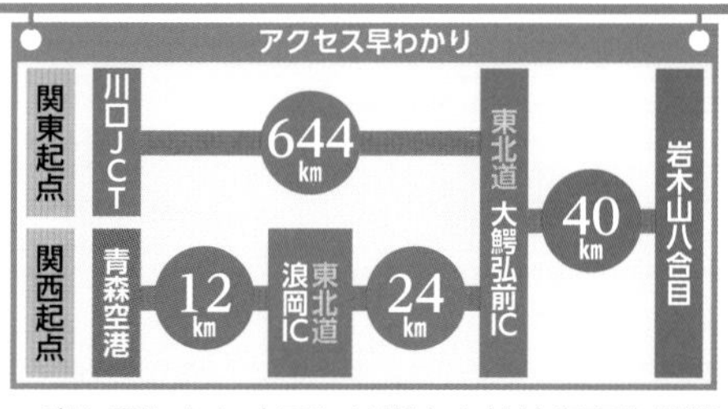

岩に覆われた山頂には岩木山神社奥宮や避難小屋などが立つ。山頂からの大パノラマを楽しんだら、八合目へ下山しよう。

登山コースメモ

岩木山八合目に着くと、めざす岩木山のピークが見える。登山道入口は駐車場入口横にあるリフト乗り場の左側にある。登山道に入って笹の間を登り、笹の道を抜けると周囲にはダケカンバが多くなる。リフト分岐を過ぎ、鳥ノ海(とりのうみ)の火口縁を通って岩の多い道を登ると、避難小屋の鳳鳴(ほうめい)ヒュッテに着き、百沢(ひゃくざわ)コースと合流する。小屋の前を通過して二のおみ坂とよばれる急坂を登る。浮き石の多いガラガラした岩の道で、コース中では数少ない注意箇所となる。左から長平(ながだい)コースを合わせるとまもなく山頂に着く。

DATA

登山難易度	初級
日程	日帰り
歩行時間	3時間：岩木山八合目→鳳鳴ヒュッテ→岩木山(往復)
登山適期	6月中旬〜10月中旬

こんなコースも

岩木山神社里宮から登る百沢コース(往復8時間40分)は岩木山を代表する歴史ある登拝路。駐車場は県道3号沿いにある百沢駐車場(無料)などを利用できる。標高約180mの県道から登山道の入口までは約30分で、体力派向けのコースだ。核心部は大沢の登り。夏でも雪渓が残っていることが多いが、7月中旬頃には固有種のミチノクコザクラが沢沿いで咲き誇っている。

下山後の寄り道

SIGHTS

アクセスに利用する県道3号沿いには弘前城のある**弘前公園**がある。弘前城には重要文化財に指定されている天守ややぐら、城門が残されており、かつては御殿などがあったという本丸の展望台からは美しい岩木山を眺めることができる。公園内には1500種の樹木や草花が植えられている弘前城植物園もある。また、津軽藩が外国人教師を招いたことから城下町の弘前にはスタイリッシュな洋館が現在も残っている。弘前公園の周辺には旧弘前市立図書館やカトリック弘前教会などの洋館が立つ。

問合せ先
弘前観光コンベンション協会
☎0172-35-3131

31 八幡平（はちまんたい）

高原の湖沼巡りも満喫できる 岩手・秋田県境に広がる楽園

展望テラスから夏の八幡沼を見下ろす

コース&アクセスプラン

岩手県と秋田県の県境部一帯に、なだらかな姿を見せる八幡平。山としての風情には乏しく、標高1500m前後の高原帯との表現がふさわしい。駐車場から最高地点に立つだけであれば、往復1時間程度の散策にすぎない。『日本百名山』で深田久弥も「八幡平の真価は、やはり高原逍遥にあるだろう」と記しているように、八幡平の魅力はピークを極めることより、森を抜け、

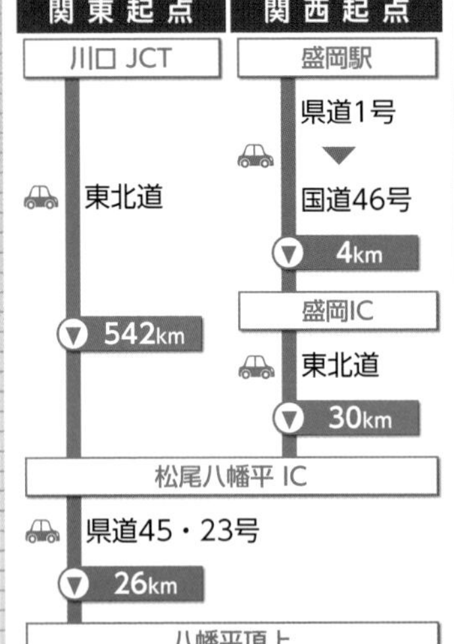

八幡平頂上周辺駐車場
有料駐車場があり、約150台。トイレ、売店、食堂あり。なお、八幡平頂上から200mほど松尾八幡平IC寄りに約80台の無料駐車場もある。

八幡平頂上へと延びる八幡平アスピーテライン

アクセス

▶松尾八幡平ICから県道45号を西へ進み、県道23号（八幡平アスピーテライン）とのT字路を八幡平方面へ右折。道なりに約19km走ると、八幡平山頂レストハウスや八幡平パークサービスセンターのある八幡平頂上に着く。なおアスピーテラインは11月上旬～4月中旬頃に通行止めとなる。盛岡駅からは北西側の県道1号、国道46号を走って盛岡ICへ行き、東北道で松尾八幡平ICへ行く。早池峰山とセットで登るのであればいわて花巻空港からレンタカーを利用してもいい。

点在する湿地帯を、心地よい風に吹かれながら巡ることにあるといえる。

最短コースの登山口・八幡平頂上へは東北道松尾八幡平ICからのアクセスとなる。レンタカー利用の場合はいわて花巻空港よりも東北新幹線の盛岡駅からの方がアクセスしやすい。

登山コースメモ

八幡平頂上の駐車場から車道を横切り、散策路へ入る。アオモリトドマツや路傍の高山植物に囲まれながら、整備された道を歩くと、鏡沼やめがね沼を越えた先に足場が組まれた立派な展望台が見えてくる。ここが八幡平山頂だ。帰路は八幡沼を見下ろす展望テラスに立ち寄り、八幡平の代表的な光景を眺めておきたい。

より高原気分を味わえる八幡沼一周は所要1時間程度なので、ひと巡りしてから駐車場へ戻るのもおすすめだ。

こんなコースも

県道23号沿いの黒谷地(くろやち)バス停近くの駐車スペースに車を停め、登山口から木道へ入る。熊の泉とよばれる水場を過ぎると、黒谷地湿原に着く。八幡沼方面への緩やかな登り道は、途中木段もあるが整備されて歩きやすい。眺めのよいピークの源太森(げんたもり)を越えると、ほどなく八幡沼のほとりに着く。沼畔の湿原を歩けば八幡沼の展望テラスの分岐を経て、八幡平山頂に到着。帰りは往路を戻るか、八幡平頂上からの路線バス(午後便は1本)で黒谷地へ戻る。黒谷地の駐車場から八幡平頂上までの歩行時間は2時間。

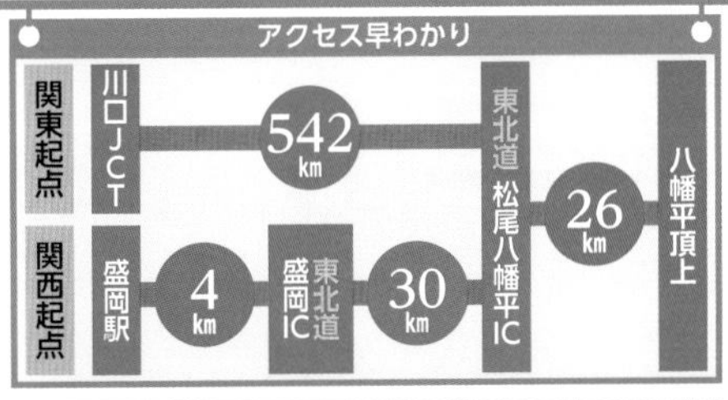

源太森や八幡沼の周辺に延びる木道沿いではワタスゲが見られる

DATA

登山難易度	初級
日　　程	日帰り
歩行時間	1時間：八幡平頂上→八幡平→展望テラス→八幡平頂上
登山適期	6月中旬～10月中旬

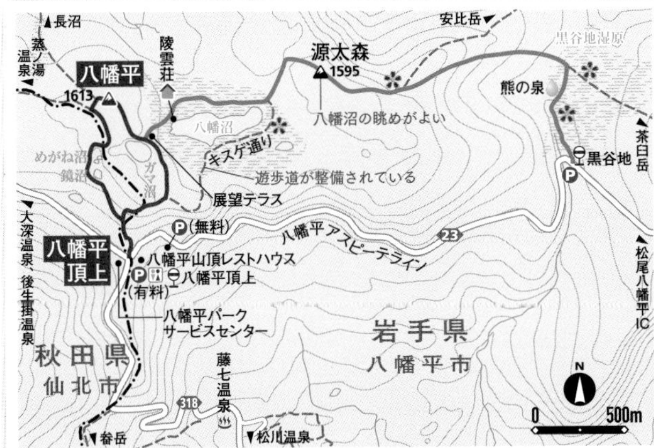

下山後の寄り道

SPA

八幡平周辺には個性豊かな温泉が多い。岩手県側では、開放感たっぷりの露天風呂をもつ**藤七温泉**(とうしち)が立ち寄りやすく、さらに県道を下った先には**松川温泉**がある。一方、秋田県側に目を移すと、**蒸ノ湯温泉**(ふけのゆ)、**大深温泉**(おおぶか)、**後生掛温泉**(ごしょうがけ)など、湯治場風情を残す秘湯が湯けむりを上げている。

問合せ先
八幡平市観光協会
☎0195-78-3500
鹿角市産業活力課観光交流班
☎0186-30-0248

32 岩手山

標高差のあるメインコースでお鉢とコマクサの頂をめざす

北東面の焼走り熔岩流からの岩手山

コース&アクセスプラン

岩手県の最高峰で、その美しい姿から南部富士と称される岩手山。複雑な形状の山頂部をもち、その周囲には国内屈指のコマクサ自生地（花期は7月上旬〜8月中旬）が展開している。

登山の中心は最寄りの滝沢ICから20分ほどでアクセスできる南東麓の馬返しからの柳沢コースだが、1日の歩行時間が8時間を超えるため、山麓の宿泊施設（馬返しキャンプ場、網張温泉な

馬返し駐車場
馬返しへ行く車道の左側にある（約100台、無料）。駐車場からキャンプ場方面に向かうと、休憩所や水場（鬼又清水）、トイレ、登山案内図がある。

馬返しには湧き水の鬼又清水の水場がある

アクセス

▶滝沢ICから国道4号を盛岡方面にわずかに進み、分れ南交差点を右折して国道282号に入る。400m先を左折して（「直進 鹿角・八幡平市」「左 岩手山・網張」の道路案内板が目印）県道278号に入る。岩手山神社を過ぎ、網張方面へ行く県道と分かれて直進していくと、馬返しの駐車場がある。レンタカーを利用する場合はいわて花巻空港よりも東北新幹線の盛岡駅からの方が距離は近い。駅から北西側の県道1号、国道46号を走り、盛岡ICから東北道を利用して滝沢ICへ行く。

ど）に前泊し、当日は早朝から登るようにしたい。ゆっくり登りたい人は柳沢コースの八合目避難小屋に宿泊するといい。6月下旬～10月中旬を中心に管理人が駐在し、毛布のレンタル（有料）や、カップ麺の販売も行っている。

首都圏からのアクセスはやや遠くなるが、北東面の焼走り駐車場（東北道西根ICから約7km）からの焼走りコースも人気が高い。

登山コースメモ

馬返し駐車場からキャンプ場を抜けると、柳沢コースの登山口がある。山頂まで標高差1400m以上の厳しい登りのスタートだ。

合目の標識を見ながら、徐々に標高を上げていく。標高約1070mの二・五合目で新道と旧道に分かれる。前者は樹林の道、後者は開けた見晴らしのよいコースだ。どちらを歩いても標高1720mの七合目で合流するが、いずれも歩きづらい急坂が続くハードな登りだ。

八合目の避難小屋を過ぎ、不動平へと登る。不動平からは火山特有の砂礫の道を行く。やがて火口を取り巻くお鉢の一角に出て、時計回りに進むと岩手山の最高点・薬師岳に着く。山頂からの大展望を楽しんだら、そのまま時計回りに進んでお鉢を一周し、不動平に戻る。不動平からは往路を駐車場へ下る。

DATA

登山難易度	上級
日程	前夜泊日帰り
歩行時間	8時間20分：馬返し→七合目→不動平→薬師岳→お鉢周回→不動平→馬返し
登山適期	7月上旬～10月上旬

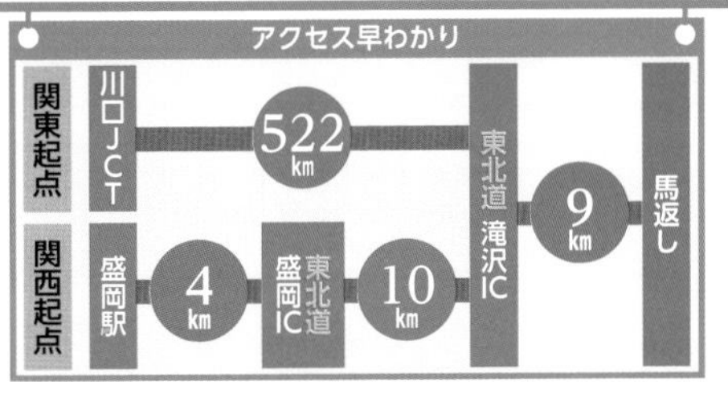

セットで登る

ここまで来たら、下山後に北面の八幡平温泉郷などにもう1泊して、八幡平（P72）とセットで登りたい。さらに日程に余裕があれば、滝沢ICから花巻ICへ行き、早池峰山もあわせて登ることも可能。その場合は時間を有効に使うため、早池峰山のマイカー規制のない日を狙いたい（詳細はP76「早池峰山」を参照）。

下山後の寄り道

♨ SPA

馬返しから滝沢IC間は立ち寄り入浴施設がないため、帰路の途中に岩手山神社の手前で右折して県道278号に入り、約15km先の**網張温泉**まで足を延ばそう。一軒宿の休暇村岩手網張温泉があり、宿泊のほか立ち寄り湯も受け付けている。宿から東に10分ほどの場所にある男女兼用の露天風呂・**仙女の湯**は、浴槽の背後に滝がかかるワイルドさで人気が高い。

野趣あふれる仙女の湯

問合せ先　滝沢市観光物産協会☎019-601-6327

■標高 1917m

33 早池峰山（はやちねさん）

固有種の花々を愛でながら急斜面の道を往復する

南面の薬師岳からの早池峰山（写真提供＝花巻観光協会）

コース&アクセスプラン

北上高地に属し、「日本のエーデルワイス」と称されるハヤチネウスユキソウ（花期7月上旬〜下旬）をはじめとする花の名山。首都圏からの日帰りは厳しく、花巻（はなまき）周辺や登山拠点となる花巻市大迫町（おおはさまちょう）岳（だけ）地区の宿に前泊しよう。

代表的な登山コースは南面の小田越（おだごえ）と河原坊（かわらのぼう）からのコースだが、河原坊コースは崩落のため長らく通行止めが続いているので、小田越から

岳駐車場

岳地区の県道25号沿いに岳駐車場（約100台、無料）、岳公園広場駐車場（約25台、無料）、峰南荘（約30台、無料）があり、シャトルバスは岳駐車場と峰南荘から乗車できる。トイレは岳駐車場と峰南荘にある。

河原坊駐車場

約50台、無料。トイレ、休憩所あり。

アクセス

▶花巻ICから県道37号で花巻空港前へ行き、左折して国道4号に入り、すぐ花巻空港駅口交差点で右折する。県道214・102号、国道396号で花巻市大迫町市街へ。「川井・早池峰山」への標識に従って左折し、橋を渡って県道43号に入り、約17kmで岳駐車場へ。登山口の小田越へは6月第2日曜〜8月第1日曜までの土・日曜・祝日にマイカー規制が実施されるので、規制日はシャトルバス（約25分）を利用する。コンビニは大迫町の国道396号沿いにある。

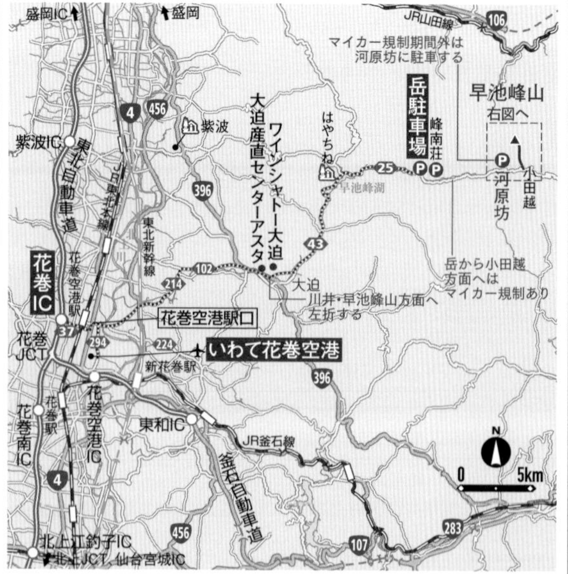

往復しよう。

登山口の小田越へは花のシーズンである6月中旬～8月上旬の週末を中心にマイカー規制が敷かれるが、規制期間以外は河原坊までクルマで入ることができる(岳から約6km)。河原坊からは45分ほど歩いて小田越へ向かう(小田越に駐車場はない)。マイカー規制時には岳地区に駐車し、シャトルバスに乗り換えて小田越へ行く。

登山コースメモ

県道25号沿いに位置し、仮設トイレのある小田越を出発し、少しの間、木道を歩く。樹林帯を登っていくと視界が開けてきて、蛇紋岩帯の急な登りになる。ハヤチネウスユキソウなどの花が咲く道を注意しながら登っていくと五合目御金蔵(おかねぐら)で、ここからも急斜面の登りが続く。八合目の先にある2本の長いハシゴ場を慎重に通過すると剣ヶ峰分岐に出る。周囲に咲く花々を見ながら西へ行くと早池峰山山頂に着く。避難小屋が立つ山頂からは、360度のすばらしい展望が広がっている。下山は往路を引き返す。

DATA

登山難易度	中級
日　　程	日帰り
歩行時間	4時間20分：小田越→五合目御金蔵→剣ヶ峰分岐→早池峰山(往復)
登山適期	6月中旬～10月上旬

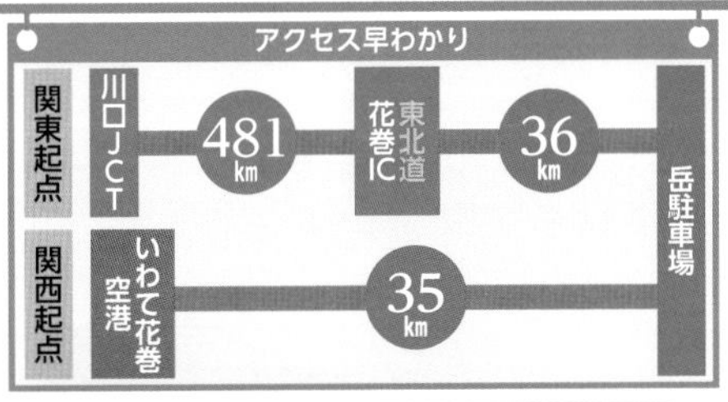

蛇紋岩の岩場に咲くハヤチネウスユキソウ

セットで登る

登山拠点となる花巻市大迫町から盛岡へは国道396号経由で1時間ほどなので、盛岡周辺に1泊して翌日に岩手山(P74)や八幡平(はちまんたい)(P72)に登ってもいい。ただし、先に2山のどちらかに登ってから早池峰を訪れた方が、下山後の首都圏への移動距離が短くなる。

下山後の寄り道

SOUVENIR

早池峰山西麓の花巻市大迫は、山に囲まれ、寒暖の差の激しい気候を生かした農業の町。なかでもブドウは味も香りもよいことで知られている。また、地元産の絞りたての牛乳を使った手作りのナチュラルチーズ「早池峰醍醐」も人気がある。国道396号沿いの**大迫産直センターアスタ**では、これらの製品や農産物が購入できる。ワイン作りも盛んで、**ワインシャトー大迫**では県内有数のワインブランドであるエーデルワインの試飲のほか、販売も行っている。

問合せ先
花巻市大迫総合支所☎0198-48-2111
遠野市観光協会☎0198-62-1333

34 鳥海山

ちょうかいさん

東北地方第二の高山へ 最も標高差の少ないコースで登る

行者岳付近から最高点の新山を望む(直下の建物は大物忌神社)

コース&アクセスプラン

秋田県と山形県の境に位置し、東北では燧ヶ岳(2356m)に次ぐ標高を誇る。花の宝庫で、チョウカイフスマをはじめとする固有種や、ニッコウキスゲなどが短い夏の山中を彩る。紹介する南面の湯ノ台口は標高が約1200mと最も高い登山口であることから、登山者の多いコースだ。ただし、心字雪渓や山頂付近のガレ場などがあり、決して楽なコースではない。日帰りで往復

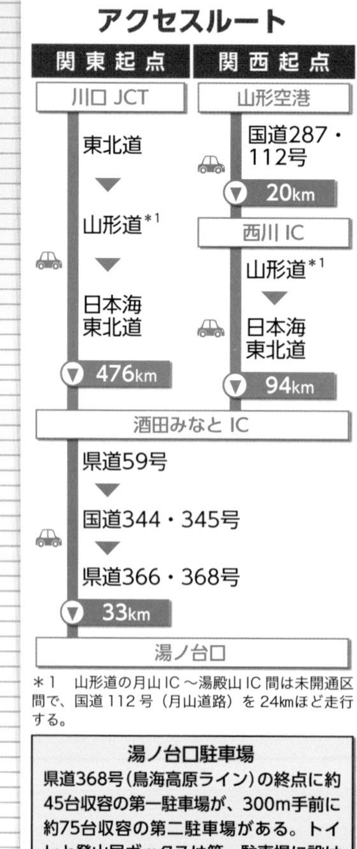

＊1　山形道の月山 IC ～湯殿山 IC 間は未開通区間で、国道 112 号(月山道路)を 24kmほど走行する。

湯ノ台口駐車場

県道368号(鳥海高原ライン)の終点に約45台収容の第一駐車場が、300m手前に約75台収容の第二駐車場がある。トイレと登山届ボックスは第一駐車場に設けられている。水場はないので、滝ノ小屋の先の沢で給水する。

アクセス

▶酒田みなとICから県道59号に入り、6kmほどで国道344号に出るので、ここを左折する。1.2km先の国道345号との交差点を左折し、荒瀬川を渡った先の酒田市観音寺交差点を右折する。すぐに左手に酒田市八幡総合支所(八幡タウンセンター)が現れ、その手前を左折して県道366号に入る。9kmほど走り、「湯の台温泉」の標識に従って左折して県道368号に入り、途中で滝ノ小屋方面へ右折。標高を上げていくと湯ノ台口の駐車場に着く。コンビニは国道344号沿いにある。

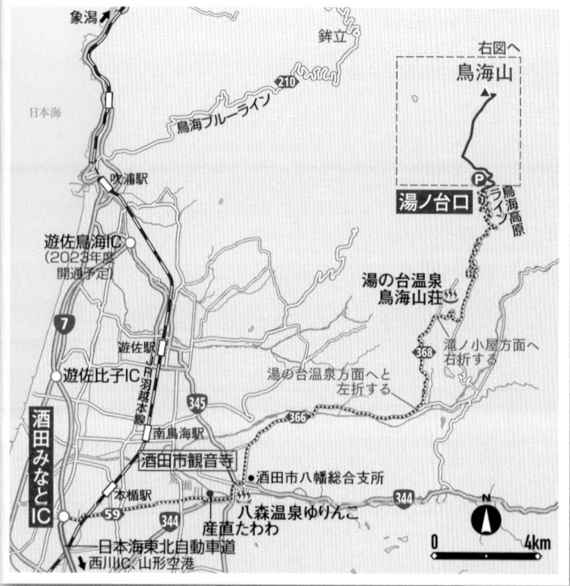

すると長時間の歩行になるので山頂直下の御室小屋（御室参籠所）で1泊した方がゆとりをもって行動できるが、営業期間は7月上旬〜8月下旬頃（年によって変動あり）と短い。

起点の湯ノ台口へは、日本海東北道の酒田みなとICからアクセスする。迷うような箇所はないが、登山口へ続く県道368号はカーブが多く、運転には気をつけたい。

登山コースメモ

行動時間が9時間以上と長いため、山麓にある湯の台温泉鳥海山荘や、湯ノ台口から15分ほど進んだ滝ノ小屋に前泊しておく。滝ノ小屋は遊佐町営の山小屋で、6月中旬から10月上旬の営業。食事付きで宿泊できる。

湯ノ台口を出発して滝ノ小屋を過ぎて八丁坂に取り付き、河原宿へ。ここから伏拝岳へは、心字雪渓の登りと薊坂の急登の難所が続く。伏拝岳からは東へ進み、外輪山をたどる。道が崩れやすくなった箇所もあるので足元に注意しながら進み、急傾斜のガレ場を登って七高山方面と御室小屋方面の分岐に出て左へ行き、御室小屋（鳥海山大物忌神社）へ。小屋に荷物を置き、360度の展望が広がる鳥海山最高点の新山を往復してこよう。小屋に戻ったら往路を湯ノ台口へ戻る。

DATA

登山難易度	上級
日　　程	前夜泊日帰り
歩行時間	9時間20分：湯ノ台口→滝ノ小屋→伏拝岳→新山（往復）
登山適期	7月中旬〜9月中旬

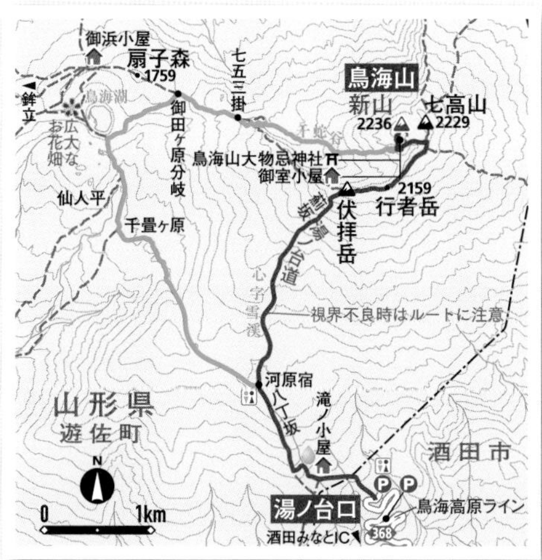

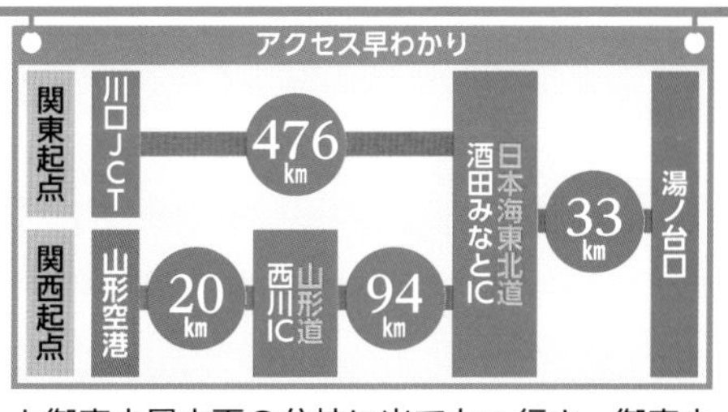

サブコース

下山は往路を戻らず、御室小屋から西に進み、雪渓のある千蛇谷、ニッコウキスゲをはじめとする花の多い鳥海湖を経由して湯ノ台口に戻る周回プランもおすすめだ。御室小屋から湯ノ台口までの歩行時間は5時間20分なので、御室小屋に1泊する行程を組もう。

セットで登る

行き帰りに山形道を利用するので、月山ICからアクセスする月山（P80）に登ってもいい。また、山形JCTから東北中央道へ進んで山形上山ICへ行き、蔵王山（P84）に登ることもできる。

下山後の寄り道

SPA

湯ノ台口からの帰路、県道368号から離れて北へ1㎞ほど行くと**湯の台温泉鳥海山荘**があり、立ち寄り入浴ができる。さらに下り、県道366号と国道344号が合流する場所の南には立ち寄り入浴施設の**八森温泉ゆりんこ**がある。

SOUVENIR

国道344号と県道59号の交差点横にある**産直たわわ**では地元の特産品やとれたての野菜や果物を販売している。新鮮な生乳で作った飲むヨーグルトやソフトクリームも味わえる。

問合せ先　酒田観光物産協会☎0234-24-2233

■標高 1984m

35 月山(がっさん)

日本でも屈指の花の名山を
変化のある周回コースで巡る

ニッコウキスゲが咲く北面の弥陀ヶ原からの月山

コース&アクセスプラン

出羽(でわ)三山の一つ、月山は豪雪地帯にあるだけに湿原が発達し、6月から8月にかけ多くの植物が咲き誇る。四方から登山道が延びるが、なかでも紹介する南面の西川町姥沢(うばさわ)からのコースは、首都圏からアクセスしやすく、またリフトで標高約1500mまで上がれ、標高差500mほどで登れることから人気が高い。

首都圏から遠くて日帰り登山は無理があるだ

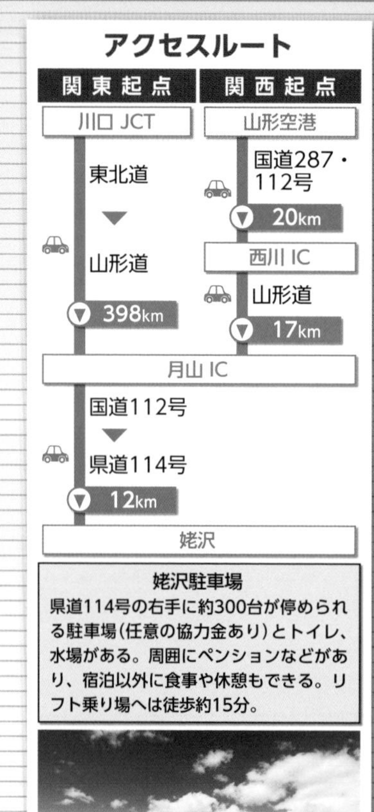

広い姥沢駐車場。周辺には宿泊施設もある

アクセス

▶月山ICで降り、国道112号を寒河江・月山方面へ。月山湖に架かる大暮橋を渡った先で、「月山・志津」への案内に従って左折し、国道112号旧道に入る。約7km先で「右　月山」への案内に従い県道114号に入る。道なりに5km進むと姥沢駐車場だ。山形空港からは国道287・112号経由で西川ICから山形道へ入り、月山ICへ向かう。月山ICから先の道にはコンビニはないので、コンビニに寄りたい場合は西川ICで降りれば国道112号沿いにある。

けに、姥沢や6km手前の国道112号沿いにある月山志津温泉の宿に前泊することになる。また、首都圏を早朝に出発してその日のうちに山頂に立ち、山小屋で1泊して翌日は雲海から上がるご来光を眺めるプランも考えられる。

レンタカーの場合は山形空港か山形新幹線さくらんぼ東根駅からの利用となるが、距離的にはほとんど変わらない。

登山コースメモ

姥沢駐車場から15分ほど歩いてリフト下駅へ。月山ペアリフト(所要15分)でリフト上駅へ向かう。ここから標高約1700mの牛首(うしくび)へは二通りの道があるが、往路はやや遠回りになるが花の多い姥ヶ岳経由がおすすめだ。牛首からはやや急な登りとなり、1時間ほどで月山頂上小屋が立つ月山の山頂部に着く。出羽三山主峰の山頂からの展望は抜群だ。

下山は牛首まで戻り、往路とは別の道でリフト上駅に向かうが、時間に余裕があればリフトを利用せずに姥沢に下ってもいい。

DATA

登山難易度	**中級**
日　　程	**日帰り**
歩行時間	**4時間30分**(リフト乗車時間は含まない):姥沢→月山ペアリフト→姥ヶ岳→牛首→月山→月山ペアリフト→姥沢
登山適期	**6月中旬～10月上旬**

月山神社本宮のある月山山頂。山頂標は神社の北側にある

セットで登る

月山と同じ山形県西川町にある朝日岳(P82)とセットで登ってもいい。月山ICから県道27号、大規模林道真室川小国線、古寺(こでら)林道を経由して朝日岳登山口の古寺登山口駐車場へ。また、同じ庄内地方の名峰である鳥海山(P78)も登っておきたい山だ。湯殿山(ゆどのさん)ICから山形道を鶴岡・酒田方面へ北上し、酒田みなとICへ。国道344号、県道368号(鳥海高原ライン)などを経て湯ノ台口へ。ただし、あわせて登る場合にはもう3泊プラスする必要がある。

下山後の寄り道

SIGHTS

月山のある山形県西川町は登山以外にも日本名水百選の**月山山麓湧水群**や、地元産の新鮮な野菜や山菜、地ビールなどが購入できる**道の駅にしかわ**などのみどころがあり、**月山志津温泉**(立ち寄り入浴可)や道の駅にしかわに隣接する立ち寄り入浴施設・**水沢温泉館**など温泉も魅力。温泉はいずれも国道112号沿いにある。

問合せ先　月山朝日観光協会☎0237-74-4119

36 朝日岳（あさひだけ）

ブナやヒメサユリを愛でながら 東北南部の大山塊の主峰へ

古寺山からの眺め。左から小朝日岳、大朝日岳、中岳

コース&アクセスプラン

山形・新潟の県境に南北約60kmにわたり連なる朝日連峰(朝日岳)。その主峰が大朝日岳だ。標高は2000mに満たないが、豪雪地帯ゆえ地形の変化が大きく、山頂へは険しいコースが揃う。その中にあって北東面の古寺登山口からのコースは比較的急登が少なく、連峰の入門コースとして多くの登山者が集う。1日の行動時間が10時間近いため、山頂直下の大朝日小屋に宿泊し

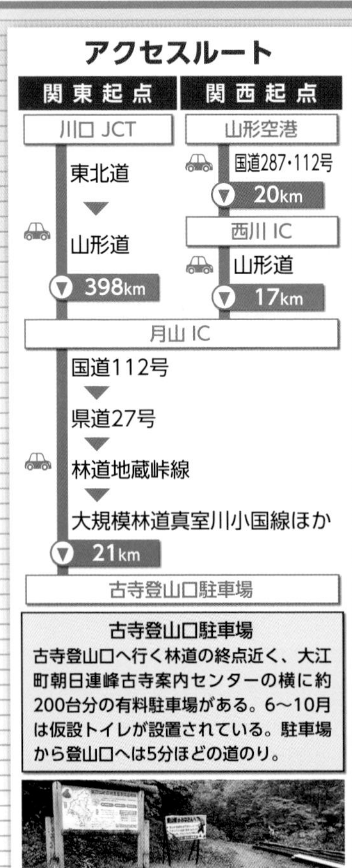

案内板の前から山道を古寺登山口へ

アクセス

▶月山ICで降り、山形・寒河江方面へ。そのまま左車線をキープして大井沢方面に進む。右折して国道112号をくぐり、県道27号に入る。約12km先で古寺案内センター方面へと右折して林道地蔵峠線に入り、地蔵峠を直進して大規模林道真室川小国線へ。地蔵峠から約2kmで古寺方面を示す標識がある。これに従い右折して古寺林道を4kmほど走ると古寺登山口駐車場に着く。月山ICから先にコンビニはなく、一つ手前の西川ICで降りれば国道112号沿いにある。

てもいいが、素泊まりしかできないため、食料や寝具、マットなどを持参する必要がある。

起点の古寺登山口駐車場へは山形道月山ICからアクセスする。月山ICへは、東京方面からは東北道・山形道経由で、山形空港からレンタカー利用の場合は国道287・112号を経由して西川ICから山形道に入り、月山ICへ向かう。

登山コースメモ

古寺登山口駐車場から5分ほど行って鳥原山方面へ行く道と分かれ、古寺川に架かる橋を渡って閉館した古寺鉱泉の建物の前を通過する。ここからハナヌキ峰分岐まではブナの多い急登が続く。ハナヌキ峰分岐からはコース中最もきつい登りをこなして古寺山へ。このあたりは、初夏に朝日岳を代表する花であるヒメサユリが見られる。古寺山から小朝日岳へ向けて進み、小朝日岳北西面の巻き道を経て熊越へ。ここからは尾根道を主稜線上の大朝日小屋へと登っていく。途中、連峰一の名水・銀玉水が湧いている。大朝日小屋から15分ほどの登りで大朝日岳の山頂に着く。

山頂からの360度の展望を楽しんだら往路を戻るが、時間と体力に余裕があれば、迂回路を通らず小朝日岳経由で歩くのもいいだろう。

DATA

登山難易度	上級
日程	前夜泊日帰り
歩行時間	9時間40分：古寺登山口→古寺山→熊越→大朝日岳（往復）
登山適期	7月上旬～10月上旬

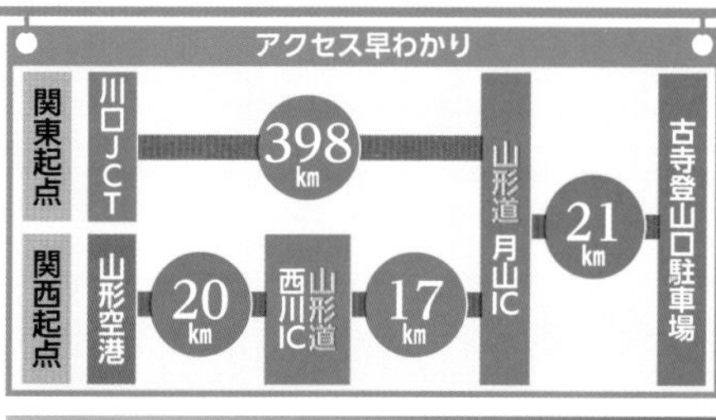

稜線上に立つ２階建ての大朝日小屋（右）と大朝日岳

セットで登る

月山（P80）は登山口への最寄りのインターが同じ（月山IC）だ。県道27号などを経由して国道112号に戻り、大暮橋の先で左折する。国道112号旧道、県道114号を経由して月山登山口の姥沢の駐車場へ行くことができる。また、東北道へ向かう途中の山形JCTから東北中央道に入って山形上山ICで降り、蔵王山（P84）とセットで登ることもできる。

下山後の寄り道

♨ SPA

月山ICへ向かう県道27号沿いに日帰り入浴施設の**大井沢温泉湯ったり館**がある。木のぬくもりが感じられる内風呂からは朝日連峰を眺めることができる。また、国道112号を西川ICへ向かう途中にある道の駅にしかわに隣接する**水沢温泉館**でも立ち寄り入浴ができる。

問合せ先　大江町観光物産協会☎0237-62-2139

37 蔵王山（ざおうさん）

標高1720mからスタートして 神秘的な火口湖と高山植物を楽しむ

蔵王のシンボル・御釜。直径約 300 mで、水深は 20 ～ 30 mほど

コース&アクセスプラン

山形と宮城にまたがる蔵王山は熊野岳を最高峰とする火山群の総称。噴火警戒レベルが火口周辺規制の2になると熊野岳（くまのだけ）への登山は規制されるので、火山の活動状況を確認して山行計画を立てよう。熊野岳へは四方から登山道が延びているが、最もよく利用されているのが蔵王ハイライン終点の蔵王刈田（かった）山頂駐車場から馬の背の稜線を歩くコース。馬の背の東には蔵王のシン

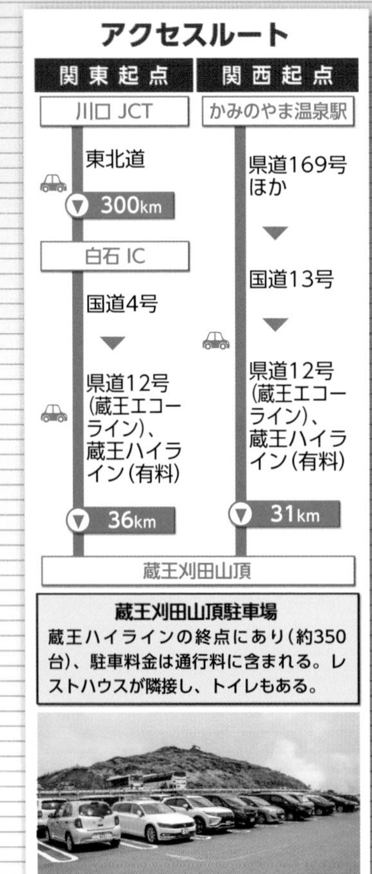

蔵王刈田山頂駐車場は刈田岳のすぐ下にある

アクセス

▶白石ICから国道4号を左へ1kmほど走って左の蔵王エコーライン（県道12号）方面へ。県道25号を分け、遠刈田温泉郷に入って蔵王町観光案内所の前で道なりに左へ折れ、すぐに右折して県道12号を進む。温泉郷を抜けて左折し、エコーラインを走って右に分かれる蔵王ハイライン（有料）へ。レンタカーの場合、山形新幹線のかみのやま温泉駅が距離的に近い。駅前から北へ行って県道169号に出て右折し、国道13号に出合ったら左折。県道12号との交差点で右折し、エコーラインへ行く。

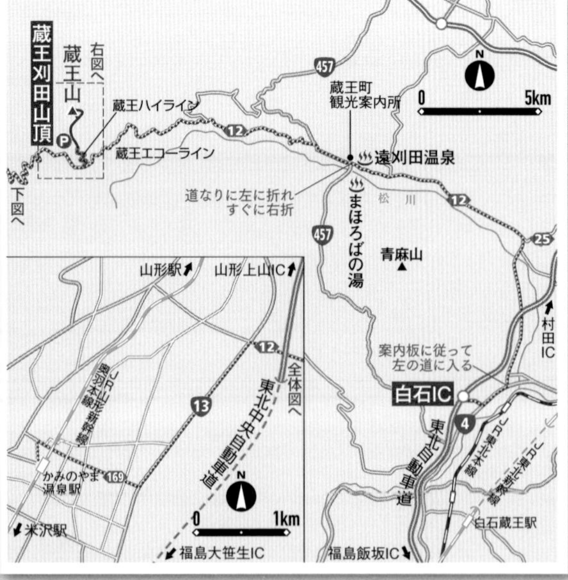

ボル・御釜がある。

蔵王ハイラインは蔵王エコーラインから分岐する2.5㎞の有料道路。刈田山頂の最寄りインターは東北中央道の山形上山IC（約30㎞）だが、東京方面からは東北道の白石ICからアクセスした方が距離的に近い。レンタカーの場合は山形新幹線のかみのやま温泉駅からがアクセスしやすいが、月山など周辺の百名山とセットで登る場合には山形空港を起点にしてもいい。

登山コースメモ

蔵王刈田山頂駐車場の標高は約1720mで、熊野岳との標高差は120mほど。駐車場脇のレストハウスの横を抜けるとすぐに稜線上に出るので北へ向かうが、火口湖の御釜寄りを歩く道もあり、周辺には観光客が多い。馬の背とよばれる尾根道は傾斜が緩やかで、御釜を俯瞰するのによいポイントがある。熊野岳から延びる平坦な山稜が近づいてきて、熊野岳の分岐に出る。左へ進んで斜面を横切るようにして登っていくと熊野岳の山頂だ。眺めのよい広い山頂には蔵王山神社の祠などがある。帰路は山頂から稜線上を東に進んで避難小屋の横を通り、名号峰方面への分岐を経て馬の背の稜線に戻ろう。避難小屋周辺の斜面ではコマクサが見られる。

DATA

登山難易度	初級
日　　程	日帰り
歩行時間	2時間20分：蔵王刈田山頂→熊野岳分岐→熊野岳→避難小屋→蔵王刈田山頂
登山適期	6月上旬～10月中旬

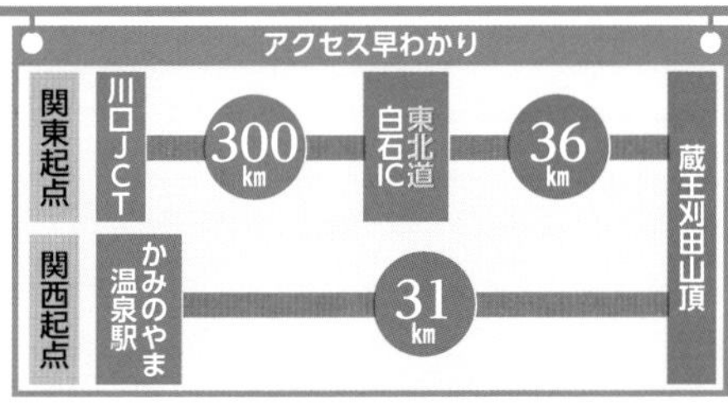

熊野岳方面へ続く馬の背を行く。背後に見えるピークは刈田岳

こんなコースも

蔵王ハイラインの入口から1.7㎞ほど西にある刈田駐車場（無料）を起点にすることもできる。広い駐車スペースがあり、トイレも立つ。刈田駐車場から蔵王刈田リフト乗り場方面へ進むと乗り場手前に登山道の入口がある。笹や灌木などの中を進み、赤茶けた砂と岩が交じる道を登っていくと刈田岳のすぐ北側に出て、蔵王刈田山頂からの道に合流する。合流点まで登り口から登り25分、下り20分ほどの道のりだ。

下山後の寄り道

SPA

蔵王温泉やかみのやま温泉など、蔵王山周辺には温泉が多い。県道12号沿いに位置する**遠刈田温泉**は開湯から400年を超える歴史をもつ温泉で、2カ所の共同浴場がある。また、露天風呂を備えた日帰り温泉施設の**まほろばの湯**があり、日帰り入浴できる宿も点在している。

問合せ先　蔵王町観光案内所☎0224-34-2725

38 飯豊山（いいでさん）

山形県側の登山口から
東北を代表する連峰の主峰へ

御坪を過ぎた稜線から飯豊本山を眺める

コース&アクセスプラン

福島、山形、新潟の三県にまたがり、南北20kmに及ぶ広大な飯豊連峰の主峰・飯豊本山（いいでほんざん）を山形県側からめざす。豪雪地帯に位置する標高2000mを超える山上には多くの雪が残り、夏期には豊富な高山植物が見られる。また山腹のブナやダケカンバの広葉樹林の景観もこの山域の大きな魅力になっている。

最寄りインターとなる東北中央道の米沢中央

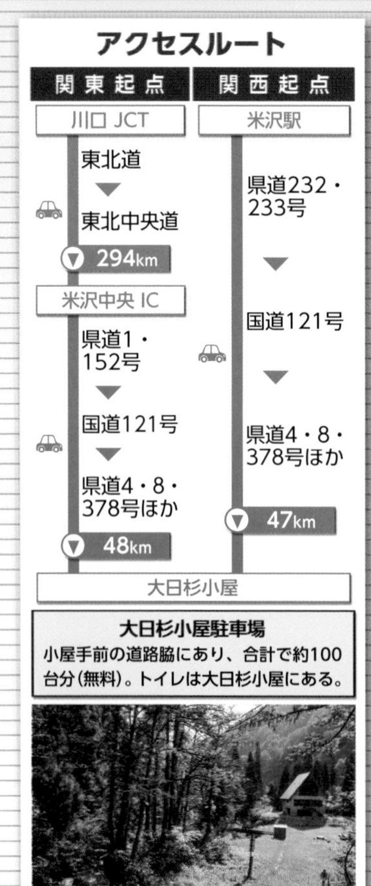

大日杉小屋付近に駐車場がある

アクセス

▶東北中央道の福島大笹生IC〜米沢中央IC間は無料区間。米沢中央ICから左へ行き、県道1・152号を西へ進んで国道121号に入る。県道4号とのT字路で右折して川西方面へ進み、県道8号との交差点で左折。飯豊町に入り、T字路で県道4号と分かれて小国方面へ左折。県道8号を走り、県道378号へと進む。岳谷大橋の手前で飯豊方面への案内に従って右の道に入る。レンタカーの場合は山形新幹線の米沢駅から県道232・233号を西へ行き、国道121号に入る。

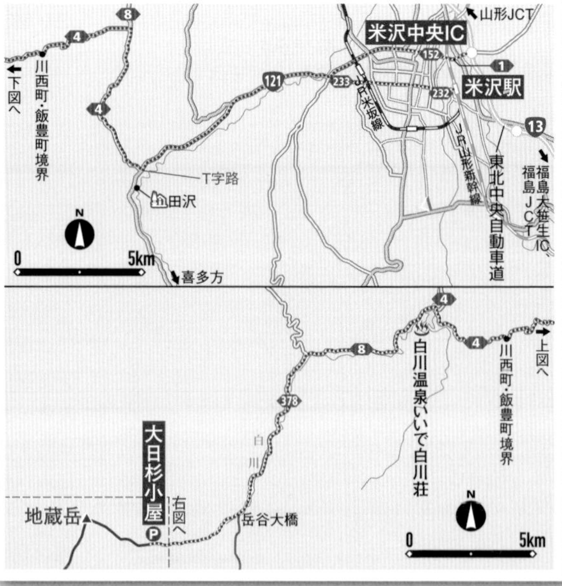

ICから登山口の大日杉小屋への途中には温泉宿泊施設やオートキャンプ場なども多い。

登山コースメモ

標高607mの登山口から山頂へは高低差約1500m、総歩行距離が20㎞に及ぶ健脚コースのため、飯豊切合小屋に連泊する2泊3日のコースに設定した。登山口には前泊に便利な素泊まりのみの大日杉小屋がある。有料で開放され、管理人常駐の夏期と6月、9～10月の土・日曜はシャワーも有料で使える。

コース中にある2カ所のクサリ場は、どちらも着実に進めば問題ないが、登り始めのザンゲ坂の急なクサリ場は稜線に出るときにしっかり確保をして通過するようにしよう。2日目の御秘所のクサリ場は緩斜面だが北側が切れ落ちているので、強風のときなどはバランスを崩さないように注意したい。

稜線上は危険度の少ない道が続くが、長距離なのでゆっくり歩を進めていこう。水場の長之助清水へは道が荒れているのでサブザックを用意したい。2日目の山頂往復にも使える。目洗清水はガレ場を下るのでおすすめできない。

1日目、登山口から地蔵岳へ。地蔵岳からブナ林の中を進み、目洗清水の先のヒメサユリを見ながら進むと修験道の道の面影を残す石の祠・御坪の先で、ようやく飯豊本山が姿を見せる。周辺の山腹には豪雪と風雪に耐えたダケカンバも見え始める。

ひたすら進んで主稜線上に出ると飯豊切合小屋が見えてくる。例年7～8月、9月中旬は管理人が常駐し食事付きの宿泊もできる。なお山頂直下の本山小屋は7～9月頃には管理人が駐在し、素泊まりのみ可能だ。いずれもシュラフの持参が必要。

2日目、小屋からはひたすら主稜線に沿って登っていく。尾根が広い箇所は濃霧のときはルートを外れないように注意し、必ず本山小屋を経由して山頂に立とう。下山は往路を忠実にたどって切合小屋へ。

3日目、往路を下って大日杉登山口へ。急なザンゲ坂のクサリ場は明るい時間帯に下降するようにしよう。

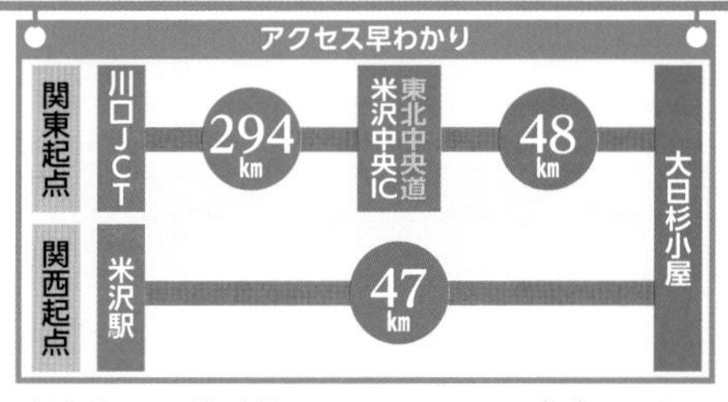

DATA

登山難易度	上級
日程	前夜泊2泊3日
歩行時間	1日目　7時間40分：大日杉小屋→地蔵岳→飯豊切合小屋／2日目　4時間40分：飯豊切合小屋→飯豊本山→飯豊切合小屋／3日目　5時間30分：飯豊切合小屋→大日杉小屋
登山適期	7月上旬～9月下旬

下山後の寄り道

SPA

大日杉から米沢中央ICへの途中、白川ダム近くの県道8号沿いにある**白川温泉いいで白川荘**では立ち寄り入浴ができ、登山前後の宿泊にも便利。飯豊町は「どぶろく特区」なので自家製のどぶろくを味わうこともできる。また周辺にはオートキャンプ場や農家民宿なども多い。

問合せ先　飯豊町観光協会☎0238-86-2411

39 吾妻山

ゴンドラとリフトを乗り継いで湿原と巨岩の山上大地を歩く

吾妻山特有の景観が広がる人形石。後方に吾妻の山々が連なる

コース&アクセスプラン

吾妻連峰最高峰の吾妻山は東吾妻山に対して西吾妻山とよばれる。山上には広大な湿原が広がり、巨岩が堆積した人形石、梵天岩、天狗岩が特有の景観を見せている。ロープウェイとリフトを利用して北望台から歩き始めると山頂までの標高差が215mほどなので訪れやすい。マイカーでのアクセス時には東北道の福島JCTから東北中央道へ入る。東北中央道の福島大笹生

アクセスルート

湯元駅駐車場
天元台ロープウェイ湯元駅をはさんで約300台駐車可能（無料）。トイレ、自動販売機あり。周辺に点在する駐車場をあわせると計約800台駐車できる。

出発点の湯元駅。駅の両側に駐車場がある

アクセス

▶米沢八幡原ICを降りて国道13号を山形方面へと左折し、1kmほど進んでコンビニの立つ交差点を左折する。左へカーブしながら進むと十字路に出るので左折し、道なりに進んで山形新幹線を越える。県道232号と交わる交差点を過ぎてカーブを繰り返しながら進み、県道2号に出たら左折して白布温泉方面へ。温泉街を抜けて案内板に従って天元台方面へ左折すると天元台ロープウェイの湯元駅に着く。レンタカーの場合は山形新幹線の米沢駅から県道2号に出て南下する。

ICから米沢八幡原ICまでは無料区間だ。

登山コースメモ

天元台ロープウェイ湯元駅からロープウェイでペンションや展望台がある天元台高原へ。高山植物を見ながらリフトを乗り継いで北望台に着くと、標高1820mの山上に達している。

かもしか展望台への道を分けて左へ進むと急登になるが、すぐに緩やかな樹林帯になり、人形石の広大な広場に飛び出す。一切経山方面の展望を楽しんだら木道に入り、大凹の水場から段差の激しい道を急登していくと梵天岩だ。

天狗岩はすぐ先にあり、こちらも平坦な広場に岩が堆積した広大な休憩スペースになっている。吾妻連峰最高峰の西吾妻山山頂は展望がきかない小ピークなので、吾妻神社が鎮座する天狗岩が古くからの頂上といえる。

DATA

登山難易度	初級
日程	日帰り
歩行時間	3時間30分:北望台→人形石→西吾妻山→西吾妻小屋→かもしか展望台→北望台
登山適期	6月下旬～10月中旬

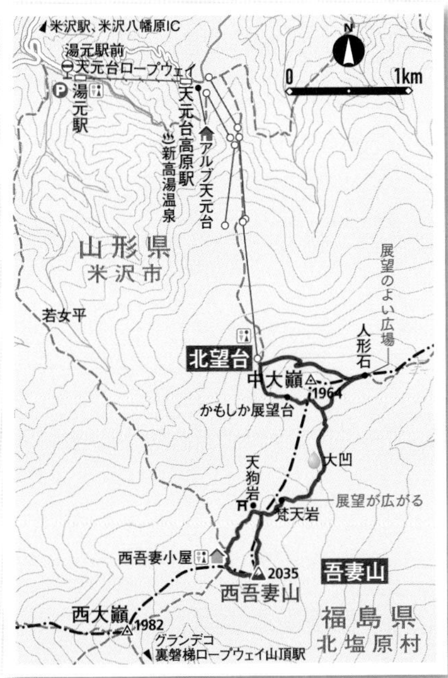

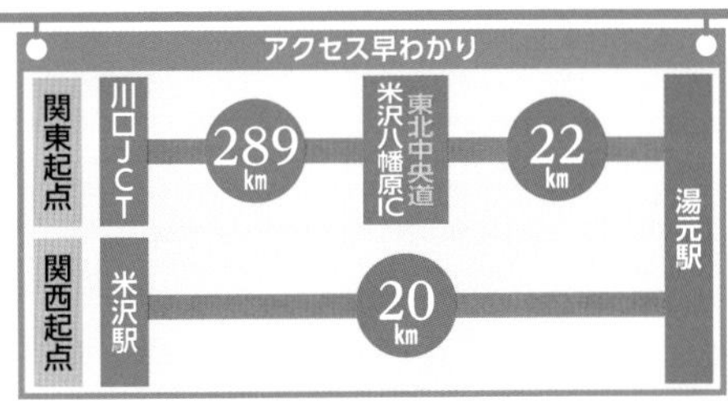

西吾妻山を眺めながら大凹の水場へ下る

西吾妻山山頂を越えて西吾妻小屋方面へ下る。小屋の手前の分岐を西大巓方面へわずかに進むと磐梯山の秀麗な山容が望めるので立ち寄ってみよう。天狗岩に戻ったら往路を引き返し、かもしか展望台を経由して北望台に戻る。

セットで登る

セットで登りやすいのは磐梯山(P92)。湯元駅から西吾妻スカイバレーを南下し、国道459号に出たら右折して磐梯山ゴールドラインへと進むと登山口の八方台に着く(約35km)。また、帰りに県道2号を北上し、県道233号から国道121号に入って西へ行くと飯豊山(P86)の登山口がある飯豊町方面へ行く(約63km)。

下山後の寄り道

♨ SPA

県道2号沿いにある**白布温泉**は湯元駅から約1kmの場所に広がり、前泊地によい。鎌倉時代に開湯された歴史ある温泉で、味わいのあるたたずまいの宿が点在している。湯滝風呂のある東屋や西屋などで立ち寄り入浴もできる。

問合せ先　米沢市観光課☎0238-22-5111

■標高 1700m

40 安達太良山(あだたらやま)

火山らしい荒々しい景観と「ほんとの空」が広がる頂へ

乳首山ともよばれる安達太良山。山頂直下の岩場をめざしていく

コース&アクセスプラン

安達太良山は彫刻家・高村光太郎の詩集『智恵子抄(ちえこしょう)』に登場することで知られ、磐梯山(ばんだいさん)と並んで会津地方を象徴する山として親しまれている。山麓から眺める秀麗な山容とはうらはらな荒々しい火山の風景が展開する山上に、ロープウェイ利用で手軽に入山することができる。標高差が少ないので初級者でも歩けるコースだが、山上は終始滑りやすい火山礫の道が続くので慎

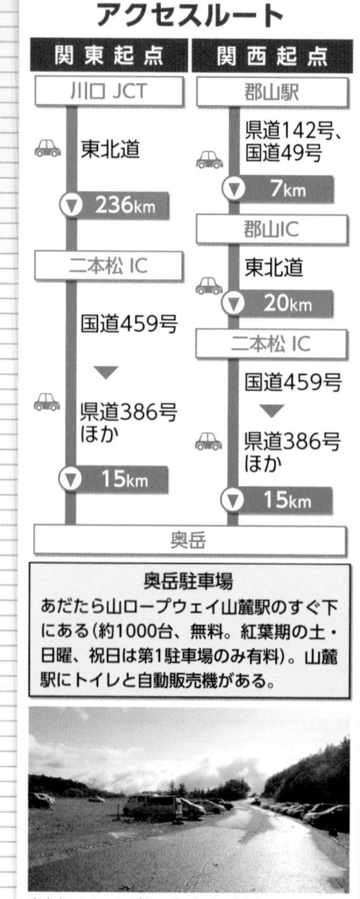

奥岳駐車場

あだたら山ロープウェイ山麓駅のすぐ下にある(約1000台、無料。紅葉期の土・日曜、祝日は第1駐車場のみ有料)。山麓駅にトイレと自動販売機がある。

広大なスペースがある奥岳の駐車場

アクセス

▶二本松ICを降りて右折し、国道459号の岳街道入口交差点で岳温泉方面へ右折する。原瀬川を渡って突き当たりで県道30号を合わせて右折し、岳の湯が立つ交差点を左折。旅館街を抜け、温泉神社の先の交差点をあだたら高原スキー場方面へ左折して県道386号の山岳ロードを登りつめると奥岳に着く。なお、周辺でレンタカー店が多いのは東北新幹線の郡山駅だ。駅西側の県道142号か6号を進んで国道49号との交差点で右折し、郡山ICから東北道に入って二本松ICへ行く。

重に歩を進めるようにしよう。

二本松ICからのアクセスは国道459号に入って岳温泉へ行く。さらにあだたら高原スキー場をめざして終着点の奥岳へ上っていく。

登山コースメモ

あだたら山ロープウェイ山頂駅から「ほんとの空」の碑が立つ薬師岳展望台を経由し、水はけの悪い道を登る。樹林帯を抜け出すと展望が開け、ここからくろがね小屋まで火山地帯が続く。荒れた露岩の道を登り、山頂直下の岩場に取り付く。山頂は狭いので荷物を岩場の下にデポした方が登りやすい。右側のクサリ場をわずかに登ると山頂だ。

鉄山方面へ続く荒涼とした火山地帯を歩く

DATA

登山難易度	初級
日　　程	日帰り
歩行時間	3時間50分：山頂駅→薬師岳展望台→安達太良山→峰ノ辻→くろがね小屋→勢至平→奥岳
登山適期	5月下旬～10月下旬

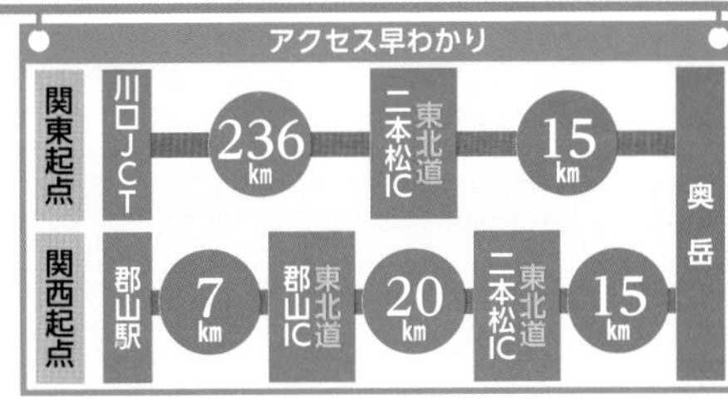

山頂下に戻って主稜線を北へ。噴火口の沼ノ平の東で稜線から離れて岩礫の道を下り、勢至平への道を分けるとくろがね小屋(2023年12月現在、建て替え中で2025年度完成予定)に着く。温泉のある小屋で、立ち寄り入浴もできる。

小屋から東へ向かう。初夏にはツツジが咲く勢至平を過ぎると馬車道とよばれる道が左に分かれる。まっすぐ進む旧道の方が近道だが、滑りやすい土の道や歩きにくい岩の道が続くので、馬車道を歩いて奥岳に戻ってもいい。

セットで登る

セットで登りやすいのは磐梯山(P92)。奥岳から下り、最初の分岐を左折し、次の十字路を左折する。国道459号に出て道の駅つちゆの先から国道115号を走り、桧原湖畔から磐梯山ゴールドラインに入って八方台へ(51km)。宿は裏磐梯高原周辺に多い。

下山後の寄り道

♨ SPA

開放的な露天風呂を備えた**あだたら山奥岳の湯**が登山口の奥岳にあるので下山後の利用に最適。また山麓の岳温泉では温泉街の旅館などで立ち寄り入浴ができる。国道459号と県道386号の交差点にある**岳の湯**も日帰り入浴ができる温泉で、素泊まりできる宿泊施設も備えている。

問合せ先
二本松市観光連盟
☎0243-55-5122

■標高 1816m

41 磐梯山（ばんだいさん）

裏磐梯の火山地帯を眺めて 猪苗代湖を見下ろす秀峰に立つ

明るく開けた中ノ湯跡から磐梯山の山頂を眺める

コース&アクセスプラン

会津地方の象徴として親しまれてきた磐梯山の山頂からは猪苗代（いなわしろ）湖と会津の穀倉地帯を一望する爽快な展望が開け、さらに吾妻（あづま）連峰、飯豊（いいで）連峰へ大パノラマは広がる。

クルマ登山には、爽快なスカイラインの磐梯山ゴールドラインを登りつめた標高約1200m地点の八方台（はっぽうだい）から往復するコースがおすすめ。危険箇所が少なく、弘法清水（こうぼうしみず）には2軒の茶店が立つ

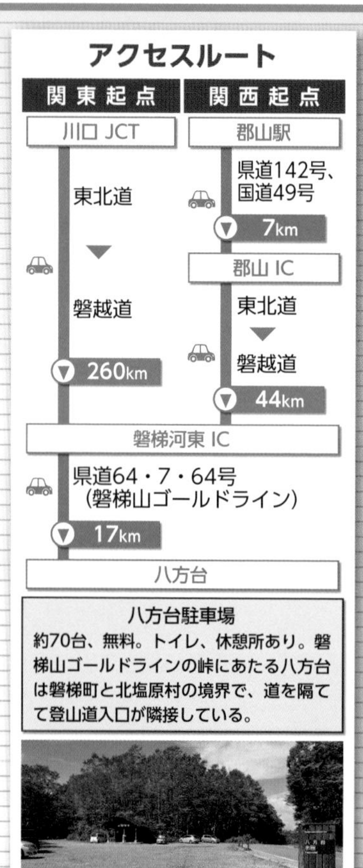

裏磐梯高原へ通じるゴールドラインにある八方台

アクセス

▶磐梯河東ICから県道64号を喜多方・磐梯方面へ進み、JR磐越西線をくぐると県道7号に突き当たる。右折して猪苗代方面へ進み、県道64号との交差点を裏磐梯方面へ進み、大きな二股を斜め左方向へ行くと磐梯山ゴールドライン（無料）になり、滑滝展望台や幻の滝駐車場を過ぎると八方台に着く。東北新幹線の郡山駅からレンタカーの場合は駅前から県道142号か6号を西に行って国道49号との交差点で右折し、郡山ICから東北道に乗って磐梯河東ICへ行く。

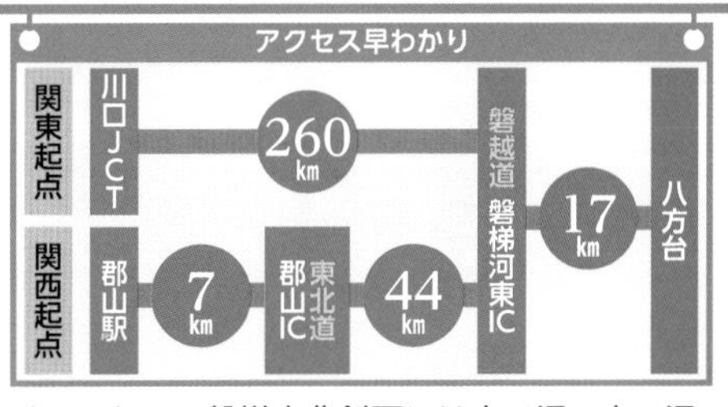

ので、のんびりとした山歩きが楽しめる。

八方台の最寄りは磐越道の磐梯河東ICだが、猪苗代磐梯高原ICから五色沼経由で八方台へ行くルートもある。裏磐梯の火山地帯の景観が眺められ、裏磐梯温泉もあるので特に帰路におすすめ。インターから国道115号、459号を経由して桧原湖畔からゴールドラインに入る。

登山コースメモ

八方台から中ノ湯跡までは明るいブナ林の中を緩やかに進んでいく。中ノ湯跡には温泉特有の荒涼とした景観が広がり、山頂部の展望が開ける。かつて磐梯山北斜面には上ノ湯、中ノ湯、下ノ湯があったが、1888年の噴火で中ノ湯だけが残り、1990年後半まで営業していた。池の脇を抜け、再び樹林帯の中の登山道に入っていくと、優美な表側の景観とは対照的な荒々しい裏磐梯の火山地帯が眺められる。ロープが張られた道を一歩ずつ着実に進み、ダケカンバの林を抜けると帰路に通るお花畑への分岐に出て、右へ行くとほどなくして弘法清水に着く。開けた広場には岡部小屋と弘法清水小屋の2軒の売店が立ち、名物のナメコ汁や甘酒などのほかにオリジナルグッズも販売されている。

弘法清水でのどをうるおして急登すると山麓の水田地帯が見渡せる崩壊地に出て、狭い稜線をひと登りすると磐梯山頂上に達する。山頂下には岡部小屋の支店が立つ。

下山は往路を弘法清水まで下る。爽快な展望に見とれて足を踏み外さないように十分注意しよう。2軒の小屋の間を抜けて猪苗代登山口方面へ火山地帯を下り、分岐から左の裏磐梯、八方台方面へ。ミヤマナデシコやウメバチソウなどが咲くお花畑を抜け、往路に合流したら八方台へと下っていく。

磐梯明神がまつられている磐梯山の山頂

DATA

登山難易度	初級
日　　程	日帰り
歩行時間	4時間：八方台→中ノ湯跡→弘法清水→磐梯山→弘法清水(お花畑経由)→八方台
登山適期	5月中旬～10月中旬

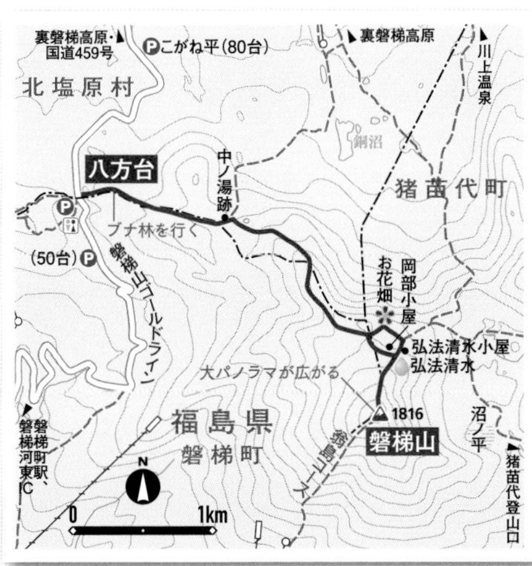

下山後の寄り道

SIGHTS

磐梯山ゴールドラインを10kmほど上がった所に、長年地元でも知られていなかった**幻の滝**がある。遊歩道が整備され、駐車場から緩やかな山道を徒歩5分ほどで落差18mの優美な滝を見ることができる。ほかに**とび滝展望台**や**滑滝展望台**もゴールドラインにある。

問合せ先　磐梯町商工観光課☎0242-74-1214

■標高 1917m（三本槍岳）

42 那須岳（なすだけ）

火山特有の荒々しさが魅力の アクセスに恵まれた北関東の名峰

足をとられやすい岩礫の道が続く茶臼岳の登り

コース&アクセスプラン

那須岳とは栃木県北部から福島県との県境に連なる山域の総称で、那須連峰（連山）ともよばれる。主峰の茶臼岳（ちゃうすだけ）は山腹までロープウェイで上がることができ、観光客の姿も多い。登山道は荒々しい山容の朝日岳を経て、最高峰の三本槍岳（さんぼんやりだけ）へと延びている。

那須ICからのアクセスで迷うような場所はないが、登山口の駐車場はシーズン中かなり混雑

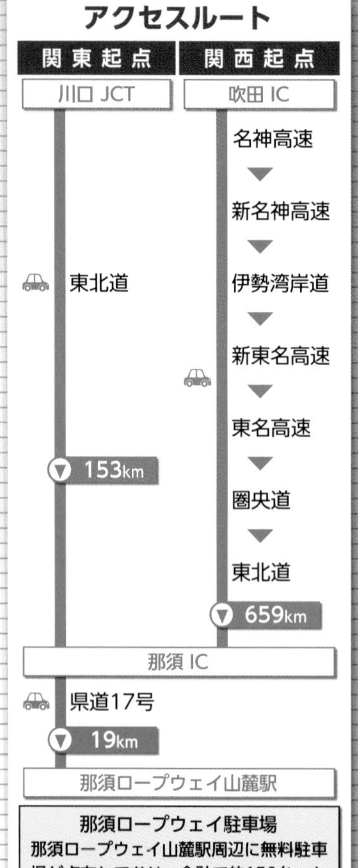

アクセス

▶那須ICから県道17号を道なりに北上。温泉宿や飲食店、みやげ物店が軒を連ねる那須温泉郷を抜け、八幡方面への道を右に分けて那須岳方面へと進む。レストハウスや広々とした駐車場のある大丸園地を過ぎると、那須ロープウェイの山麓駅に着く。県道17号の大丸温泉～那須ロープウェイ山麓駅間は12月～3月中旬通行止め。なお山麓駅からさらに1kmほど先の峠ノ茶屋（紹介コースの下山口にあたる）にも約150台分の無料駐車場がある。

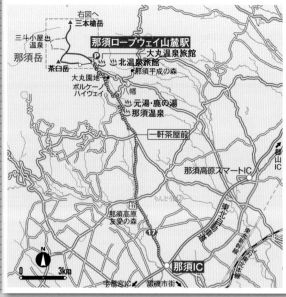

右図へ
三本槍岳
三斗小屋温泉
那須岳
茶臼岳
那須ロープウェイ山麓駅
大丸温泉旅館
北温泉旅館
那須平成の森
大丸園地
ボルケーノハイウェイ
八幡
元湯・鹿の湯
那須温泉
一軒茶屋前
郡山IC
那須高原スマートIC
りんどう湖
那須高原友愛の森
東北自動車道
17
那須IC
0
3km
宇都宮IC
黒磯市街

するので、思わぬ足止めをくわないよう、早めに到着しておくのが無難だ。あらかじめ峠ノ茶屋に駐車しておけば、下山時に那須ロープウェイ駐車場までの歩行時間を割愛できる。

登山コースメモ

那須ロープウェイ山頂駅を出ると、歩きにくい砂礫の道が始まる。登るにつれて岩が目立つようになり、ひと登りすると鳥居や石祠の置かれた茶臼岳山頂に着く。これから歩く朝日岳や三本槍岳をはじめ、ぐるりと眺望が広がる。

朝日岳山腹の爆裂火口跡を前にしながら避難小屋のある峰ノ茶屋跡へといったん下ってから、一部岩場のある急斜面を登り返し、朝日岳をめざす。主稜線からやや外れた朝日岳山頂を往復し、三斗小屋温泉との分岐を過ぎると、アップダウンを繰り返しながら、一等三角点のある三本槍岳に着く。

帰路は峰ノ茶屋跡まで往路を戻り、峠ノ茶屋経由で駐車場へ戻る。

DATA

登山難易度	**中級**
日　　程	**前夜泊日帰り**
歩行時間	**6時間30分**：那須ロープウェイ山頂駅→茶臼岳→峰ノ茶屋跡→朝日岳→三本槍岳→峰ノ茶屋跡→山麓駅
登山適期	**5月下旬～10月下旬**

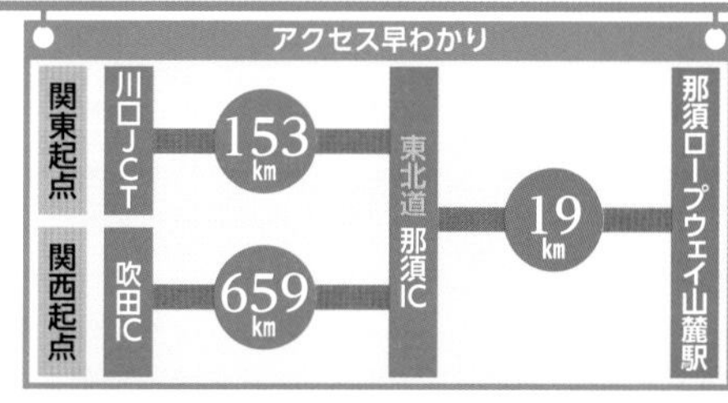

爆裂火口跡が目を引く朝日岳(右)と三本槍岳(左奥)

サブコース

日程に余裕があれば、歩いてしか行けない秘湯として知られる三斗小屋温泉で、山中の一夜を過ごすのもおすすめ。1日目は茶臼岳の山頂を踏んだ後、峰ノ茶屋跡から1時間15分下ると、寄り添うように2軒の湯宿が見えてくる。2日目は主稜線をめざして熊見曽根を登り返し、まずは三本槍岳へと北上したのち、帰路に朝日岳へ立ち寄るといいだろう。2日目の歩行時間は那須ロープウェイ駐車場まで5時間25分。

下山後の寄り道

♨ SPA

茶臼岳山麓には火山地帯ならではの大地の恵みでもある湯量豊富な温泉が点在。泉質も多種多様で、那須八湯ともよばれる。その中心となるのが**那須温泉**(那須湯本温泉)で、前泊地にもよい。古きよき湯治場風情を色濃く残す共同浴場の**元湯・鹿の湯**は立ち寄る価値十分。一方、登山口に近いのが野趣豊かな露天風呂をもつ**大丸温泉旅館**だが、利用日が限られ、日帰り入浴対応時間も短め。タイムスリップしたかのようなひなびた風情の**北温泉旅館**は、天狗の湯や泳ぎ湯など、多彩な風呂が人気だ。

問合せ先　那須町観光協会☎0287-76-2619

43 会津駒ヶ岳

山上の広がりに心奪われる南会津の雄大無比な山

多くの登山者がくつろいでいる駒ノ池畔から見た会津駒ヶ岳

コース&アクセスプラン

山頂を中心とした標高2000m前後の稜線に、ゆったりとした湿原が広がる会津駒ヶ岳。登山コースは2本あるが、距離の短い滝沢登山口からの登山者が大半を占める。駒ノ池までは標高差約950mの急傾斜が続くが、難所はない。登頂後の稜線闊歩も楽しみだ。

登山口は最寄りの西那須野塩原ICから離れており、また山上でゆっくりするためにも、前泊

アクセスルート

関東起点	関西起点
川口 JCT	吹田 IC
東北道	名神高速 ▼ 新名神高速 ▼ 伊勢湾岸道 ▼ 新東名高速 ▼ 東名高速 ▼ 圏央道 ▼ 東北道
139km	646km

西那須野塩原 IC

国道400・121・352号ほか

91km

滝沢登山口

滝沢登山口駐車場
無料駐車場があり約20台。トイレは国道との分岐近くにある。満車の場合、国道352号沿いの村営グラウンド手前の無料駐車場を利用。約30台、トイレあり。滝沢登山口までは徒歩約40分。

アクセス

▶西那須野塩原ICから国道400号を北西へ進み、途中塩原温泉ではバイパスを抜け、上三依地区で国道121号に合流。会津鉄道の線路をくぐり抜けてすぐに左折し、国道352号を檜枝岐方面へ進む。国道401号とのT字路を左折し、檜枝岐村の中心部に入る手前を標識に従い右折し、山道を約2km走ると滝沢登山口に至る。登山口周辺にコンビニはないので、途中の塩原温泉で立ち寄るのが無難だ。全体的に交通量は少ないが、一部道幅が狭く、通行に注意を要する箇所もある。

が無難。山麓の檜枝岐村に規模の大きな宿泊施設はないが、登山での利用にも臨機応変に対応してくれる家庭的雰囲気の旅館や民宿が点在しているので、こちらを利用するのがいいだろう。

登山コースメモ

滝沢登山口から一直線の急な階段を登ると、さらにブナ林の急登が続く。水場前後で登山道は一度なだらかになるが、再び針葉樹林帯のジグザグの急傾斜となる。あたりに笹原が広がると視界も開け、次第に緩やかになる。山頂部が見えるようになると、駒ノ池も近い。池畔を回り込み、湿原を巡るように進んで分岐から最後のひと登りを終えれば、会津駒ヶ岳の山頂に着く。山頂からは燧ヶ岳などが望める。

ここまで来たら、北へと延びる平坦な稜線を、中門岳まで往復しないともったいない(会津駒ヶ岳から往復1時間40分)。木道脇には池塘が点在し、高山植物も豊富。燧ヶ岳をはじめとする眺望にも恵まれ、他に類を見ない爽快な山歩きを満喫できる。

DATA

登山難易度	中級
日　　程	日帰り
歩行時間	5時間35分：滝沢登山口→駒ノ池→会津駒ヶ岳(往復)
登山適期	7月上旬〜10月上旬

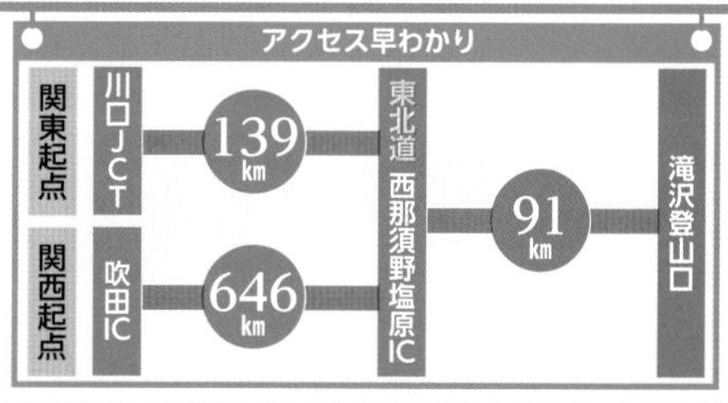

中門岳へと向かう登山道は山上の楽園との表現がよく似合う

帰路は往路を戻るが、急坂での転倒に注意しよう。ゆっくり過ごしたい場合は、駒ノ池のほとりに立つ駒の小屋(素泊まり・寝具あり)の利用も考慮に入れたい。

セットで登る

一緒に登りたいのが、山上からも間近に見える尾瀬の燧ヶ岳(P98)。滝沢登山口から国道352号へと下り、分岐から南魚沼方面へ約13km走ると、駐車場のある尾瀬御池登山口に着く。前泊で利用した宿に連泊し、翌日燧ヶ岳をめざせるのも好都合だ。

下山後の寄り道

♨ SPA

檜枝岐村の中心部にあるのが公衆浴場の**燧の湯**と**駒の湯**。燧の湯は露天風呂を備えたシンプルな造りで、登山者が気軽に立ち寄りやすい。**アルザ尾瀬の郷**(冬期休業)は温水プールも備えた総合運動施設で、温泉ゾーンだけの利用も可能。露天風呂のほか、打たせ湯、寝湯、泡風呂などの施設も充実している。

問合せ先　尾瀬檜枝岐温泉観光協会☎0241-75-2432

福島県　■標高 2356m（柴安嵓）

44 燧ヶ岳（ひうちがたけ）

山腹に別天地の湿原が広がる 端正な表情の尾瀬の盟主

正面にめざす燧ヶ岳を見据える熊沢田代からの眺め

コース&アクセスプラン

至仏山と並ぶ尾瀬のシンボルで、東北以北の最高峰でもある燧ヶ岳。山頂へ至るコースは4本あり、その中では登山口までクルマで直接入れる福島県側の尾瀬御池からのコースが利用しやすい。前泊地は尾瀬御池駐車場手前のロッジか、会津駒ヶ岳（P96）への前泊地としても触れた檜枝岐村中心部の旅館や民宿がいいだろう。

尾瀬御池からの登山道は、池塘が点在する湿

アクセスルート

関東起点	関西起点
川口 JCT	吹田 IC
	名神高速 ▼
	新名神高速 ▼
東北道	伊勢湾岸道 ▼
	新東名高速 ▼
	東名高速 ▼
▼ 139km	圏央道 ▼
	東北道
	▼ 646km
西那須野塩原 IC	
国道400・121・352号ほか	
▼ 102km	
尾瀬御池	

尾瀬御池駐車場

有料駐車場があり約400台。トイレ、自動販売機あり。尾瀬御池駐車場が満車の場合、6kｍ手前の七入駐車場（無料）に車を停め、シャトルバス（有料）を利用して尾瀬御池へ向かう。

▶西那須野塩原ICから国道400号を北西へ進み、途中塩原温泉ではバイパスを抜け、上三依地区で国道121号に合流。会津鉄道の線路をくぐり抜けてすぐに左折し、国道352号を檜枝岐方面へ進む。国道401号とのT字路を左折し、国道352号と401号の重複区間を走って檜枝岐村の中心部を抜け、道なりに走るとロッジの立つ尾瀬御池登山口に着く。周辺にコンビニはないので、途中の塩原温泉で立ち寄るのが無難だ。全体的に交通量は少ないが、一部道幅が狭い箇所もある。

原をたどり、ガレ場の先で山頂に着く。尾瀬沼や尾瀬ヶ原の光景もすばらしい。

登山コースメモ

尾瀬御池の登山口は、広々とした駐車場のいちばん奥にある。すぐさま燧裏林道と分かれ、ぬかるんでいることが多い樹林帯の斜面を登ると、不意に広沢田代と名づけられた湿原に出くわす。平坦な木道の先で急登が始まり、再び湿原へと出る。この湿原は熊沢田代とよばれ、広沢田代よりさらに広がりがある。目の前に延びる木道の先には池塘が点在し、奥に燧ヶ岳が控える構図に思わず息をのむ。風に揺れる初夏のワタスゲや秋の草紅葉の光景も秀逸だ。

シーズン当初は雪渓も残るガレ場の急な道を登れば、ピークの一つ、爼嵓に着く。最高点の柴安嵓までは一度下ってから登り返し20分ほど。

DATA

登山難易度	中級
日程	前夜泊日帰り
歩行時間	6時間：尾瀬御池→熊沢田代→爼嵓→柴安嵓（往復）
登山適期	6月下旬〜10月上旬

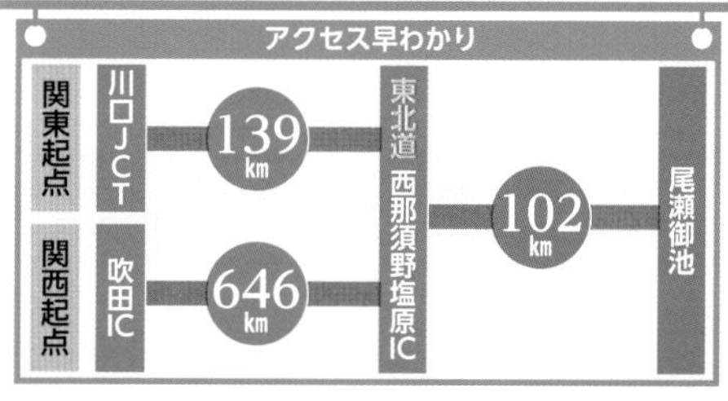

初夏にはニッコウキスゲ群落に彩られる大江湿原

北関東一円から南会津、越後の山々を一望でき、尾瀬ヶ原越しに見る至仏山も印象的だ。

下りは湿原でのんびりしながら往路を戻る。

サブコース

爼嵓から南へ向かい、ミノブチ岳を経て長英（燧）新道を下ると尾瀬沼に着く。沼畔を時計回りに歩くと視界が開け、ニッコウキスゲが群生する大江湿原に出る。近くには尾瀬沼ビジターセンターや売店、トイレがあるので、ひと息つくのにいい。細長い大江湿原を縦断した後は、尾瀬沼山峠バス停からシャトルバスで尾瀬御池へと戻る。御池からの全歩行時間は8時間。

下山後の寄り道

♨ SPA

下山後に立ち寄りやすいのは、会津駒ヶ岳でも取り上げた**檜枝岐村の温泉施設**（P97参照）。帰路の国道352号からやや離れるが、檜枝岐村の東隣の南会津町にある**木賊温泉**や**湯ノ花温泉**の素朴な共同浴場も味わい深い。西那須野塩原IC手前の国道400号沿いに湧く**塩原温泉**は、大型温泉施設から旅館まで揃い、多くの施設で日帰り入浴を受け付けている。

問合せ先　尾瀬檜枝岐温泉観光協会☎0241-75-2432

45 男体山（なんたいさん）

古くから崇められてきた 中禅寺湖の北にそびえる霊峰

九合目を過ぎると砂礫の道となり、背後には中禅寺湖が見える

コース&アクセスプラン

円錐形の端正な山容をもつ男体山は日光二荒山神社のご神体になっている霊峰で、二荒山ともよばれる。中禅寺湖の北岸に立つ二荒山神社中宮祠から登るコースが表参道で、登山時には中宮祠の社務所で受付を行い、登拝料を納めてから入山する。開山期間は4月25日から11月11日までで、夏には奈良時代から続く登拝講社大祭が開かれている。

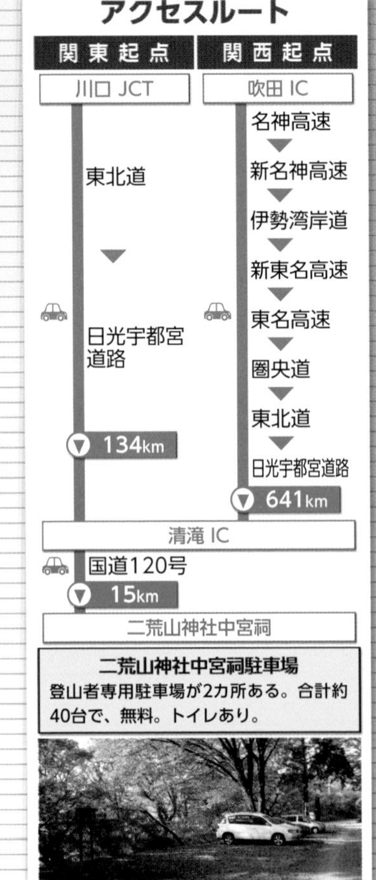

登山者専用駐車場。週末は混雑することが多い

アクセス

▶東北道宇都宮ICから日光宇都宮道路へ進み、終点の清滝ICで降りる。国道120号を中禅寺湖方面へ行き、第二いろは坂を越える。二荒橋前交差点で左へ曲がると中禅寺湖沿いの道となり、800mほど進むと右側に二荒山神社中宮祠の入口となる鳥居がある。中宮祠には参拝者用と別に登山者専用駐車場がある（境内にある）のでそちらを利用するが、満車の場合には400mほど手前（東側）に位置する県営の湖畔駐車場（第1と第2があり、合計約280台、有料）を利用する。

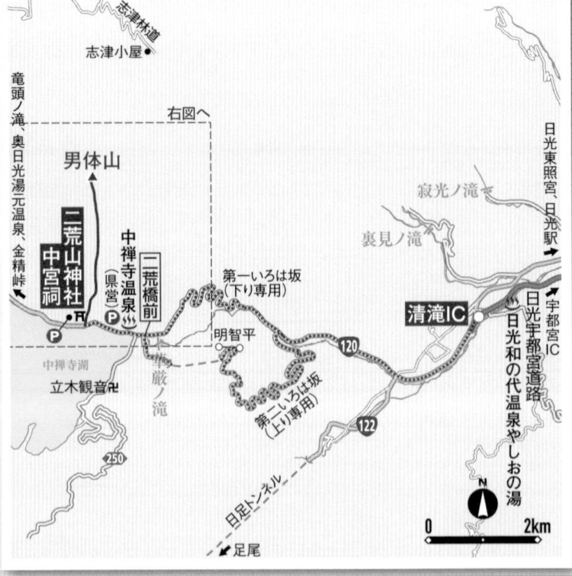

二荒山神社中宮祠は日光宇都宮道路の清滝ICから15kmほどの距離にある。アクセスに利用する国道120号の沿線には観光スポットが多く、道路が渋滞することが多いので、混雑する前の早い時間帯に到着できるようにしよう。

登山コースメモ

二荒山神社中宮祠から山頂までの標高差は1200mを超えており、登りがいがある。開山期間中、中宮祠は6時に開門される。中宮祠にある登拝門から急な石段を上がる。遥拝所を過ぎると登山道となり、一合目の標石の横を通って樹林の中を登る。三合目からいったん舗装路を歩く。四合目で再び登山道に入ると急な登りが続き、避難小屋のある五合目からは岩の多い道となる。瀧尾神社の小祠のある八合目からさらに岩の道を登っていくと、傾斜が少しずつ緩くなってくる。九合目を過ぎると砂礫の斜面となり、樹林帯を抜けて視界が開ける。階段状になった道を登ると男体山の山頂に着く。

山頂部は広く、二荒山神社奥宮や太郎山神社の祠が立ち、右奥には一等三角点がある。山頂からの展望は抜群で、日光白根山や至仏山をはじめ、日光や尾瀬、上信越の山々が見渡せ、眼下には中禅寺湖や戦場ヶ原が見える。展望を楽しんだら往路を下ろう。

DATA

登山難易度	中級
日　　程	前夜泊日帰り
歩行時間	6時間10分：二荒山神社中宮祠→四合目→八合目→男体山(往復)
登山適期	5月下旬～10月中旬

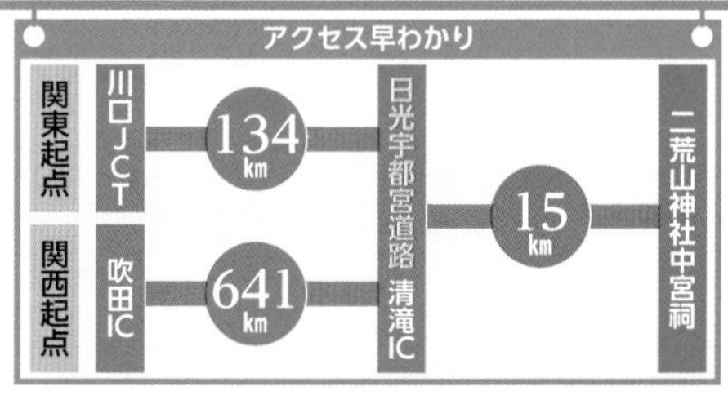

男体山山頂部にある岩の上には大きなご神剣が立つ

下山後の寄り道

SIGHTS

男体山のある日光の社寺は世界遺産に登録されており、徳川家康をまつる**日光東照宮**をはじめ、周辺には多くの社寺がある。日光東照宮は国道120号の北側、清滝ICから4.5㎞ほどの距離に位置し、東照宮の西には**日光二荒山神社本社**が立つ。また、日光には滝も多く、高さ97mの岩壁を落ちる豪快な**華厳ノ滝**や松尾芭蕉が訪れた**裏見ノ滝**、男体山の噴火によってできた溶岩の上を流れる**竜頭ノ滝**などの名瀑がある。

SPA

日光の奥座敷といわれる**奥日光湯元温泉**や二荒山神社中宮祠に近い**中禅寺温泉**など、周辺には温泉地が点在しているので、前泊などに利用するといい。日帰り温泉施設としては、清滝IC近くに**日光和の代温泉やしおの湯**がある。

問合せ先　日光市観光協会☎0288-22-1525

■標高 2144m

46 皇海山

難所の多いロングコースを歩いて 足尾山塊盟主の頂に立つ

南側の鋸山から見た皇海山。右奥は日光白根山

コース&アクセスプラン

皇海山は栃木県と群馬県の境に南北に連なる足尾山塊の主峰。以前は群馬側の皇海橋から登る不動沢コースが主に歩かれていたが、アクセスに利用する林道が立ち入り禁止となったため、栃木・日光市足尾町の銀山平から山頂をめざす。このコースは距離が長く、クサリ場やハシゴのある険しい岩稜をたどっていく難路だ。

銀山平へは日光宇都宮道路の清滝ICから国道

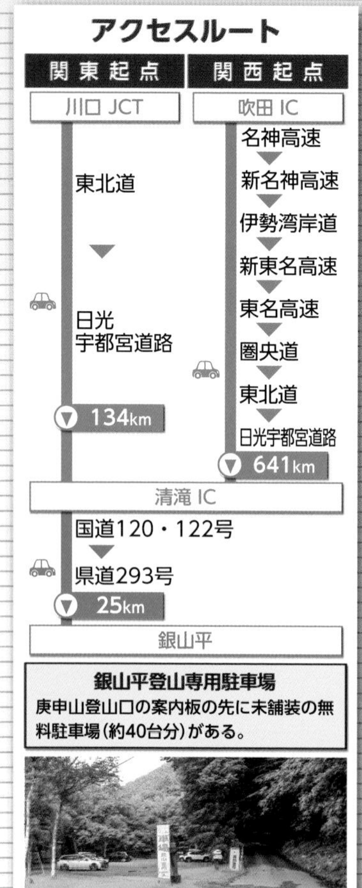

道路横にある登山者用の駐車場

アクセス

▶清滝ICから国道120号を中禅寺湖方面へ進み、細尾大谷橋交差点で左折して国道122号を南へ向かう。日足トンネルを抜け、県道250号と交わる田元交差点で大間々方面へと左折して足尾バイパスを走る。わたらせ渓谷鐵道の銅・庚申アンダーをくぐってすぐに右折し、県道293号を北上する。銀山平公園キャンプ場入口と宿泊施設の前を過ぎると左側に登山者用の駐車場がある。コンビニは清滝IC周辺のほか、国道122号沿いの神子内地区の先に1軒ある。

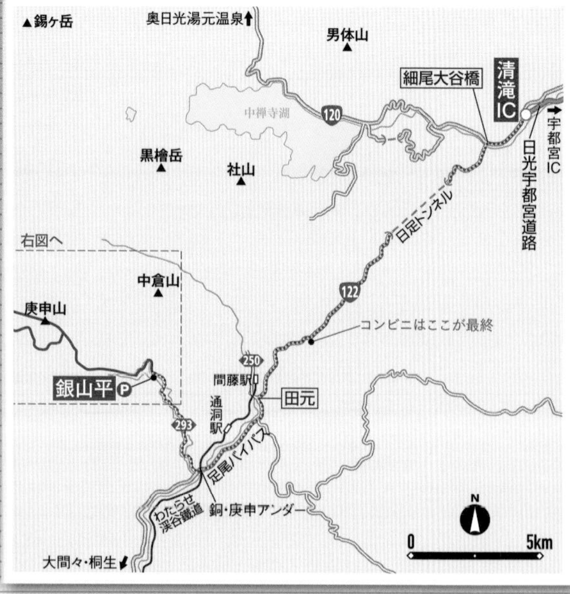

120・122号を経由してアクセスする。北関東道を利用して群馬側から銀山平へ行くこともできる(太田藪塚ICから約48㎞)。

登山コースメモ

1日目に銀山平から庚申山荘まで行って1泊し、2日目に皇海山に登頂して下山する。2日目は峻険な岩稜帯やヤセ尾根を通過する箇所があるハードな道のりで、歩行時間も長いので、日程に余裕があれば庚申山荘に2泊するといい。庚申山荘は無人小屋だが、布団や洗い場、トイレがあり、ハイシーズンには管理人が駐在する。

1日目、銀山平を出発して林道を歩く。林道の右手に立つ一の鳥居から登山道となり、沢沿いを登っていく。石伝いに流れを渡る箇所があるので、増水時の入山は避けるようにしたい。夫婦蛙岩などの奇岩を見ながら登っていき、猿田彦神社跡に出て左へ行くと庚申山荘に着く。

2日目、山荘から北へ行く。庚申山まではハシゴや岩場の登りがある。薬師岳を過ぎるとクサリ場や岩場のトラバース、長いハシゴなどの難所が続く。鋸山からは樹林帯の尾根道をたどり、不動沢のコルを過ぎて皇海山の山頂へ。山頂は木々に囲まれていて展望は得られない。

帰路は山頂から鋸山まで戻って六林班峠経由で下るが、下山路も長い。夏期には六林班峠までの道は笹に覆われて足元が見えないので注意しよう。峠から沢を何度か越えながら高度を下げていき、庚申山荘を経て銀山平まで戻る。

DATA

登山難易度	上級
日　　程	1泊2日
歩行時間	1日目　2時間30分：銀山平→庚申山荘／2日目　11時間30分：庚申山荘→庚申山→鋸山→皇海山→六林班峠→庚申山荘→銀山平
登山適期	6月上旬～10月中旬

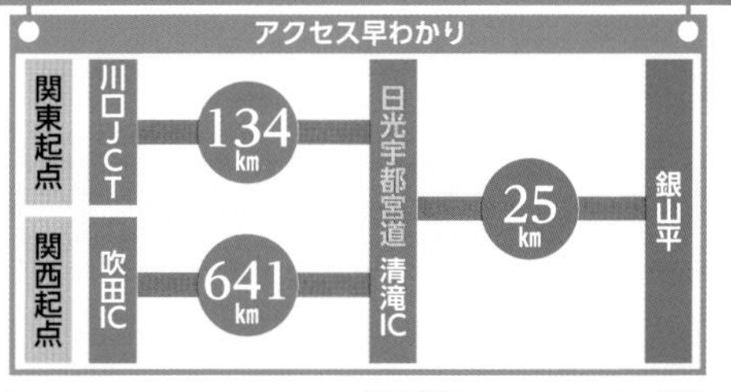

庚申山荘。無人の小屋だが、内部はきれいに保たれている

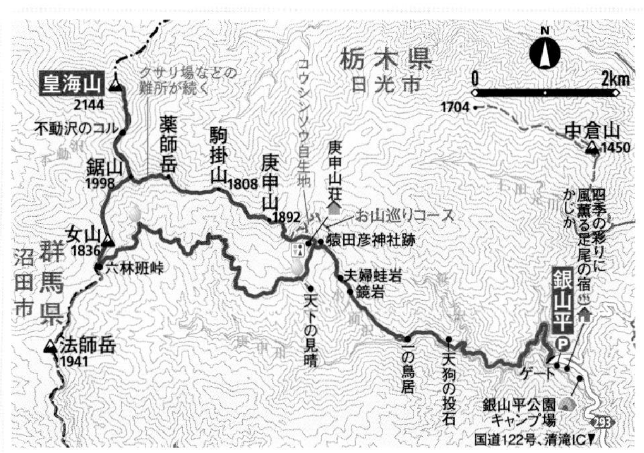

下山後の寄り道

SPA

登山口の手前に立つ**四季の彩りに風薫る足尾の宿 かじか**には温泉があり、立ち寄り入浴ができる。源泉は銀山平公園に湧く庚申の湯で、周囲の山々を見渡せる露天風呂を備えている。また、清滝ICからクルマで5分ほどの所に位置する日帰り温泉施設の**日光和の代温泉やしおの湯**(P100アクセス図参照)には石組みされた露天風呂や食堂、休憩処がある。

問合せ先　日光市足尾観光課
☎0288-93-3116

47 筑波山(つくばさん)

気ままに奇岩巡りも楽しめる ハイキングに適した初心者向け低山

女体山から御幸ヶ原越しに男体山を望む

コース&アクセスプラン

標高900mに満たない筑波山は日本百名山の中では最も標高が低い。さらに山麓から延びるケーブルカーやロープウェイを利用すれば、ほとんど体力を使うこともなく、男体山(なんたいさん)および女体山(にょたいさん)の2つのピークに立つことができる。古くより神域として崇められてきた山であり、その名残は麓の筑波山神社や山腹の各所で垣間見ることができるだろう。

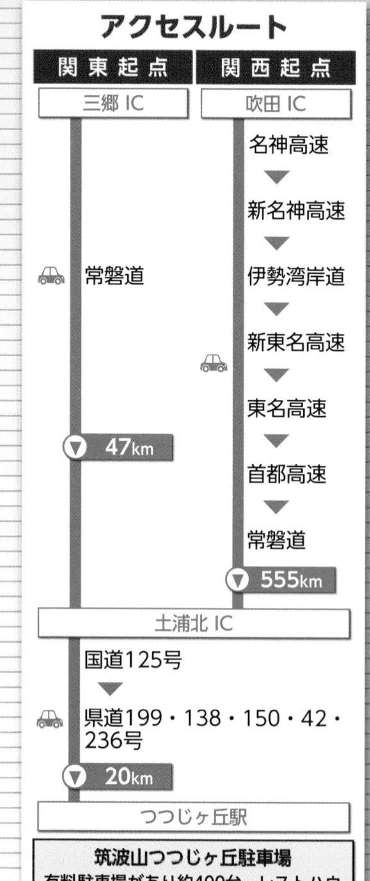

アクセス

▶土浦北ICから国道125号を西へ進み、すぐさま筑波山(パープルライン)の道標に従って右折して県道199号に入る。朝日トンネル南交差点を直進し、県道138・150号を経て、小幡交差点を左折して県道42号へ。カーブの続く山あいの道を抜けると、風返し峠交差点の横に出る。入り組んだ交差点を通過し、県道236号(筑波スカイライン)へと進むと、筑波山ロープウェイのつつじヶ丘駅に至る。途中、注意を要する交差点が複数あるので、ルート確認は確実に行おう。

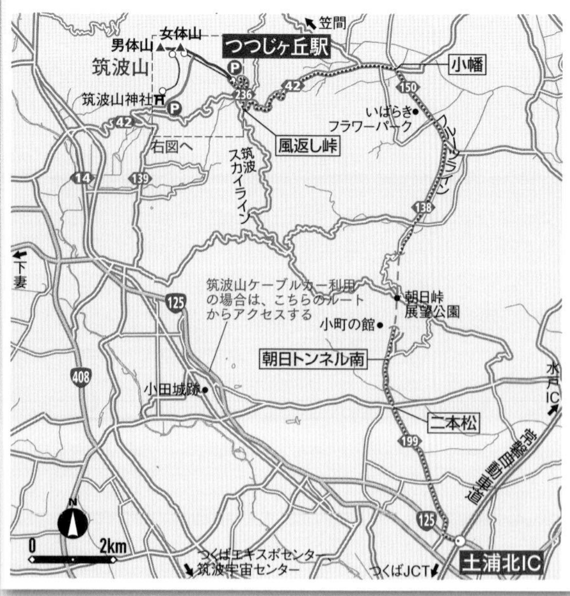

登山道は幾筋もあるが、駐車場へ戻ることを念頭に、登りではロープウェイを利用して体力を温存し、下山時に山の魅力に触れることのできる、つつじヶ丘駅からのコースを紹介する。

登山コースメモ

つつじヶ丘駅から筑波山ロープウェイで所要6分の女体山駅に着く。女体山山頂は目と鼻の先で、関東一円の眺めがよい。筑波山の最高峰はこちらだが、せっかくなので男体山にも足を運ぶこととしよう。ガマ石をはじめとする奇岩を横目になだらかな道を歩くと、筑波山ケーブルカーの山頂駅や売店・食堂が集まる御幸ヶ原（みゆきがはら）に着く。一部岩の道があるものの、ひと登りで男体山の山頂が見えてくる。

帰路は女体山の手前まで戻り、そのまま登山道を下ろう。大仏石、北斗岩、母の胎内（たいない）くぐりなどの奇岩が続き、頭上の不安定な巨岩が目を引く弁慶七戻りを通り抜けると、あずまやの立つ弁慶茶屋跡に着く。ひと息ついたら、つつじヶ丘駅へと下る。

DATA

登山難易度	初級
日程	日帰り
歩行時間	1時間50分：女体山駅→女体山→男体山→弁慶茶屋跡→つつじヶ丘駅
登山適期	通年

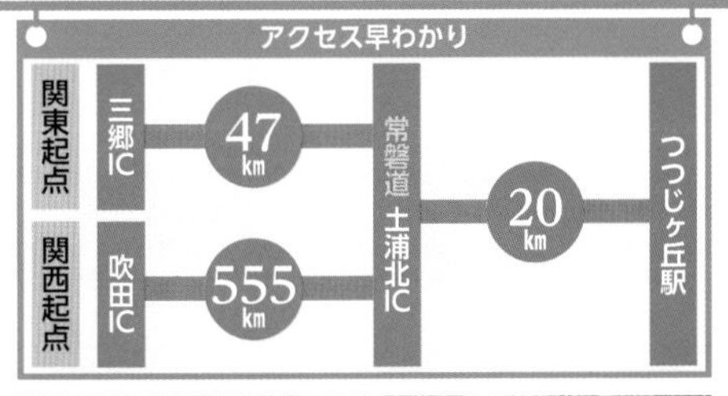

筑波山を代表する奇岩の一つであるガマ石

こんなコースも

筑波山ケーブルカーを利用する場合は、山麓に点在する駐車場から筑波山神社に参拝後、山頂駅へと向かう。男体山と女体山を往復したのち、ケーブルカーで下山してもいいが、女体山から上記で紹介した奇岩巡りを楽しみ、弁慶茶屋跡から白雲橋コースで筑波山神社下の駐車場へ戻ることができる。ケーブルカー山頂駅から下山までの歩行時間は約2時間35分。

下山後の寄り道

SIGHTS

研究学園都市として知られるつくば市。宇宙航空研究開発機構（JAXA）の**筑波宇宙センター**ではガイド付きの見学ツアーがある（要事前予約）。**つくばエキスポセンター**にはHⅡ-ロケットの実物大模型や高精細なプラネタリウムがある。

SPA

筑波山神社近くにあるのが**筑波山温泉郷**。宿泊主体の施設が点在しているが、日帰り入浴にも対応している。

問合せ先
つくば観光コンベンション協会☎029-869-8333

Column 3

東北エリアを効率よく回る

東北・北関東の百名山は広い範囲に散らばっている。例えば、男体山への起点となる東北道の宇都宮ICから八甲田山の最寄りインター・黒石ICまでの距離は約551kmある。東京〜大阪間よりも距離が離れていて、2つの山を一緒に回ると移動距離がとても長くなる。したがって、何度かに分けて東北道周辺の山を訪れ、弘前周辺の岩木山と八甲田山、山形道沿線の月山と朝日岳というように、比較的近い位置にある百名山を一緒に登るといい。

福島北部の山へセットで登る

東北の中でまとめて回りやすいのが福島北部の山で、吾妻山、磐梯山、安達太良山の順番か、その逆に回ると効率がよい。最初に東北中央道からアクセスして湯元駅から吾妻山へ登った後、西吾妻スカイバレー（県道2号）などを経由して磐梯山登山口の八方台へ移動する。磐梯山から下山したら磐梯吾妻レークライン（県道70号）、国道115号などを走って安達太良山登山口の奥岳へ行く。

吾妻山には南側のエンリゾートグランデコ側から登ることもでき、グランデコを登山口とすればクルマでの移動距離がさらに短くなる。グランデコでは夏期と9月中旬〜11月上旬にロープウェイが運行されており、山頂駅から西大巓を経由して5時間15分ほどで吾妻山最高峰の西吾妻山を往復できる。

飯豊山も吾妻山と同じ東北中央道が起点となる。ただ、福島北部のほかの3座に比べ、山頂へ至るコースは標高差が大きくハードなので、セットで回る場合には最初に飯豊山から訪れよう。飯豊から下山後、国道121号から県道2号などを経由して吾妻山方面へ行く。湯元駅の手前にある白布温泉などに1泊し、翌日に吾妻山へ登ろう。

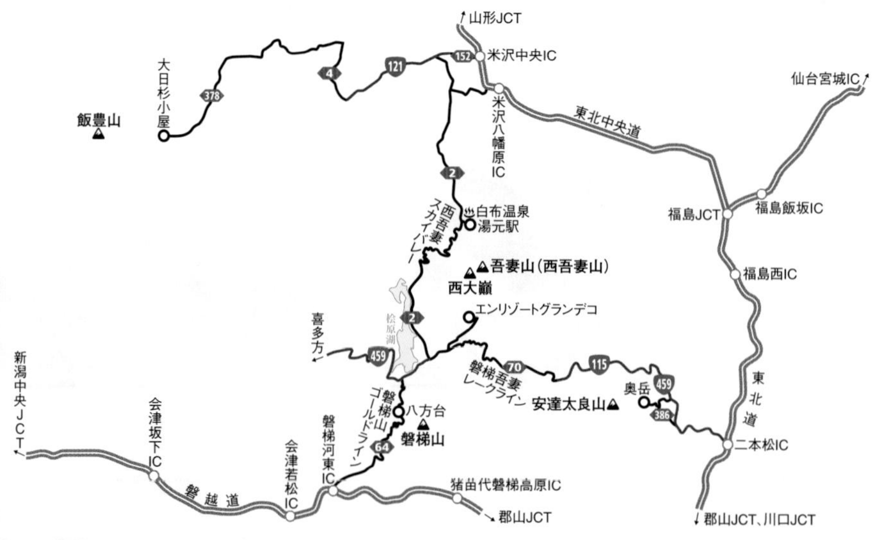

上信越・埼玉

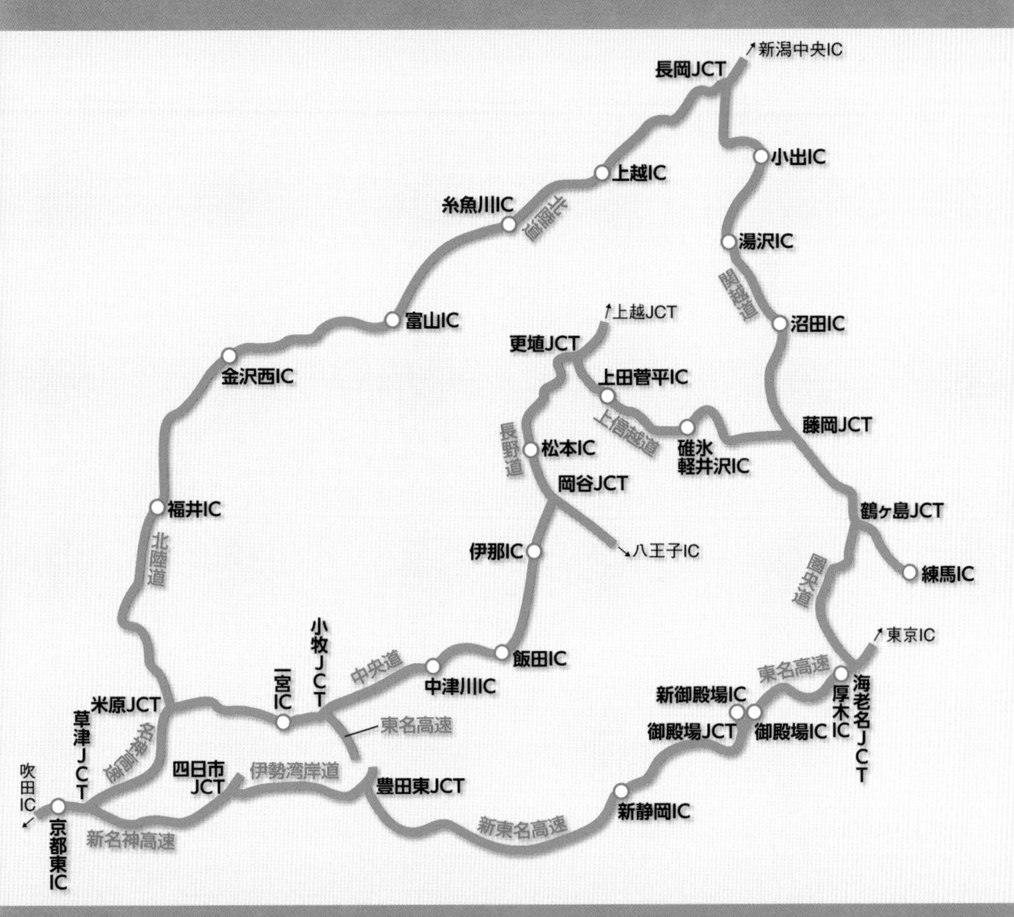

48 越後駒ヶ岳 … 110
49 平ヶ岳 ……… 112
50 巻機山 ……… 114
51 苗場山 ……… 116
52 谷川岳 ……… 118
53 武尊山 ……… 120
54 至仏山 ……… 122
55 日光白根山 … 124
56 赤城山 ……… 126
57 草津白根山 … 128
58 四阿山 ……… 130
59 浅間山 ……… 132
60 両神山 ……… 134

上信越周辺マップ

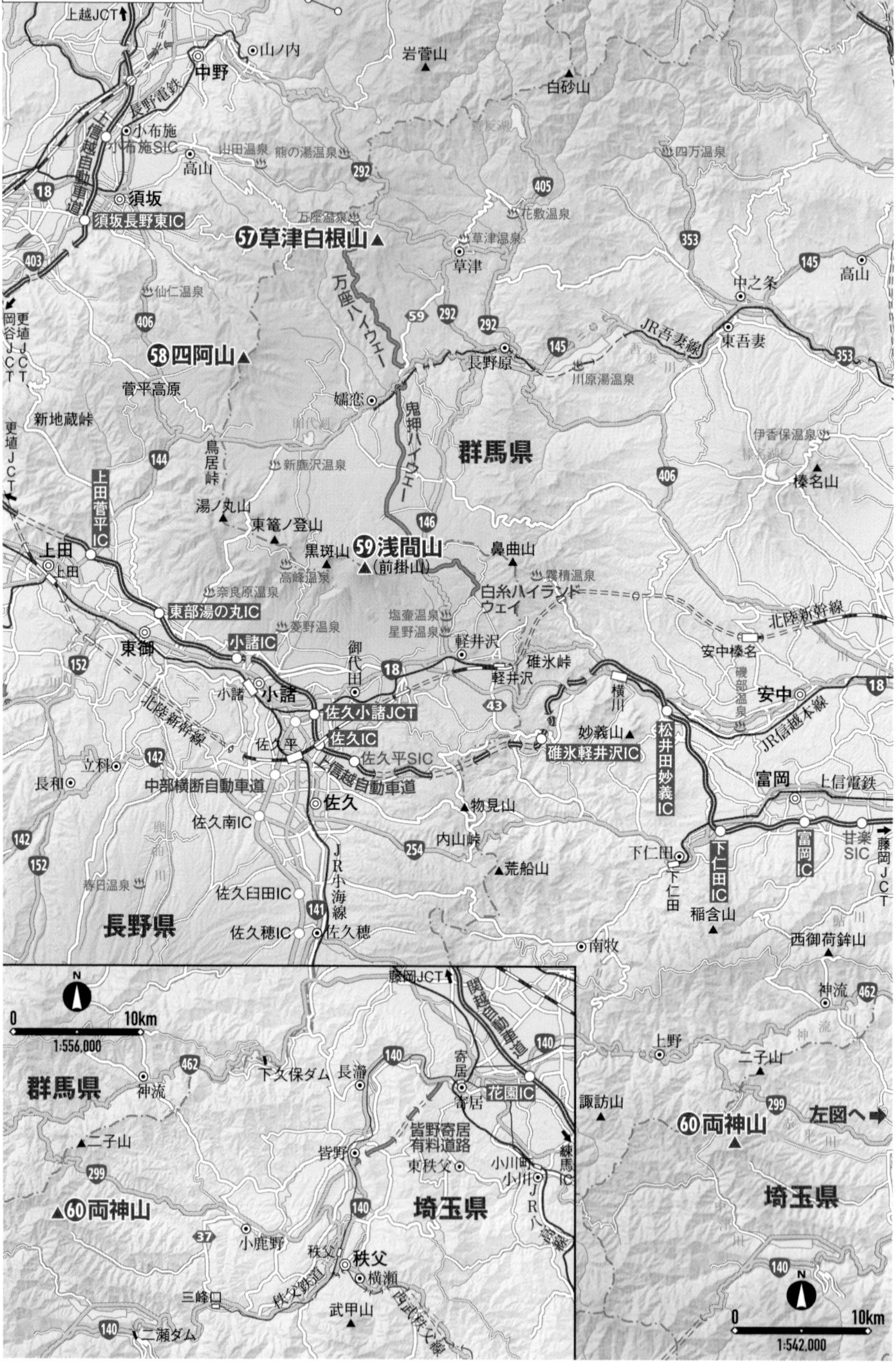
上越JCT
山ノ内
中野
長野電鉄
小布施
小布施SIC
上信越自動車道
高山
山田温泉
熊の湯温泉
292
岩菅山
白砂山
四万温泉
405
18
須坂
須坂長野東IC
万座温泉
57 草津白根山
花敷温泉
草津温泉
草津
353
145
高山
中之条
403
仙仁温泉
万座ハイウェー
406
59
292
292
東吾妻
JR吾妻線
145
長野原
川原湯温泉
353
更埴JCT
岡谷JCT
58 四阿山
菅平高原
嬬恋
鬼押ハイウェー
新地蔵峠
伊香保温泉
群馬県
鳥居峠
144
新鹿沢温泉
406
榛名山
上田菅平IC
湯ノ丸山
146
東篭ノ登山
黒斑山
59 浅間山
(前掛山)
鼻曲山
上田
高峰温泉
霧積温泉
奈良原温泉
白糸ハイランドウェイ
東部湯の丸IC
塩壺温泉
星野温泉
北陸新幹線
菱野温泉
東御
小諸IC
御代田
軽井沢
安中榛名
152
18
碓氷峠
軽井沢
磯部温泉
小諸
横川
安中
18
佐久小諸JCT
43
妙義山
松井田妙義IC
JR信越本線
佐久IC
佐久平
碓氷軽井沢IC
立科
142
佐久平SIC
上信越自動車道
富岡
上信電鉄
長和
中部横断自動車道
佐久
物見山
佐久南IC
142
下仁田
254
内山峠
下仁田IC
富岡IC
甘楽SIC
藤岡JCT
152
荒船山
JR小海線
春日温泉
佐久臼田IC
141
稲含山
長野県
佐久穂IC
佐久穂
南牧
西御荷鉾山
藤岡JCT
関越自動車道
神流
462
0 10km
1:556,000
140
上野
群馬県
462
下久保ダム
長瀞
寄居
花園IC
二子山
神流
寄居
諏訪山
二子山
皆野寄居有料道路
299
60 両神山
左図へ
299
皆野
東秩父
小川町
練馬IC
小川
60 両神山
埼玉県
140
JR八高線
埼玉県
37
小鹿野
秩父
秩父
横瀬
140
秩父鉄道
三峰口
西武秩父線
武甲山
0 10km
140
二瀬ダム
1:542,000

長岡JCT
魚沼
小出
小出IC
奥只見シルバーライン
大湯温泉
栃尾又温泉
会津朝日岳
0
10km
1:611,000
奥只見ダム
浦佐
関越自動車道
JR飯山線
北越急行線
十日町
48 越後駒ヶ岳
八海山
中ノ岳
福島県
六日町IC
六日町
六日町温泉
南魚沼
新潟県
上越新幹線
会津駒ヶ岳
津南
檜枝岐
檜枝岐温泉
49 平ヶ岳
塩沢石打IC
50 巻機山
飯士山
燧ヶ岳
尾瀬ヶ原
越後湯沢温泉
湯沢IC
越後湯沢
湯沢
54 至仏山
矢木沢ダム
仙ノ倉山
清水峠
奈良俣ダム
湯ノ小屋温泉
須田貝ダム
鬼怒沼山
51 苗場山
宝川温泉
52 谷川岳
土合
53 武尊山
片品温泉
55 日光白根山
奥日光湯元温泉
佐武流山
三国山
三国峠
水上
水上温泉
片品
長野県
水上IC
白砂山
法師温泉
猿ヶ京温泉
上毛高原
川場
月夜野IC
みなかみ
四万温泉
皇海山
栃木県
沼田
老神温泉
沼田IC
草津温泉
草津
沼田
昭和
昭和IC
足尾
中之条
高山
群馬県
長野原草津口
JR吾妻線
東吾妻
56 赤城山（黒檜山）
長野原
川原湯温泉
赤城IC
草木ダム
赤城温泉
伊香保温泉
水沼
わたらせ渓谷鐵道
渋川
渋川伊香保IC
棒名山
吉岡
棒東
駒寄SIC
JR上越線
大間々
前橋
上毛電鉄
北陸新幹線
安中榛名
桐生
赤城
伊勢崎IC
みどり
足利IC
軽井沢
前橋IC
前橋
北関東自動車道
太田桐生IC
足利
安中
上信越自動車道
高崎IC
太田藪塚IC
横川
松井田妙義IC
高崎
駒形IC
JR信越本線
妙義山
伊勢崎
JR高崎線
東武伊勢崎線
碓氷軽井沢IC
藤岡JCT
太田
小諸IC
富岡
上信電鉄
藤岡
上里
本庄
大泉
下仁田
下仁田IC
富岡IC
甘楽SIC
吉井IC
埼玉県
鶴ヶ島JCT・練馬IC
荒船山

■標高 2003m

48 越後駒ヶ岳（えちごこまがたけ）

貫禄ある姿でそびえる
花と展望が魅力の越後三山の主峰

明神尾根上の小ピークから、中央奥にそびえる越後駒ヶ岳を眺める

コース&アクセスプラン

越後駒ヶ岳は新潟の南東部に位置し、中ノ岳、八海山（はっかいさん）と合わせて越後三山とよばれる。三山の最高峰は標高2085mの中ノ岳だが、深田久弥が「一番立派だから」という理由で駒ヶ岳を百名山に選んだように、四方に尾根を延ばして堂々とした姿でそびえている。冬期は豪雪地帯で、初夏には多くの残雪を抱く。雪解け後には高山植物が次々と咲き競い、山頂からの展望もすばら

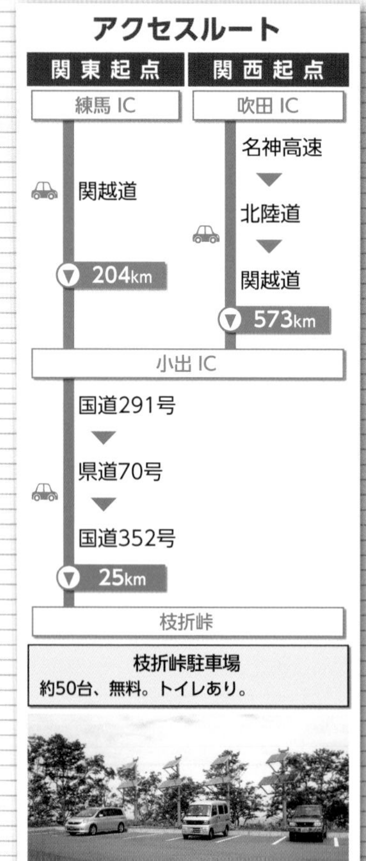

枝折峠の駐車場。トイレの横から登山道に入る

アクセス

▶小出ICから右の湯之谷、尾瀬方面へ進む。国道291号を500mほど走って小出IC干溝入口交差点で左折。県道70号を進み、吉田交差点で右折して国道352号へ入る。吉田交差点を過ぎるとコンビニはなくなるので、インターを降りたら早めに入っておこう。湯之谷温泉郷を抜けてなおも352号を進む。駒の湯山荘方面へ行く県道518号を分けるとカーブが多くなる。道幅も狭くなるが、時折右側に越後駒ヶ岳が見える。退避所を過ぎると枝折峠に着く。

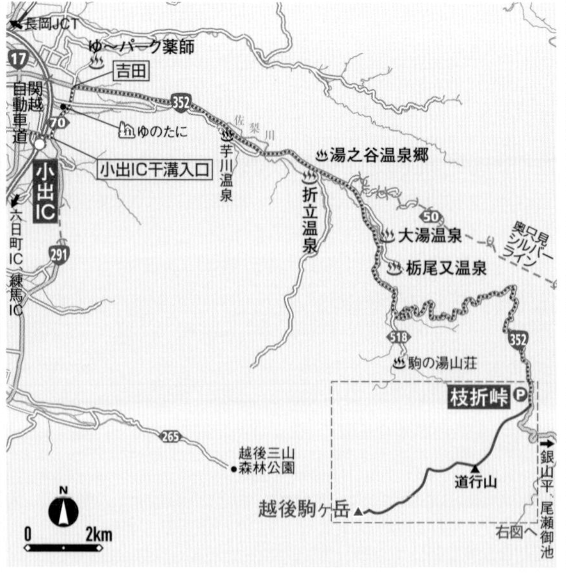

しい。関越道からアクセスしやすい西側の越後三山森林公園から山頂へ至るコースもあるが、登山口の標高が約350mで、標高差が大きい。登りやすい東側の枝折峠(しおり)（標高1065m）からのコースを歩こう。

枝折峠へは、関越道の小出(こいで)ICから国道352号に出て南東へ走る。352号は大湯(おおゆ)温泉を過ぎてしばらく行くと道幅が狭くなるが、走りやすい舗装路だ。枝折峠の前後に退避スペースがあり、峠の駐車場が満車になった場合にはこのスペースを利用する。

登山コースメモ

枝折峠を起点とし、越後駒ヶ岳山頂の東にある駒の小屋に泊まり、1泊2日の行程で駒ヶ岳に登る。登山シーズン中、駒の小屋には不定期で管理人が駐在するが、素泊まりでの利用となるので、食料は担いでいく。

1日目、枝折峠から登山道へ入って明神(みょうじん)峠へ。峠から明神尾根をたどり、小ピークをいくつか越える。道行山(みちゆきやま)の北で道行新道を合わせて西へ

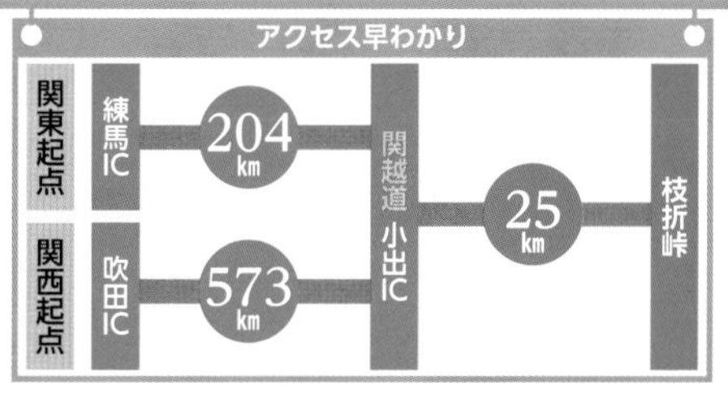

進み、灌木の中を登ると小倉山分岐に着く。分岐からいったん下って登り返し、池塘のある草原が広がる百草(もぐさ)ノ池付近を過ぎると傾斜が増してくる。灌木や笹の中の道を登って小ピークを越え、最後に岩に覆われた急傾斜の道をペンキ印に従って登ると台地上に立つ駒の小屋に着く。小屋にザックを置いて山頂を往復しよう。

山頂部には初夏には残雪があり、周辺では高山植物が咲き誇る。見晴らしのよい道を登って主稜線上に出て、右手へひと登りすると越後駒ヶ岳の山頂に着く。山頂標や三角点のある山頂からの展望は抜群で、平ヶ岳(ひらがたけ)や燧ヶ岳(ひうちがたけ)、八海山などが見渡せる。山頂から駒の小屋に戻って1泊し、翌日、往路を枝折峠へと戻る。

DATA

登山難易度	中級
日程	1泊2日
歩行時間	1日目　5時間45分：枝折峠→明神峠→駒の小屋→越後駒ヶ岳→駒の小屋／2日目　3時間45分：駒の小屋→明神峠→枝折峠
登山適期	6月下旬〜10月中旬

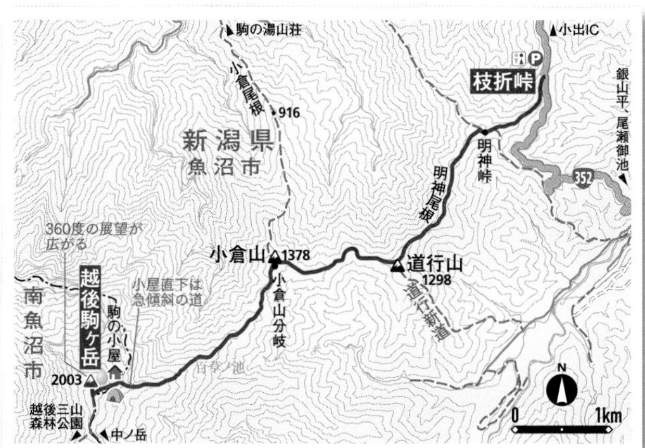

下山後の寄り道

♨ SPA

国道352号沿いには湯之谷温泉郷が広がっており、前泊地によい。開湯から長い歴史をもち豊富な湯量を誇る**大湯温泉**やラジウム泉の**栃尾又(とちおまた)温泉**、ぬるめのやさしい湯が特長の**折立(おりたて)温泉**などの温泉地が並ぶ。日帰り温泉施設としては、国道352号の吉田交差点で小出ICと反対方向の北へ行くと**ゆ〜パーク薬師**がある。館内には地元の野菜やおみやげ品を置いた売店もある。また小出ICの西側、越後三山を眺められる高台に**見晴らしの湯こまみ**が立つ。

問合せ先
魚沼市観光協会
☎025-792-7300

49 平ヶ岳（ひらがたけ）

ロングトレイルをたどって 利根川源流にそびえる平坦な山へ

池ノ岳にある姫ノ池。奥には平ヶ岳の平べったい山頂部が見える

コース&アクセスプラン

平ヶ岳は尾瀬の北方、利根川の源流域に位置し、山名のとおりに平坦な山頂部をもつ。山頂への最短路は北西の中ノ岐（なかのまた）コース（山頂まで3時間50分）だが、このコースを歩くには銀山平（ぎんざんだいら）周辺の宿に泊まるなどの条件があり、東側の平ヶ岳登山口からのコースがメインルートだ。往復すると歩行時間は11時間を超えるが、山中には山小屋がなく、日帰り山行となる。深田久弥が登った当時、

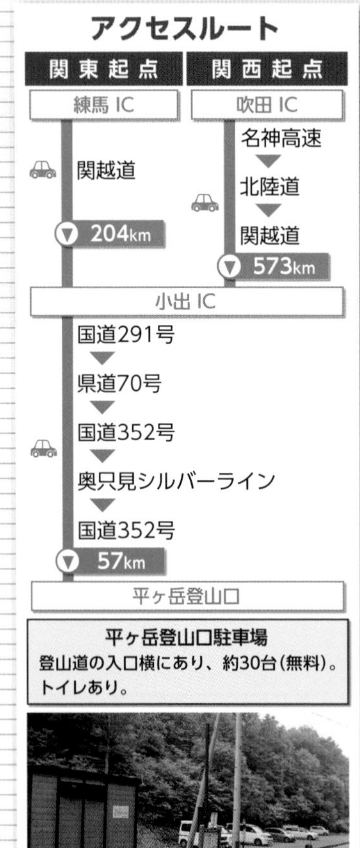

道路脇の駐車場。平ヶ岳登山口バス停もある

アクセス

▶小出ICから右の湯之谷、尾瀬方面へ進む。国道291号を500mほど走って小出IC干溝入口交差点で左折。県道70号を進み、吉田交差点で右折して国道352号へ入る。352号を南東へ進み、大湯温泉の手前で左の県道50号の奥只見シルバーラインに入る。シルバーラインはトンネルの連続する道路で、明神トンネルの途中で右折して銀山平方面へ行く。再び国道352号に出て左の尾瀬方面へ向かい、奥只見湖沿いのカーブの多い道を進み、平ヶ岳登山口へ行く。

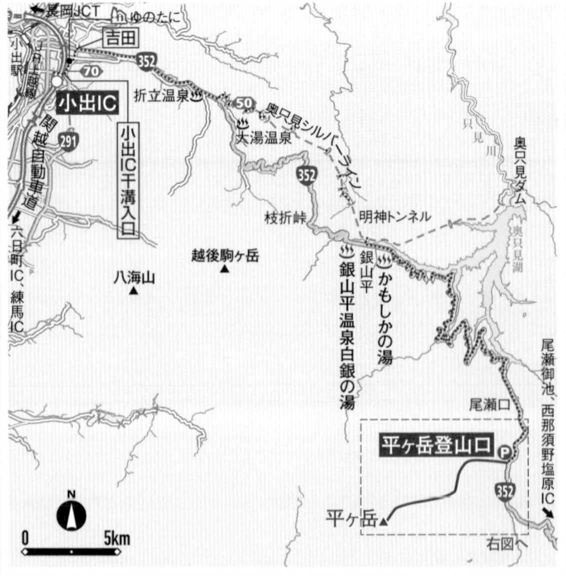

平ヶ岳には登山道がなかったが、今も百名山屈指の奥深い山であることに変わりはない。

平ヶ岳登山口へのアクセスには関越道の小出ICから国道352号や奥只見シルバーライン（県道50号）などを利用する。352号は奥只見湖沿いになるとカーブを繰り返していく。平ヶ岳登山口へは東北道の西那須野塩原ICから国道400・352号などを経由して向かうこともできるが、距離は120km近くに及ぶ。

登山コースメモ

登山前日は平ヶ岳登山口から1kmほど北にある鷹ノ巣の宿などに泊まろう。国道脇の駐車場から林道を進み、道標が立つ地点から登山道に入る。石と砂が混じる急な尾根道を登って下台倉山を越え、アップダウンを繰り返す。台倉山を過ぎると台倉清水と白沢清水があるが、どちらも涸れていることが多い。白沢清水から緩やかな道を進んだ後、急傾斜の岩の道を登ると木道が現れ、池ノ岳に着く。池ノ岳の西には姫ノ池があり、周辺は池塘の点在する湿原が広がっている。姫ノ池の先で平ヶ岳方面へ向かう道と水場・玉子石方面へ行く道が分かれる。丸い石が2つ重なった玉子石まではここから30分ほどだ。

分岐点から木道を直進して南へ行き、水場からの道と合流し、緩やかに登って平ヶ岳の山頂へ。湿原が広がるのびやかな山頂部では夏に花が多く見られ、秋の草紅葉も美しい。展望もよく、燧ヶ岳や越後駒ヶ岳を望める。平ヶ岳の標柱と三角点は木々に囲まれている。山頂部を散策したら池ノ岳を経由して往路を下山する。

DATA

登山難易度	上級
日程	前夜泊日帰り
歩行時間	11時間20分：平ヶ岳登山口→下台倉山→池ノ岳→平ヶ岳（往復）
登山適期	7月上旬～10月上旬

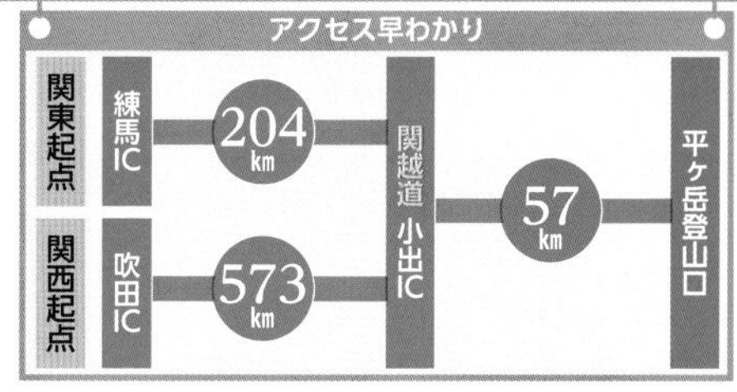

セットで登る

銀山平から国道352号を西へ進むと7kmで越後駒ヶ岳（P110）登山口の枝折峠だ。平ヶ岳からの下山後、銀山平の宿に1泊して翌日に越後駒へ登るといい。また、平ヶ岳登山口から352号を尾瀬方面へ向かうと、14kmほどで燧ヶ岳（P98）登山口となる尾瀬御池に着く。

下山後の寄り道

SPA

銀山平の銀山平森林公園内に**銀山平温泉白銀の湯**がある。露天風呂からは越後駒ヶ岳を眺望でき、ログハウスも備えているので宿泊することもできる。銀山平キャンプ場にある**かもしかの湯**も立ち寄り入浴ができる。こちらは銀山平温泉の源泉を利用した素朴な湯だ。また小出IC周辺にも日帰り温泉がある（P111参照）。

問合せ先
魚沼市観光協会
☎025-792-7300

50 巻機山（まきはたやま）

新潟南東の織物の里にたたずむ 草原が広がる優美な山を訪ねる

巻機山の山頂部には池塘が点在する。奥には谷川連峰が見える

コース&アクセスプラン

巻機山は割引岳（わりめきだけ）や牛ヶ岳などのピークをもち、山上には池塘のある草原が広がる。新潟と群馬にまたがり、最高峰の本峰は新潟の南魚沼（みなみうおぬま）市(旧塩沢町)側にある。旧塩沢町は織物の里で、巻機山の山名も機織りに由来するといわれている。登山コースとしては、南麓の桜坂（さくらざか）から井戸尾根を歩くコースが登りやすい。

桜坂へは関越道の塩沢石打ICからアクセスし、

桜坂駐車場
最奥の駐車場は橋を渡った先にあり、その手前の駐車場を含めて合計約100台、有料。トイレあり。

駐車場から５分ほどで井戸尾根の登り口に着く

アクセス

▶塩沢石打ICから県道28号を左へ進む。途中、県道235号と交わる交差点で右折すると巻機山方面へショーカットできるが、時間的に大差ないので直進して国道291号へ向かおう。早川交差点で右折して291号を南へ走る。コンビニは早川交差点付近にある。291号を10kmほど走ると左手に巻機山登山道入口方向を示す案内表示があり、鋭角に左に曲がる。すぐに右へ曲がり、案内表示に従って狭い舗装路を進んでいく。カーブを繰り返しながら舗装路を走ると桜坂駐車場に着く。

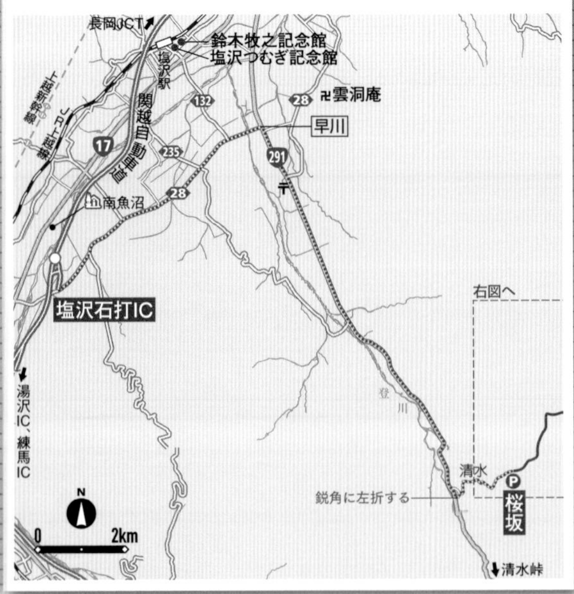

国道291号に出て清水地区へ行く。清水から桜坂までの道は狭いが、走りやすい舗装路だ。清水地区には宿が数軒あるので、登山前日はここか塩沢石打IC周辺の宿に泊まろう。

登山コースメモ

スタート地点となる桜坂駐車場は4カ所に分かれている。最奥の駐車場から巻機山の案内板の前を通って左へ進むとすぐに分岐に出る。天狗尾根、ヌクビ沢コース方面への道と分かれて井戸尾根方面へ向かい、樹林の中を緩やかに登る。急傾斜の道となり、平地となった五合目、割引岳などの眺めがよい六合目展望台を過ぎる。周囲がブナなどの樹林帯から灌木帯に変わると視界が開ける。七合目から笹の中の道を進んだ後、八合目を過ぎるとニセ巻機山(前巻機)の山頂に着く。

ニセ巻機山から北へ下り、木道の延びるのびやかな草原に出る。草原に咲く花々を見ながら巻機山避難小屋が立つ鞍部へと下る。鞍部から池塘の横を抜けて緩やかに登ると御機屋(おはたや)だ。御機屋には「巻機山頂」と記された標柱があり、ここで引き返す登山者も多い。御機屋から東へ行き、池塘のある湿原に続く木道を進むと巻機山最高点に到着する。最高点にはケルンがあるが、尾根上の平坦地のような雰囲気だ。最高点からは往路を桜坂へと戻る。

DATA

登山難易度	中級
日程	前夜泊日帰り
歩行時間	7時間40分：桜坂→ニセ巻機山→御機屋→巻機山最高点(往復)
登山適期	7月上旬〜10月中旬

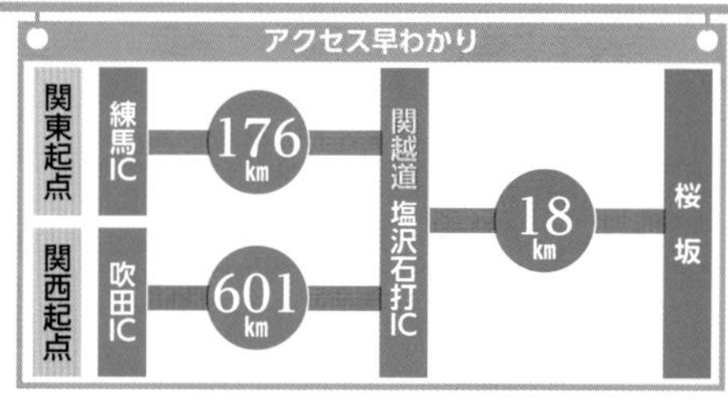

ニセ巻機山付近から巻機山へ続く登山道を眺める。左奥は割引岳

下山後の寄り道

SIGHTS

国道291号の早川交差点の手前にある郵便局の先で右折して県道28号を進むと**雲洞庵**(うんとうあん)方面へ行く。雲洞庵は後に米沢藩主となった上杉景勝と直江兼続が幼少期に学んだ寺で、本堂は新潟県の文化財に指定されている。JR上越線塩沢駅の南には**鈴木牧之記念館**(ぼくし)がある。鈴木牧之は越後の民俗、伝統、産業などについて記した『北越雪譜(ほくえつせっぷ)』を著した江戸時代の文人で、館内には牧之の残した資料や越後の民具などが展示されている。また、塩沢駅から歩いて3分の位置にある**塩沢つむぎ記念館**では、国の重要無形文化財に指定されている越後上布や塩沢紬(つむぎ)を使用した工芸品を展示・販売している。

問合せ先　南魚沼市観光協会☎025-783-3377

51 苗場山（なえばさん）

美しい池塘が点在する湿原が山頂部に広がる個性あふれる名山

湿原が広がる苗場山の山頂部には木道が続いている

コース&アクセスプラン

新潟と長野にまたがる苗場山は約4km四方に及ぶ平坦な山頂部をもつ。山頂部にはワイドな湿原が広がり、夏はキンコウカやワタスゲなどの高山植物が咲き誇り、9月下旬から10月中旬頃には美しい草紅葉に彩られる。湿原には池塘が点在し、池塘に生えるカヤツリグサ科のミヤマホタルイが田に植えた苗のように見えることが山名の由来とされている。山頂へ至る登山道

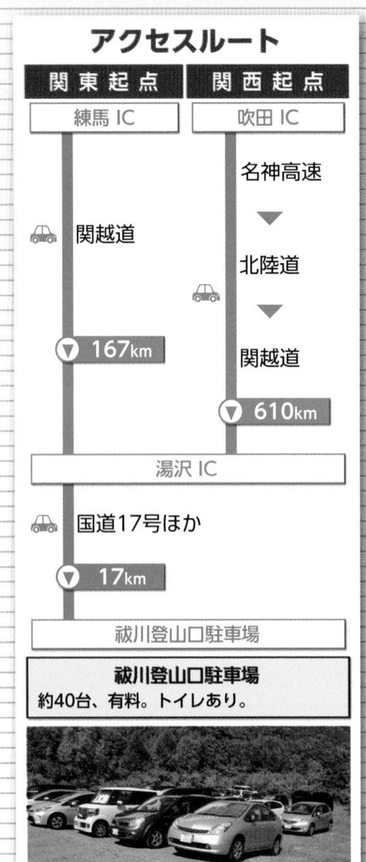

祓川登山口駐車場。和田小屋までは 25 分ほど

アクセス

▶湯沢ICを降り、国道17号を左の高崎、苗場方面へ進む。コンビニはインター周辺で入っておこう。17号を走り、芝原トンネルを抜けて1kmほど進むと右に苗場山祓川ルートを示す案内板がある。案内に従って右折した後、苗場山を示す標示板に従って進み、清津川を渡って細い舗装路を走る。その後も苗場山登山道方面への標示に従って進み、カーブを繰り返しながら上っていくと祓川登山口駐車場に到着する。駐車場は数カ所に分かれているが、いちばん下のスペースが広い。

は四方から延びていて、クルマを利用した最短コースは長野側の小赤沢コース。三合目までクルマで行くことができて3時間50分ほどで山頂に立てるが、最寄りの高速道路から小赤沢までは距離があるので、アクセスしやすい新潟側の祓川コースを登るのがおすすめだ。

祓川コースの起点となる祓川登山口駐車場へは、関越道の湯沢ICからアクセスする。国道17号から分かれて宿の間を抜けていくと道は細くなるが、道路は駐車場まで舗装路だ。関越道の月夜野ICから国道17号経由で祓川登山口駐車場へ行くこともできる(51km)。

登山コースメモ

祓川コースは早立ちすれば日帰りも可能だが、山頂部にある苗場山頂ヒュッテ(自然体験交流センター)に1泊し、湿原をゆっくり散策しよう。

1日目、駐車場を出発して和田小屋前まで登り、登山口の標示板の横からスキー場のゲレンデ内を進む。右手の樹林帯に入って高度を上げていき、下ノ芝を過ぎる。湿原を抜けて笹の中を登り、中ノ芝へ。休憩用の木製テラスがある中ノ芝からは谷川連峰を望むことができる。木段を登って上ノ芝を過ぎ、小松原コースを合わせる。股スリ岩とよばれる岩場を越えて神楽ヶ峰へ。尾根上の平坦地のような神楽ヶ峰から急な道を下ると雷清水があり、正面に苗場山のどっしりとした山容が見えるようになる。さらに下って花々が咲き競う緩やかな道を進むと雲尾坂の登りになる。苗場山への最後の登りだが、コース中で最もきつい登りで、階段道や岩場もある。急坂を登りきって笹の間を進むと待望の苗場山山頂部に出る。

山頂部には池塘が点在するのびやかな湿原が広がる。高山植物が咲く湿原に延びる平坦な木道を進むと、標柱の立つ苗場山山頂に着く。この日の宿・苗場山頂ヒュッテは山頂の南西側にある。宿に荷を置いたら、谷川連峰や越後駒ヶ岳が展望できる湿原を散策しよう。

2日目、往路を戻って駐車場へ下山する。

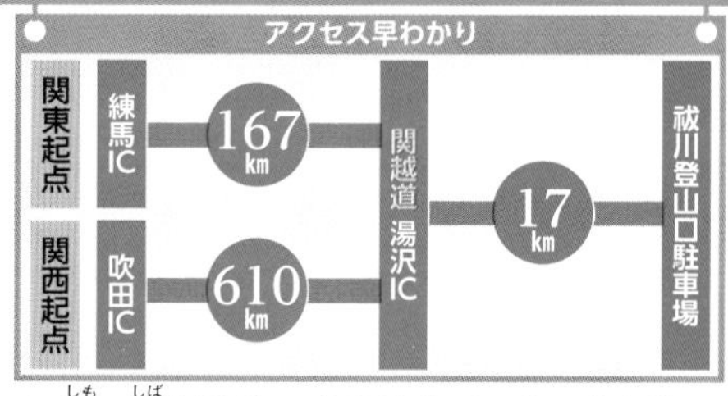

DATA

登山難易度	中級
日程	1泊2日
歩行時間	1日目 4時間35分:祓川登山口駐車場→和田小屋→神楽ヶ峰→苗場山(苗場山頂ヒュッテ)/2日目 3時間25分:苗場山→神楽ヶ峰→祓川登山口駐車場
登山適期	7月上旬~10月中旬

下山後の寄り道

SPA

国道17号沿いには日帰り温泉施設が点在する。足湯がある道の駅みつまたには露天風呂を備えた**街道の湯**が隣接する。17号を南へ行くと、二居に寄せ棟の和風な外観が特徴の**宿場の湯**が立つ。また17号の西にある一軒宿の**貝掛温泉**は日帰り利用ができる。貝掛はドライアイなどに効能がある「目の温泉」として知られる。このほか、上越新幹線の越後湯沢駅周辺にも日帰り入浴ができる施設が多い。

問合せ先 湯沢町企画産業観光部☎025-788-0291

52 谷川岳（たにがわだけ）

眺望と豊富な高山植物が魅力の上越国境で存在感を示す双耳峰

オキの耳方面からトマの耳を振り返る

コース&アクセスプラン

群馬県と新潟県の県境、上越国境に横たわるのが谷川連峰で、谷川岳はその主峰である。トマの耳・オキの耳とよばれる2つのピークをいただいた双耳峰（そうじほう）で、アクセスルートの関越道からもその姿がよくわかる。

一ノ倉沢に代表される大岩壁とは対照的に、天神平（てんじんだいら）から天神尾根をたどる一般登山道は、山腹までロープウェイを利用できるので、幅広い

アクセス

▶水上ICから小仁田交差点を左折し、国道291号を水上市街方面へ向かう。川上交差点を左折し、温泉街を右手に見ながら道なりに進み、JR上越線湯檜曽駅や土合駅の前を通り過ぎる。スノーシェッドの設けられた道を上っていくと、谷川岳ロープウェイ土合口駅のきっぷ売り場や売店、食堂、駐車場を兼ねたベースプラザが見えてくる。屋内の駐車場は薄暗いので、登山準備にはヘッドランプなどがあると便利。コンビニは水上温泉エリアの国道沿いにある。

層の登山者が訪れている。また標高のわりには高山植物の宝庫としても知られ、山頂からは幾多の百名山を遠望できる。

水上ICからも近く、日帰りでの登山が基本だが、余裕をもって前泊するのであれば、近隣の湯檜曽温泉や水上温泉が便利だ。

登山コースメモ

ロープウェイの天神平駅から登山を開始する。駅舎をスタートし、時折谷川岳の双耳峰を行く手に眺めながら西へ向かう。天神峠からの道を合わせて天神尾根をたどり、クサリ場を通過する。熊穴沢避難小屋を過ぎると急坂が目立つようになり、要所にはクサリが張られている。樹林帯を抜け、天狗の留まり場と呼ばれる巨岩を越えると、眺望はさらに広がり、やがて谷川岳肩の小屋が見えてくる。

ひと登りすればトマの耳に到着。さらに15分で谷川岳最高峰のオキの耳に着く。尾瀬・日光方面から越後の山並み、苗場山から浅間山へと至る眺望を満喫したら、天神平駅へ下山しよう。

DATA

登山難易度	中級
日程	日帰り
歩行時間	4時間40分：天神平駅→天神尾根→谷川岳・オキの耳（往復）
登山適期	6月下旬～10月中旬

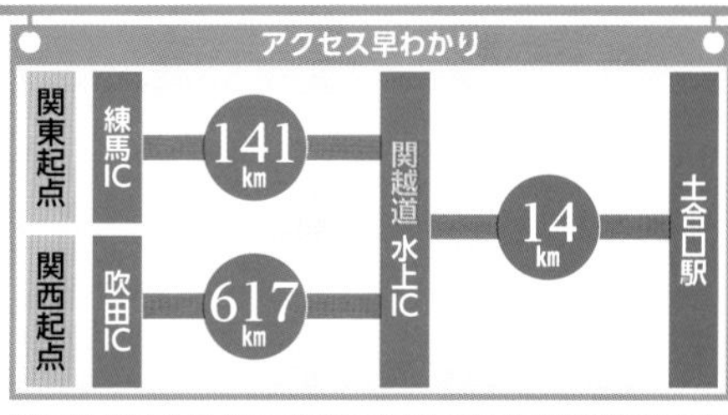

のびやかな光景が広がる谷川岳肩の小屋周辺

セットで登る

同じく関越道の水上ICからアクセスする武尊山（P120）がセットで登りやすい。谷川岳から下山後、国道291号経由で水上ICへ戻る途中、JR湯檜曽駅前を過ぎてすぐの地点にある大穴交差点を左折して県道63号に入り、武尊川を渡ってすぐを右折して狭い林道を走ると武尊山への起点となる裏見ノ滝駐車場に着く。大穴交差点から駐車場までは16kmほどだ。

下山後の寄り道

♨ SPA

前泊の部分でも触れたが、水上ICへと戻る途中にあるのが**湯檜曽温泉**と**水上温泉**。いずれも宿泊施設が主体だが、日帰り入浴を受け付けている宿もある。登山者に人気があるのが、国道291号谷川温泉入口交差点から道幅の狭い県道252号を2kmほど進んだ谷川温泉にある日帰り入浴施設の**湯テルメ・谷川**。3本の源泉から湯が引かれ、なかでも開放的でゆったりとした造りの露天岩風呂の人気が高い。

問合せ先　みなかみ町観光協会☎0278-62-0401

53 武尊山（ほたかやま）

いくつものクサリ場を越えて
シャクナゲに覆われた道から山頂へ

クサリ場が続く稜線を越えると最高峰の沖武尊が望める

コース&アクセスプラン

御嶽山王滝口を開いた秩父御岳山麓出身の普寛行者が開山したかつての修験道の聖地である武尊山。数カ所のクサリ場を越えていく修験の道場らしい秘境の山の雰囲気が残されている。

関越道の水上ICから利根川に沿ってしばらく藤原方面をめざすが、ダムの先で県道63号から狭い林道に入る。前夜泊に便利な宿泊棟も備えた群馬みなかみほうだいぎキャンプ場があり、

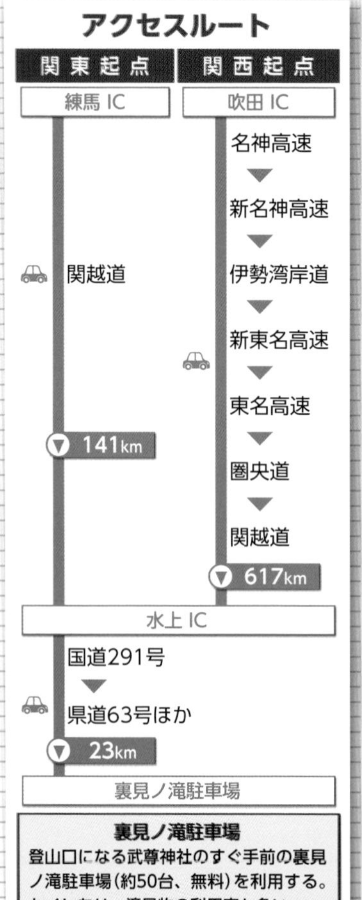

アクセス

▶水上ICを降りて国道291号の小仁田交差点を左折し、水上市街方面へ北上する。コンビニは国道291号沿いにある。川上交差点で国道は左にそれ、利根川に沿って走る。谷川岳登山基地の土合方面へ6kmほど進んだ大穴交差点で藤原方面へ右折して県道63号の奥利根湯けむり街道に入る。藤原ダムに沿って進むと裏見ノ滝への狭い林道が分かれ、その先の二股を道なりに左へ進み、ほうだいぎキャンプ場を過ぎると裏見ノ滝駐車場に着く。すぐ先にある武尊神社が登山口だ。

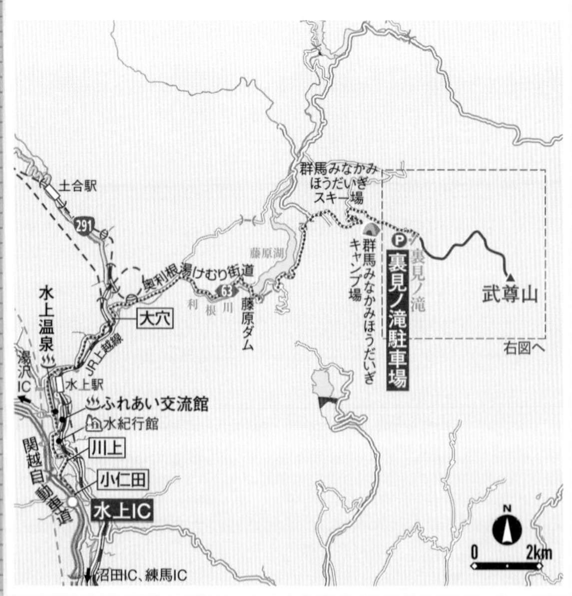

わずかに進むと裏見ノ滝駐車場に着く。なお、林道の終点にも駐車スペースがあるが、武尊神社から先は悪路で通行できないこともあるので裏見ノ滝の駐車場を利用しよう。

東名高速方面からは圏央道経由で関越道へ。関西方面からの場合、中央道長坂ICから国道141号を北上し、八千穂高原ICから中部横断道に入って上信越道、関越道へ進むルートもある。

登山コースメモ

駐車場から林道を進み、剣ヶ峰山への道と分かれて沢沿いに行く。急斜面を慎重に登り、手小屋沢避難小屋分岐に出ると緩やかになるが、ここから数本のクサリ場を越えていく。全体に足場がよいので難なくクリアできる。

やがて樹林帯から抜け出すと一変して展望が開け、武尊山最高峰・沖武尊の山頂が正面に横たわる。さらに剣ヶ峰山の尖峰も望める。最後の登りは一面のシャクナゲに覆われた道を行く。明るい山頂に達すると、日光連山から谷川岳へと雄大な展望が開ける。

DATA

登山難易度	中級
日程	前夜泊日帰り
歩行時間	6時間45分：裏見ノ滝駐車場→手小屋沢避難分岐→沖武尊（往復）
登山適期	6月下旬〜10月下旬

行者ころげではクサリ場が続くが、足場は見つけやすい

下りは手小屋沢避難小屋分岐からの急斜面に注意し、着実に下っていくようにしよう。

サブコース

沖武尊から南西の剣ヶ峰山へ行き、絶景を眺めて武尊神社へ戻る周回コースを歩くこともできる。クサリ場の下降が苦手な人にはおすすめだが、下山路はぬかるんだ急坂が続く。周回コースの総歩行時間は7時間30分ほど。

下山後の寄り道

SIGHTS

裏見ノ滝入口からわずかに下ると日本武尊が水垢離をしたという伝説が残る落差50mの**裏見ノ滝**が見られる。現在は落石の危険があるため滝の裏側への道は封鎖されているが、遊歩道と観瀑台から全容を見下ろすことができる。

SPA

水上温泉は前泊地に適しており、立ち寄り入浴ができる宿も豊富。日帰り施設の**ふれあい交流館**は小さな浴槽のみだが市街地の中心にある。交流館へは、国道291号沿いの水上歴史民俗資料館の先を左折し、水上郵便局の角を右折する。

問合せ先　みなかみ町観光協会☎0278-62-0401

■標高 2228m

54 至仏山（しぶつさん）

尾瀬ヶ原の西に裾野を延ばす
蛇紋岩に覆われた花の名山

南側直下から見た至仏山。蛇紋岩で形成されたピークだ

コース&アクセスプラン

尾瀬ヶ原（おぜがはら）の西に位置する至仏山は緩やかに裾野を広げた美しい山容をもつ。マグネシウムを多く含む蛇紋岩（じゃもんがん）で形成された山で、蛇紋岩帯に生えるオゼソウやホソバヒナウスユキソウなどの貴重な高山植物が生育する花の名山だ。植生保護のため、例年、ゴールデンウイーク以降は6月いっぱいまで入山が禁止されている。

登山口の鳩待峠（はとまち）へは関越道の沼田ICからアク

戸倉駐車場
国道401号から鳩待峠方面へ行く県道63号が分かれる分岐点で案内板に従って右へ行って片品川を渡ると第1駐車場、県道63号に入って350mほど進むと左側に第2駐車場がある。合計約530台、どちらも有料でトイレがある。

鳩待峠駐車場
約40台、有料。利用できるのはマイカー規制期間外だが、2023年シーズンの利用は4月中旬～5月中旬に限られた。

アクセス

▶沼田ICから国道120号（401号と重複）に出て左の日光・尾瀬方面へ。120号を進んで片品村に入り、沼田ICから25kmほどの所にある鎌田交差点で左折して国道401号を北上する。コンビニは120号沿いにある。戸倉で鳩待峠方面へ行く県道63号が左に分かれるが、マイカー規制期間中は戸倉に駐車し、乗合バス・乗合タクシーに乗り換えて鳩待峠へ行く（35分）。クルマで鳩待峠へ行く場合は戸倉から県道63号に入り、津奈木で県道260号へ進む。戸倉から鳩待峠までは11km。

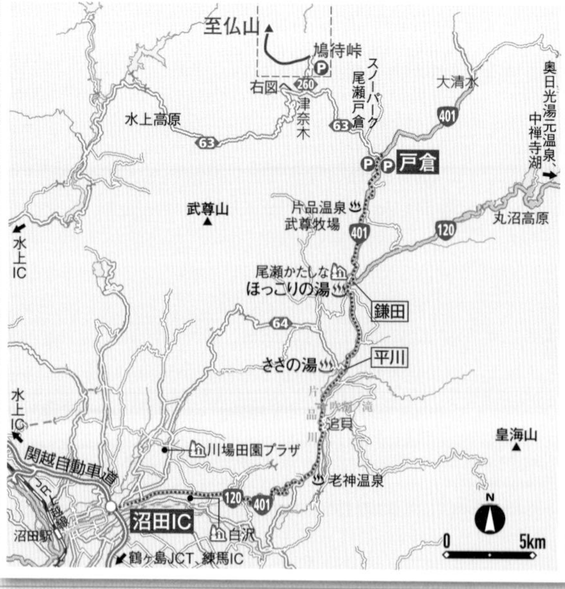

セスするが、鳩待峠へ通じる県道の津奈木～鳩待峠間はマイカー規制が行われ、規制中は戸倉(とくら)に駐車して乗合バスか乗合タクシーに乗り換える。2023年度の規制期間は5月19日～10月31日で、登山シーズン中は規制された。戸倉には第1・第2駐車場があるほか、スノーパーク尾瀬戸倉にも駐車できる(約500台)。

登山コースメモ

鳩待峠の西端にある登山口からブナやダケカンバの樹林帯を緩やかに登っていく。1867mピークの左側を通過し、尾根の右側を進むと湿地状のお花畑に出る。さらにオヤマ沢の源頭部を過ぎ、オヤマ沢田代(たしろ)の湿原へ。湿原に延びる木道をたどって正面に見える小至仏山へ向かう。お花畑が広がる小至仏山直下を登ると蛇紋岩帯となり、小至仏山の山頂に着く。

展望のすばらしい山頂から緩やかに下った後、鞍部から登り返す。この周辺ではホソバヒナウスユキソウやキンロバイなど、さまざまな花が見られる。蛇紋岩に覆われた尾根を進んで至仏山の山頂に立つ。山頂は大パノラマが広がっていて、正面に燧ヶ岳(ひうちがたけ)が見えるほか、谷川連峰や平ヶ岳(ひらがたけ)、日光連山などが見渡せる。展望をゆっくり楽しんだら、往路を鳩待峠へ戻る。

DATA

登山難易度	中級
日程	日帰り
歩行時間	4時間：鳩待峠→オヤマ沢田代→小至仏山→至仏山(往復)
登山適期	7月上旬～10月中旬

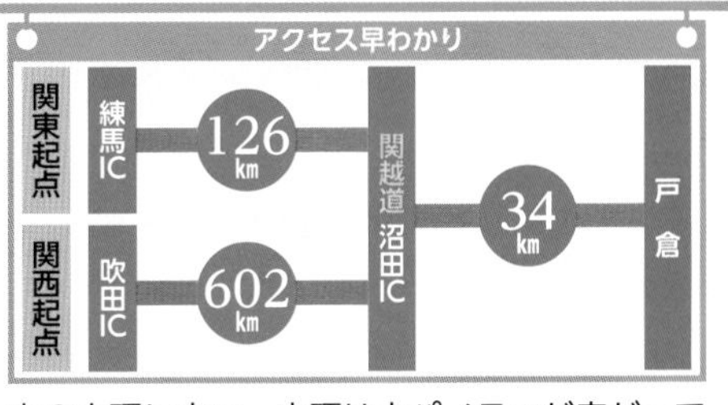

サブコース

鳩待峠から尾瀬ヶ原西端の山ノ鼻(やまのはな)へ行って至仏山へ登り、鳩待峠へ下る周回コースを歩くこともできる。山ノ鼻からのコースは登り専用で、往復コースよりも歩行時間は1時間20分ほど長くなる。樹林帯を抜けたら背後に燧ヶ岳を眺めながら登り、高山植物の豊富な高天ヶ原(たかまがはら)を過ぎて長い木段をたどると至仏山の山頂に着く。

セットで登る

燧ヶ岳(P98)と一緒に登る場合、戸倉に駐車して低公害車などで一ノ瀬へ行き、2泊3日で歩こう。1日目は尾瀬沼東岸で1泊し、2日目は長英(ちょうえい)新道から燧ヶ岳に登り、見晴(みはらし)新道を下って尾瀬ヶ原の見晴に泊まる。3日目は山ノ鼻から至仏山に登って鳩待峠へ下り、バスで戸倉へ戻る。また、帰路に鎌田交差点から東へ13km行くと日光白根山(P124)の登山口・丸沼高原に着く。

下山後の寄り道

♨ SPA

鎌田交差点から国道120号を沼田方面へ700mほど進んで右へ行くと寄居山温泉の**ほっこりの湯**がある。地元の人々に親しまれてきた施設で、アットホームな雰囲気だ。また、120号の平川交差点で県道64号に入って500mほど行くと、源泉がかけ流しになった**ささの湯**がある。

問合せ先　片品村観光協会☎0278-58-3222

■標高 2578m

55 日光白根山（にっこうしらねさん）

ロープウェイ利用で高度を稼げる
ハイカーでにぎわう関東以北最高峰

大きな岩が折り重なる日光白根山の狭い頂上部

コース&アクセスプラン

日光白根山は群馬県と栃木県の県境に連なる日光連山の主峰であり、主な登山口は丸沼高原、菅沼（すげぬま）、金精峠（こんせいとうげ）、奥日光湯元温泉の4カ所。ロープウェイで標高2000m近くまで一気に上がれる丸沼高原から足を運ぶ登山者が最も多い。気軽に登れるにもかかわらず、関東以北最高峰を誇るだけあり、巨岩の積み重なった山頂からの眺めは格別のものがある。

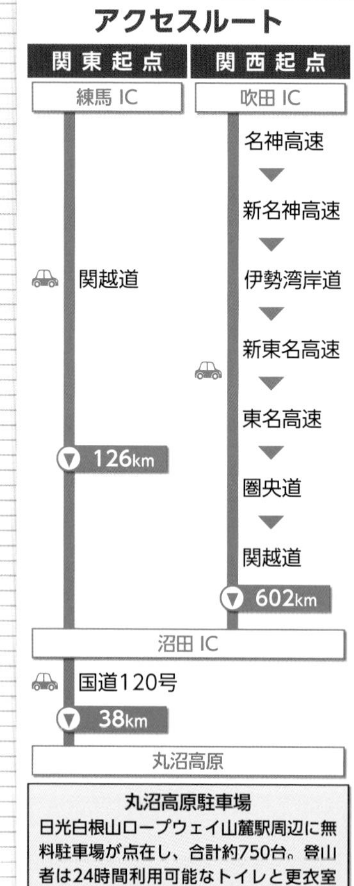

アクセス

▶関越道沼田ICから国道120号（401号と重複）で日光方面をめざす。尾瀬方面との分岐である片品村の鎌田交差点を直進すると、道は山あいへと続く。丸沼高原の看板に従い右折すれば、日光白根山ロープウェイ山麓駅に隣接する駐車場のある丸沼高原に着く。コンビニは国道沿いの随所にあるが、登山口周辺にはない。日光宇都宮道路清滝ICからは国道120号で丸沼高原まで約43km。途中にカーブが連続する第二いろは坂や金精峠があるので、通過には時間がかかる。

関越道沼田ICからのアクセスは、国道120号を東進するだけなので、迷うことはない。男体山(P100)とのセット登山であれば、日光宇都宮道路清滝ICの利用も検討したい。

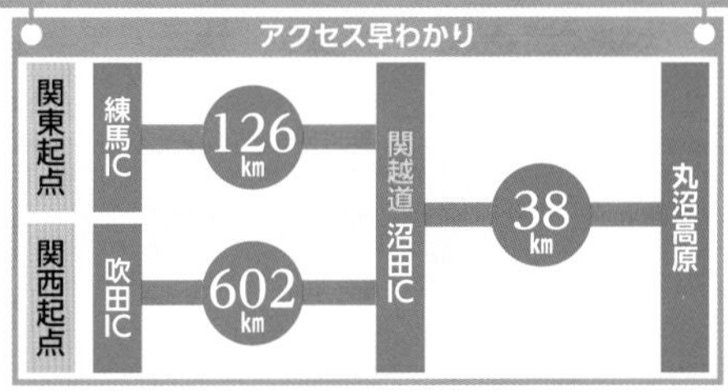

弥陀ヶ池から見上げる日光白根山も迫力十分

登山コースメモ

丸沼高原の日光白根山ロープウェイ山麓駅から15分で山頂駅に着く。一帯はシラネアオイをはじめ、貴重な高山植物を観賞できるロックガーデンとして整備されており、かたわらには二荒山神社も鎮座している。歩き始めはなだらかな登山道も、次第に傾斜が急になり、木の根が張り出し歩きにくい箇所も出てくる。

七色平南分岐を過ぎ、樹林帯を抜けると、火山ならではの砂礫の道となり、同時に眺望も開けてくる。白根権現を祀る南峰まで来れば、山頂はすぐ目の前だ。周囲の名だたる山々から眼下の湖沼群まで、得がたい大展望を満喫したら、往路を戻って山頂駅へ下る。

サブコース

日光白根山山頂から眼下に見える沼巡りを楽しんでから、山頂駅へ戻るコースも人気がある。コマクサが顔を見せる急な斜面を下りきった先にあるのが五色沼で、外輪山に囲まれた明るい沼畔は別天地のような趣がある。西へ進んで急坂をひと登りした先が弥陀ヶ池。菅沼ルートとはここで合流する。座禅山への登りを経て六地蔵が見えてくると、まもなく天空の足湯のある山頂駅に着く。日光白根山山頂からの歩行時間は3時間で、往復するより1時間10分ほど長い。

DATA

登山難易度	中級
日程	日帰り
歩行時間	4時間20分：山頂駅→七色平南分岐→日光白根山(往復)
登山適期	6月中旬〜10月中旬

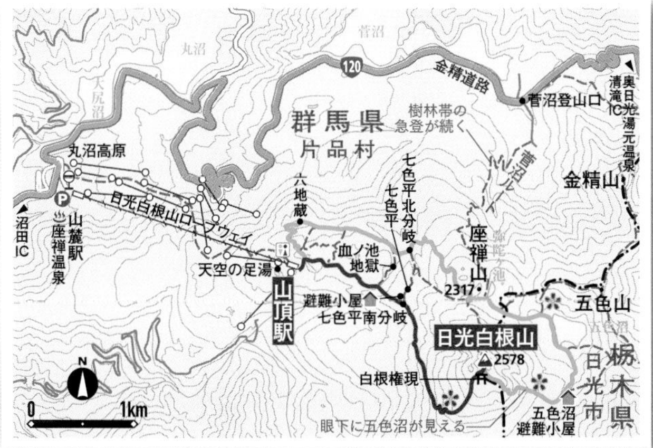

下山後の寄り道

SPA

ロープウェイ山麓駅隣のセンターステーションにある**座禅温泉**はサウナや休憩用の広間を併設。沼田ICまでの帰路に立ち寄りやすいのは、ゆったりとした露天風呂が自慢の**白根温泉薬師之湯**。清滝IC方面へ向かうのであれば、白濁した熱めの硫黄泉が豊富に湧く日光の奥座敷・**奥日光湯元温泉**の存在は外せない。

問合せ先
片品村観光協会
☎0278-58-3222

56 赤城山

シロヤシオやアカヤシオに彩られた登山道を往復する

黒檜山への登路から大沼越しに望む地蔵岳（右）と長七郎山

コース&アクセスプラン

赤城山は妙義山、榛名山とともに上毛三山に数えられる、群馬県の名山の一つ。黒檜山や地蔵岳など複数のピークで構成され、ツツジの名所として知られる。最高峰の黒檜山へは3本の登山コースがあるが、西面の黒檜山登山口からのコースが最も短く、人気が高い。

前橋ICから黒檜山登山口へのアクセス路となる県道4号（赤城道路）に入るまでのルートがやや

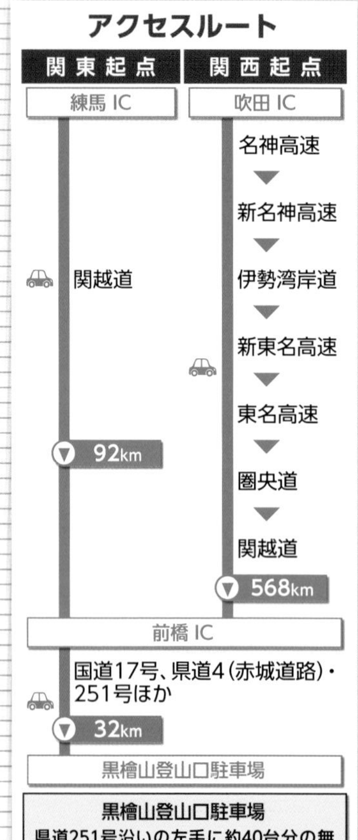

黒檜山登山口駐車場
県道251号沿いの左手に約40台分の無料駐車場がある。トイレや水場はないので、700m手前のおのこ駐車場などで済ませておこう。

アクセス

▶前橋ICから国道17号を前橋市街に進み、表町一丁目交差点で左折する17号をそのまま走り、市街を抜けて住吉町交番前交差点を右折。ほどなく左側に赤城山方面を示す標識が現れ、その先の交差点を左折。県道4号（赤城道路）をひたすら上って T 字路で右折後、左折して県道251号に入り、大沼沿いに進むと駐車場がある。幹線道路を通るためコンビニは多い。また、関越道渋川伊香保ICから県道159・4号などを経由してもアクセスできる（約30km）。

昭和IC
沼田
黒檜山登山口駐車場
赤城山
大沼
大洞
右図へ
赤城IC
赤城道路
見晴らしの湯 ふれあい館
富士見温泉
ふじみ
赤城温泉
滝沢温泉
赤城神社
渋川駅
渋川伊香保IC
JR上越線
関越自動車道
赤城大鳥居
ぐりーんふらわー牧場・大胡
赤城の恵
大胡駅
上毛電鉄
住吉町交番前
表町一丁目
前橋駅
前橋IC
北関東自動車道
伊勢崎IC
高崎JCT、練馬IC
岩舟JCT
0　5km

わかりづらく、「赤城山」と表示された案内標識を見落とさないようにしたい。

登山コースメモ

標高は1800mを超えているが、山頂への最短コースとなる西面の黒檜山登山口は標高が約1360mもあり、1時間40分ほどで登頂できる。ただ歩行距離が短いぶん急な登り下りが多いので、特に下山の際は転倒に気をつけたい。

黒檜山登山口駐車場の300mほど北、県道251号の右手に黒檜山への登山口がある。ここから標高差約470mの登りで山頂をめざす。ブナやミズナラ林の急登をこなしていくと尾根上に出る。このあたりから展望が広がるようになり、シロヤシオ（花期は6月）が目立ってくる。やがて岩の多い道になり、紅白のツツジや大沼、小沼などの展望を励みに登っていく。稜線上の分岐に出たら左に進み、ほどなく黒檜山の山頂に着く。山頂から北に数分たどると、展望のよい場所があるので往復しよう。

山頂からは往路を引き返す。

DATA

登山難易度	初級
日　程	日帰り
歩行時間	2時間50分：黒檜山登山口駐車場→稜線上の分岐→黒檜山（往復）
登山適期	4月下旬～11月上旬

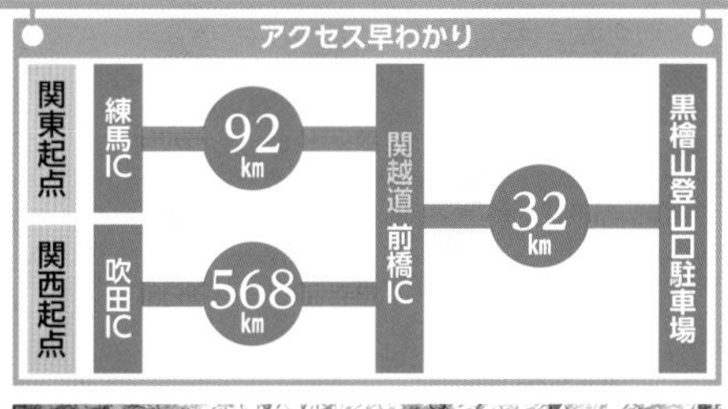

岩が多くて歩きづらい道が続くが、シロヤシオが見られる

サブコース

歩き足りない人は黒檜山から稜線を南に進み、駒ヶ岳を経由して下山するといい（総歩行時間約3時間50分）。その場合は黒檜山登山口の700m手前にあるおのこ駐車場(無料、約100台)に駐車する方が便利。

セットで登る

下山後はそのまま県道251号を北面に下ると、沼田市の国道120号に出る。国道を北進すると日光白根山（P124）や至仏山（P122）があるので、老神温泉などに1泊して、翌日各山に登りたい。

下山後の寄り道

♨ SPA

赤城山南西の大洞から県道4号を下り、国道353号を右に行くと立ち寄り入浴施設の**富士見温泉見晴らしの湯ふれあい館**がある。道の駅ふじみが併設されており、地域の特産品などが販売されている。また、大洞から県道16号を下っていくと、赤城山の中腹に**赤城温泉**、**滝沢温泉**があり、宿によっては立ち寄り入浴を受け付けている。

問合せ先　前橋観光コンベンション協会☎027-235-2211

■標高 2171m(本白根山)

57 草津白根山（くさつしらねさん）

入山規制が続いている
コマクサが群生する火山

本白根山展望所からは横手山が眺められる

コース&アクセスプラン

草津白根山は白根山、本白根山（もとしらねさん）、逢ノ峰（あいのみね）などからなる火山。2018年に本白根山で噴火が発生し、令和になってからも地殻変動などが観測されており、2023年12月現在、噴火警戒レベルが1であっても草津白根山への入山は規制されている。規制に関する情報は草津町のウェブサイトなどに掲載されているが、火山活動が中長期的に静穏状態になるまで規制は継続される。草

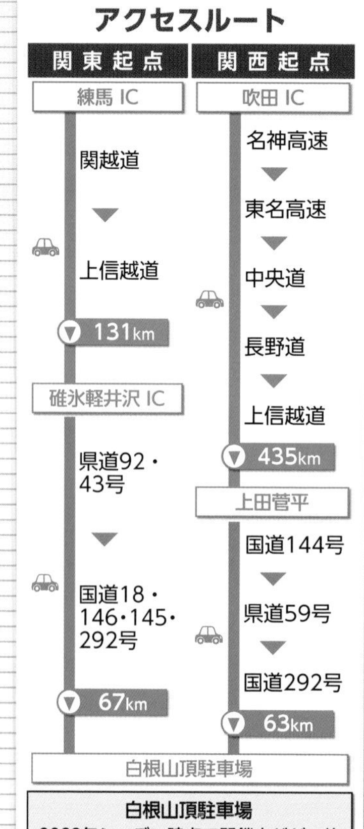

アクセス

▶碓氷軽井沢ICから県道92号、43号を進む。南軽井沢交差点を直進し、新軽井沢交差点で左折。国道18号の中軽井沢交差点を右折して国道146号へ。羽根尾交差点を右折し、国道145号(406号と重複)の大津交差点で左の草津方面へ。国道292号の草津交差点を左折して白根山頂駐車場へ。上田菅平ICからは国道144号を進み、三原大橋交差点を左折して県道59号を走って国道292号へ。関越道渋川伊香保ICから国道17・353・145・292号を経由するルートもある(70km)。

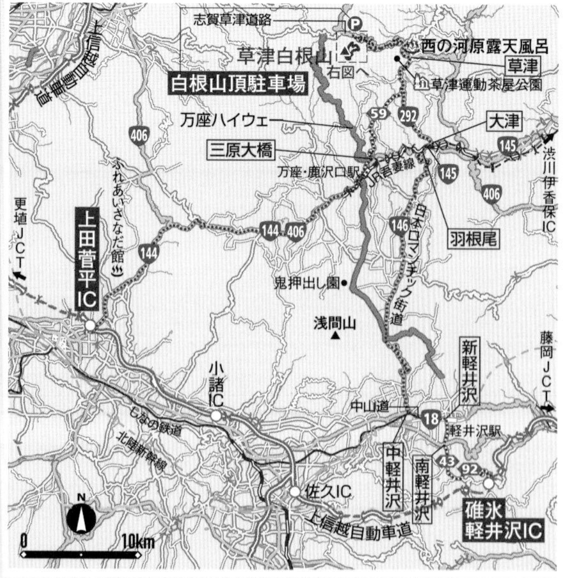

津白根山の山上へのアクセスには国道292号（志賀草津道路）を利用するが、国道292号沿いにある白根山頂駐車場なども2023年度は閉鎖されている。ここでは規制される以前に歩かれていたコースを紹介する。

本白根山展望所やコマクサの群落地など、草津白根山のみどころを巡る場合、登山口となるのは白根山頂駐車場、殺生河原、万座温泉の3カ所。殺生河原から山上へ延びる白根火山ロープウェイが噴火に伴って廃止されたため、最も歩きやすいのは山頂駐車場から周回するコースとなる。山頂駐車場へは草津温泉から国道292号を利用する。関東方面からは上信越道の碓氷軽井沢IC、関西方面からは上田菅平ICから草津温泉へアクセスする。碓氷軽井沢IC周辺の道は、週末は渋滞しやすいので、なるべく朝早いうちに軽井沢周辺を通過するようにしたい。

登山コースメモ

白根山頂駐車場を出発して国道を渡り、逢ノ峰の西側に続く舗装路を歩く。旧ロープウェイ山頂駅の手前にある分岐で舗装路から離れ、樹林帯を緩やかに登っていく。噴火口跡の西側を回り込むようにして進むと分岐に着く。分岐から右へ行き、道脇に咲くコマクサを眺めながら登ると、展望のよい探勝歩道最高地点に着く。分岐に戻って東へ進むと本白根山展望所だ。こちらも眺めがすばらしく、浅間山などが望める。

展望所から尾根道を下り、鏡池の北側に出る。鏡池では池の底が亀甲状になった構造土が見られる。池から急坂を下って分岐で左へ行き、左へ回り込むようにして進むと旧山頂駅手前の分岐に戻る。ここから往路を戻るが、途中、弓池を巡る遊歩道が分かれているので、弓池へ寄ってから山頂駐車場へ戻ってもいい。

DATA

登山難易度	初級
日程	日帰り
歩行時間	2時間30分：白根山頂駐車場→探勝歩道最高地点→本白根山展望所→鏡池→山頂駐車場
登山適期	6月上旬〜10月下旬

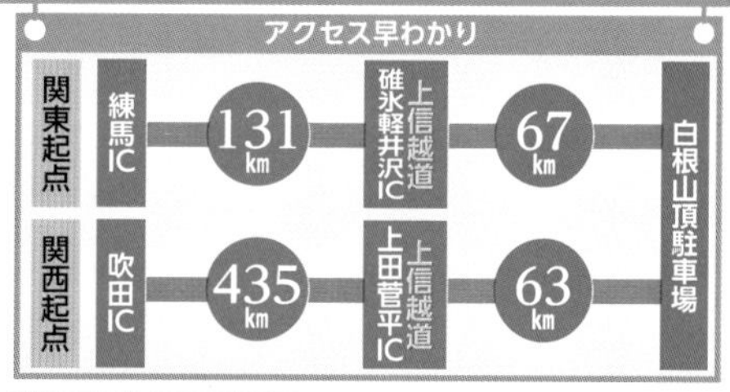

本白根山展望所からコマクサを見ながら鏡池方面へ向かう

下山後の寄り道

SPA

アクセスに利用する国道292号沿いにある天狗山第1駐車場に駐車し、日帰り温泉の**西の河原露天風呂**へ行くことができる。木々に囲まれた露天風呂は草津温泉随一の広さだ。温泉街には**御座之湯**、**大滝乃湯**などの日帰り温泉もある。

問合せ先　草津温泉観光協会☎0279-88-0800

58 四阿山（あずまやさん）

ゴンドラを利用して最短コースから
大パノラマ広がる山頂をめざす

北西側から見た四阿山。緑に覆われたゆったりした山容だ

コース&アクセスプラン

四阿山は上信国境に位置する。山名の由来には諸説あり、山容があずまやの屋根の形に似ているからという説もある。東西にゆったりと裾野を延ばし、山上はのびやかな尾根道が続く。西側の菅平（すがだいら）牧場から根子岳（ねこだけ）を経由して四阿山をめざすコースがよく利用されているが、手軽に登れるのはパルコール嬬恋ゴンドラの山頂駅からのコース。ゴンドラは例年、7月上旬～10月

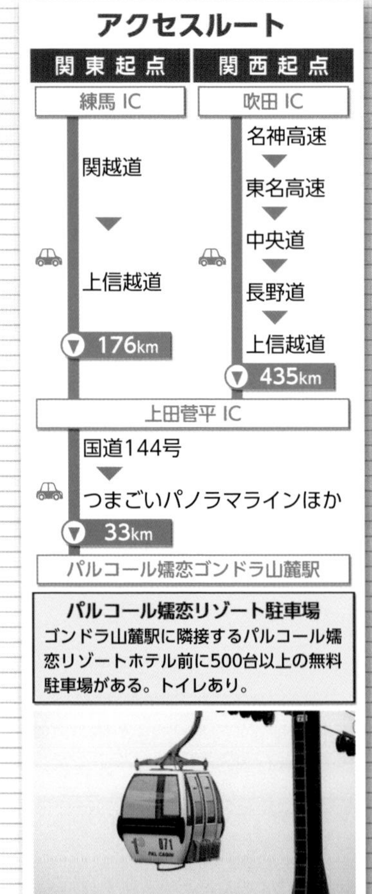

パルコールのゴンドラ。山頂駅までは 3.2km ある

アクセス

▶上田菅平ICから国道144号に出て左の長野原・菅平方面へ。菅平口で菅平方面へ行く国道406号を分けて東へ進む。菅平口から9kmほど走り、信号のない十字路で左折してつまごいパノラマラインに入る。8kmほど走ってT字路を左折し、バラギ湖の手前で左折して3kmほど行くとパルコール嬬恋リゾートのゴンドラの山麓駅前に着く。東京方面からは、碓氷軽井沢ICで降りて浅間白根火山ルートの鬼押ハイウェーなどを経由してアクセスしてもいい（45km）。

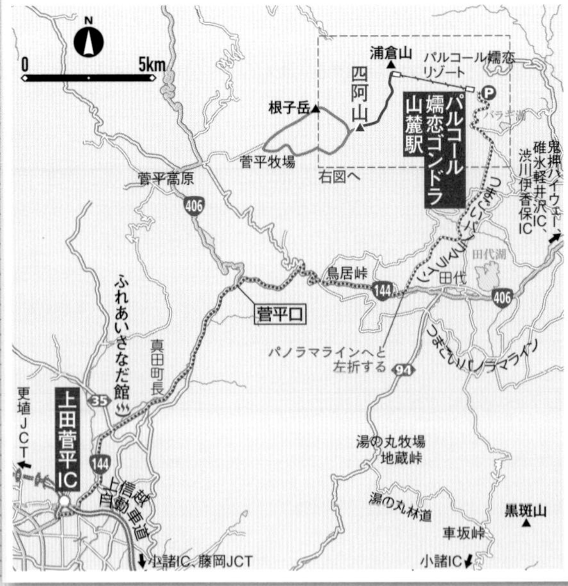

下旬の土・日曜、祝日を中心に運行されている。

パルコール嬬恋リゾートのゴンドラ山麓駅へは、上信越道の上田菅平ICから国道144号、つまごいパノラマラインを利用してアクセスする。パノラマラインの分岐には信号がなく、交差点の手前にある標識に従ってパノラマライン、バラギ高原方面へと左折する。パルコールの手前まではバラギ高原をめざして走ろう。

登山コースメモ

ゴンドラ山頂駅の標高は約2050mで、山頂との標高差は300mほど。山頂駅から尾根道に出て左へ向かう。笹原や樹林の中の道を緩やかにアップダウンしながら進む。時折、視界が開けて北アルプスも見える。茨木山分岐を過ぎ、山頂が近づくと岩に覆われた道となり、クサリ場を越えると山頂に到着する。

狭い山頂は東西に長く、手前の高みに三角点があり、奥に進むと信州祠と上州祠が立つ。山頂からの展望は抜群で、浅間山や八ヶ岳、北アルプスなどが一望でき、西側の根子岳の姿も美しい。展望を楽しんだら、往路を戻る。

DATA

登山難易度	初級
日程	日帰り
歩行時間	4時間20分：山頂駅→茨木山分岐→四阿山（往復）
登山適期	7月上旬〜10月中旬

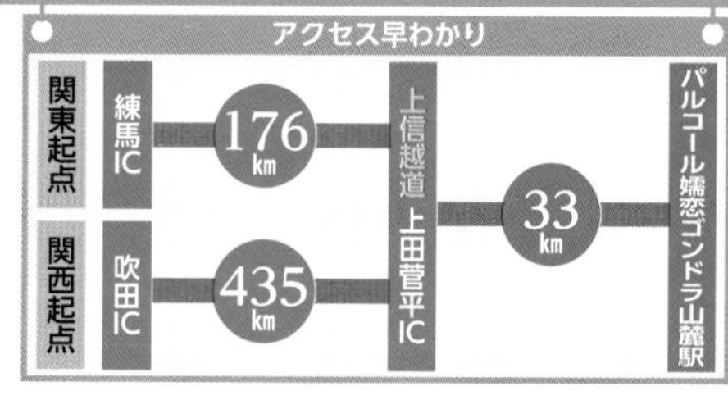

こんなコースも

西側の菅平牧場を起点にすれば小四阿、中四阿を経由して四阿山へ登り、根子岳へと縦走する周回コースがとれる。菅平牧場へは、国道144号の菅平口から国道406号へと進んで約10㎞。牧場には登山者も利用できる駐車場やトイレがある（牧場への入場料が必要）。

周回コースの歩行時間は5時間20分ほど。夏期は登山道が笹に覆われたり、降雨後に道がぬかるんでいることもあるが、コース中に危険箇所は少ない。牧場から樹林帯や笹の中に続く道を登って小四阿、中四阿を過ぎる。根子岳からの道と合流して東へ進むと四阿山山頂だ。帰路はのびやかな大スキマの草原に下った後、根子岳に登って菅平牧場へと下る。

下山後の寄り道

♨SPA

パルコール嬬恋リゾートのセンターハウスにはアルカリ性単純温泉の**四阿山の湯**があり、パルコールの南には日帰り温泉の**嬬恋バラギ温泉湖畔の湯**が立つ。国道144号沿いの真田町長には真田温泉健康ランドの**ふれあいさなだ館**がある。戦国武将・真田氏の館をイメージした外観で、露天風呂を備えている。

問合せ先
嬬恋村観光協会
☎0279-97-3721
上田市観光シティプロモーション課
☎0268-23-5408

■標高 2568m（浅間山）・2524m（前掛山）

59 浅間山（前掛山）

あさまやま　まえかけやま

今も噴気を上げる山頂部が間近に見えるピークへ

貫禄ある姿でそびえる浅間山（黒斑山付近から）

コース&アクセスプラン

浅間山はこれまでに何度も噴火を繰り返してきた火山で、山頂部の釜山は今も活動を続けている。入山規制の範囲は噴火警戒レベルによって決まるので、山行計画を立てるときに火山の活動状況を確認しよう。警戒レベルが1のときでも山頂火口から500m以内への立ち入りは規制されているが、火口の南西に位置する前掛山まで登ることができる。警戒レベルが火口周辺規

高峰高原ビジターセンターの裏にある駐車場

アクセス

▶小諸ICを降りたら県道79号を左の長野・軽井沢方面へ進み、小諸IC北交差点で右へ。県道80号の浅間サンラインを東へ向かい、菱野交差点を過ぎて浅間サンラインを1kmほど走ると高津屋トンネルがあり、トンネルを出ると高峰高原へ行く道が右に分かれる。右折してチェリーパークラインに続く道に出たら北へ進み、13kmほど走ると車坂峠に着く。なお、少し遠回りだが、小諸ICから国道18号に出て左へ行き、坂の上南交差点を左折してチェリーパークラインに入ってもいい。

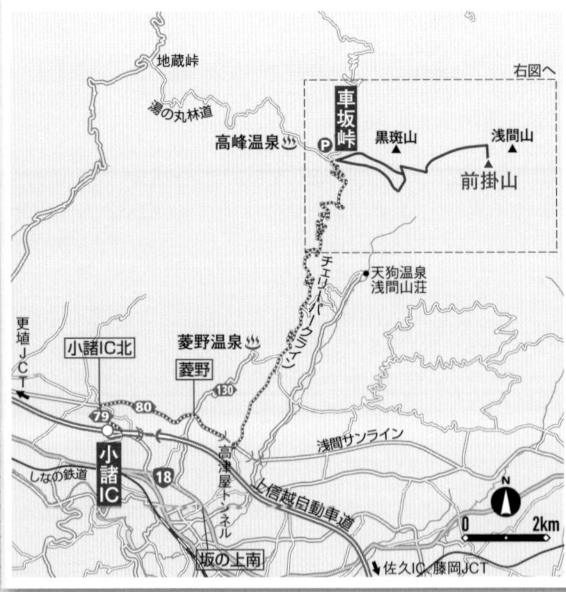

制の2になると前掛山への入山は規制され、第一外輪山の黒斑山までの登山となる。ここでは前掛山と黒斑山の登山口となる車坂峠からのコースを紹介しよう。

車坂峠へは上信越道の小諸ICからアクセスする。県道80号から高峰高原方面へ行く道に入り、峠へと延びるチェリーパークラインへ進む。ルート上では県道79号と80号が交わる小諸IC北交差点周辺以外にはコンビニはない。

登山コースメモ

車坂峠の標高は1973mで、前掛山山頂との標高差は約550m。駐車場から車道を南へ少し歩き、道路の左側から表コースに入り、カラマツ林の中を緩やかに登っていく。水ノ塔山や篭ノ塔山方面の眺めがよい車坂山からいったん急坂を下って登り返す。避難用のシェルターである避難壕を過ぎ、槍ヶ鞘に出ると浅間山の山容が迫ってくる。中コース分岐を過ぎ、トーミの頭へ向かう。右側が切れ落ちているが、登山道は山側につけられている。標柱の立つトーミの頭を越えて前掛山方面へ。草すべりの急な斜面を下り、

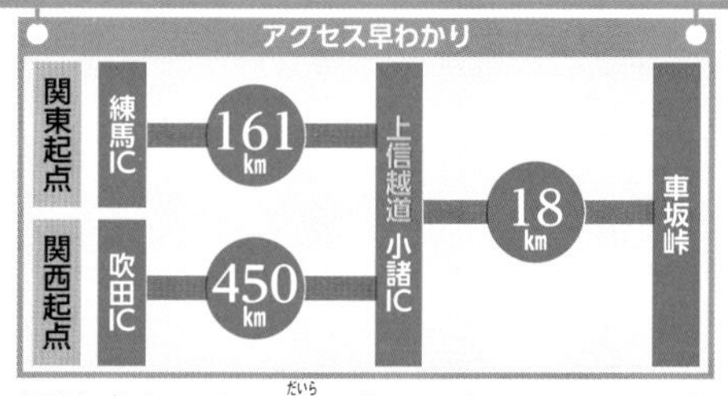

傾斜が緩むと湯の平の草原に出る。湯の平口分岐で左へ行き、賽ノ河原でＪバンド方面への道を分ける。進むにつれて火山らしい荒涼とした姿の前掛山が迫ってきて、背後の外輪山の眺めもすばらしい。滑りやすい砂礫の斜面を登りきって南へ行き、浅間山山頂火口縁の眺めのよい道を進むと前掛山に到着する。展望はすばらしく、浅間山の山頂も間近に見られる。

前掛山からは往路を戻る。トーミの頭の先で中コースに入り、深く掘れた道から樹林の中の道を緩やかに下って車坂峠に戻る。

噴火警戒レベルが2のときには車坂峠から黒斑山へ登ろう。トーミの頭から北へ行き、緩やかに登ると山頂標の立つ黒斑山の山頂だ。山頂からは浅間山が正面に見え、外輪山の眺めもすばらしい。車坂峠から往復した場合の歩行時間は3時間40分ほどで、初級向きのコースだ。

DATA

登山難易度	中級
日程	前夜泊日帰り
歩行時間	7時間：車坂峠→表コース→トーミの頭→前掛山→トーミの頭→中コース→車坂峠
登山適期	5月下旬～10月中旬

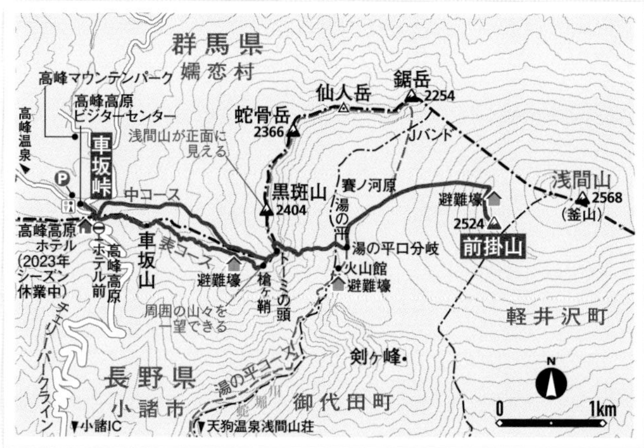

下山後の寄り道

SPA

高峰温泉は車坂峠から1kmほどの距離にあり、前泊地によい。ランプのともる「ランプの湯」では日帰り入浴もできる。また、チェリーパークラインの西に位置する**菱野温泉**には登山電車で行く展望露天風呂・雲の助があり、こちらも日帰りでの利用が可能だ(24年5月中旬～8月上旬に改修工事を予定)。

問合せ先
こもろ観光局
☎0267-22-1234

60 両神山（りょうかみさん）

険しい岩稜が連なり、
アカヤシオが咲き誇る秩父の名山

両神神社を過ぎると道脇にアカヤシオの多い尾根道になる

コース&アクセスプラン

秩父の西にそびえる両神山はいくつものピークを連ねた鋸歯状の山容をもつ。山上にはアカヤシオが多く、4月下旬から5月中旬の花期には稜線上にピンクのトンネルができる。古くから修験者が訪れてきた山で、今も山中には行者の像や石標が多く残る。北側の八丁（はっちょう）トンネルから八丁峠を経由するルートが山頂までの距離が短いが、急峻な岩稜が続く難コースのため、日向（ひなた）

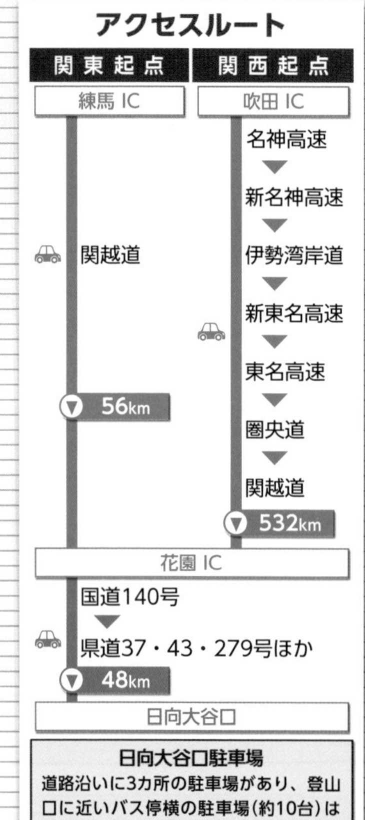

日向大谷口駐車場
道路沿いに3カ所の駐車場があり、登山口に近いバス停横の駐車場（約10台）は有料で、手前の2カ所は無料（約30台）。車道終点に両神山荘の駐車場（約10台、有料）もある。トイレはバス停の下部と両神山荘手前の2カ所にある。

アクセス

▶花園ICから国道140号を左の秩父・寄居方面へ進む。荒川を越えて親鼻橋交差点で右折。県道37号を直進して県道43号に入り、皆野駅の東で案内表示に従って右の小鹿野方面へと進む。皆野橋交差点で県道44号に出合って右折。川を渡って大淵交差点で県道37号を左へ行く。37号を道なりに走り、宮戸交差点で左折して小鹿野方面へ進み、国道299号と交わる黒海土バイパス前交差点を過ぎる。2kmほど走って右折して県道279号に入り、西へ進むと日向大谷口に着く。

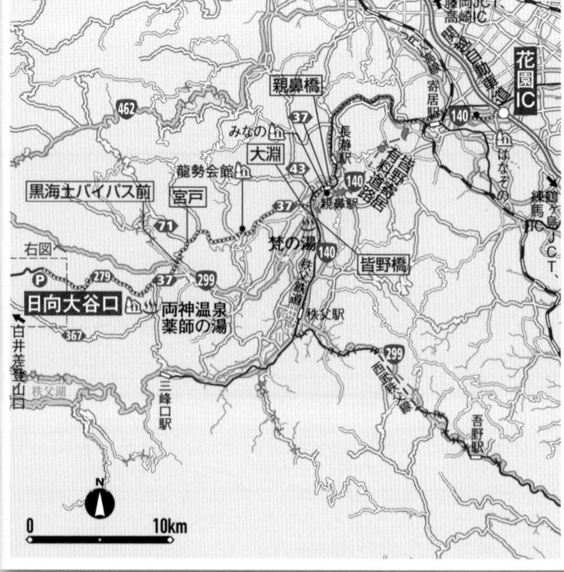

大谷口からのコースがメインルートとなる。

最寄りとなる関越道の花園ICから日向大谷口までの距離は48kmある。花園ICから国道140号を走るが、週末は長瀞周辺などで道路は混雑し、歩行時間も長いので、前夜泊の計画を組もう。宿は秩父鉄道の秩父駅周辺に多いが、登山口に立つ両神山荘に泊まってもいい。

登山コースメモ

最上部の駐車場前にある石段を上がり、両神山荘の下で左の登山道へと進み、斜面を横切るようにして広葉樹林帯と植林帯を登っていく。七滝沢コースとの分岐となる会所を過ぎ、沢を何度か渡りながら高度を上げていく。周囲にはカエデ類などのみずみずしい広葉樹林が広がる。石像のある八海山、岩から水が流れる弘法之井戸を過ぎると清滝小屋に着く。無人の避難小屋で、きれいなトイレがある。

小屋から樹林の中をジグザグに登り、尾根上に出るとクサリのかかった露岩帯や階段道のある急傾斜の登りとなり、傾斜が緩むと両神神社に着く。この先には御嶽神社の祠もある。神社

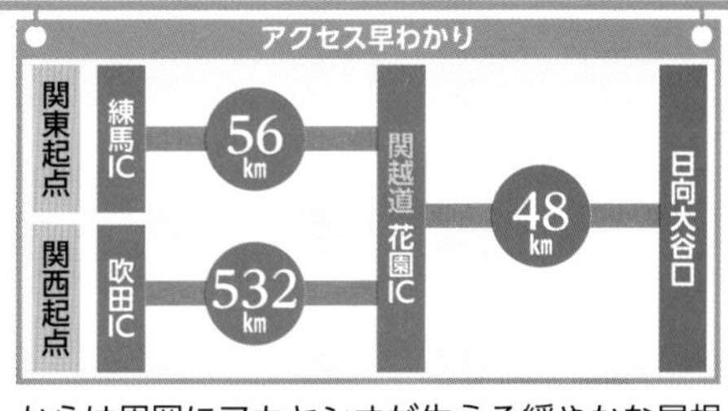

からは周囲にアカヤシオが生える緩やかな尾根道をたどり、山頂が近づくとロープのある露岩帯が現れる。山頂直下は急傾斜の岩場になっており、コース中の最難所だ。小さな祠のある山頂は狭いが、大パノラマが広がっており、北アルプスや八ヶ岳なども展望できる。展望を楽しんだら、往路を日向大谷口へと下山する。

こんなコースも

両神山に最も短時間で登頂できるのが南東側に延びる白井差新道。ただし、私有地内のコースで、事前の申し込みと環境整備料が必要となる。沢沿いからブナ平を経由して尾根上に出るコースで、山頂手前で日向大谷口からの道に合流するまで危険箇所は少ない。白井差新道の歩行時間は登り3時間、下り2時間。

DATA

登山難易度	上級
日　　程	前夜泊日帰り
歩行時間	6時間25分：日向大谷口→清滝小屋→両神神社→両神山(往復)
登山適期	4月上旬～11月下旬

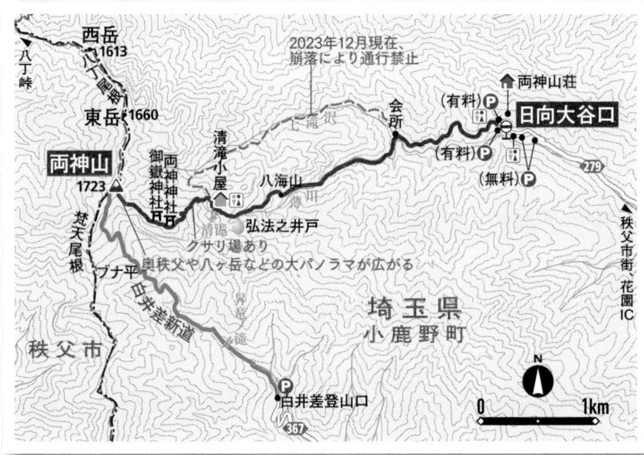

下山後の寄り道

♨ SPA

県道279号と37号との分岐から37号を南へ行くと**道の駅両神温泉薬師の湯**が立ち、展望浴場や休憩室を備えた日帰り温泉施設がある。道の駅には季節の野菜や果物が並ぶ農林産物直売所もある。また、秩父鉄道の皆野駅の南側、荒川沿いに秩父川端温泉の**梵の湯**がある。成分濃度の濃いナトリウム－塩化物・炭酸水素塩冷鉱泉で、開放感のある露天風呂を備えている。

問合せ先
小鹿野町観光協会
☎0494-75-5060

Column4

上信越エリア・おすすめ周回プラン

高速道路のインターから距離がある山やアクセスが不便な山は訪れる機会を逸してしまいがち。その点から、百名山完登をめざす人が上信越エリアで後回しにしやすい山は越後駒ヶ岳や平ヶ岳などだ。こうした山はほかの百名山とセットで登るようにしよう。

国道352号沿線の山を巡る

越後駒ヶ岳と平ヶ岳へのアクセスにはどちらも関越道小出ICから国道352号を利用するので、あわせて登りたい。平ヶ岳に登る場合には前泊が必要となるので、先に越後駒ヶ岳に登って下山後に平ヶ岳登山口に近い鷹ノ巣などに泊まり、翌日に平ヶ岳に登るプランがおすすめだ。平ヶ岳への最短路である中ノ岐コースを通行するには、銀山平周辺の民宿に泊まることや、一定の人数の登山者がそろう日であることなどの条件がある。条件に合えば越後駒からの下山後に銀山平で1泊し、中ノ岐コースを往復するといい。

国道352号は平ヶ岳登山口から東へ延び、福島県の檜枝岐村を抜けていく。檜枝岐村には燧ヶ岳登山口となる尾瀬御池と会津駒ヶ岳の滝沢登山口があるので、352号沿線の4座をまとめて登ることもできる。尾瀬御池は最寄りのインターとなる東北道西那須野塩原ICから距離があるが(102km)、平ヶ岳登山口からは約14kmだ。越後駒、平ヶ岳、燧ヶ岳、会津駒の順に登り、会津駒から下山したら352号(一部、国道401号と重複)を東へ向かい、西那須野塩原ICに出る。最初に会津駒に登って逆の順番に回ってもいい。

関越道の沼田ICから国道120号を利用してアクセスする尾瀬の至仏山と日光白根山も一緒に訪れやすい。また、日光白根山の登山口・丸沼高原から男体山の登山口・二荒山神社中宮祠までは約29km。丸沼高原から国道120号を東へ進み、中禅寺湖畔に出ると中宮祠に着く。さらに中宮祠から皇海山登山口の銀山平までは国道120・122号経由で約33km。尾瀬戸倉温泉や中禅寺温泉など、沿線の温泉地に泊まりながら尾瀬・日光周辺の山を巡ろう。

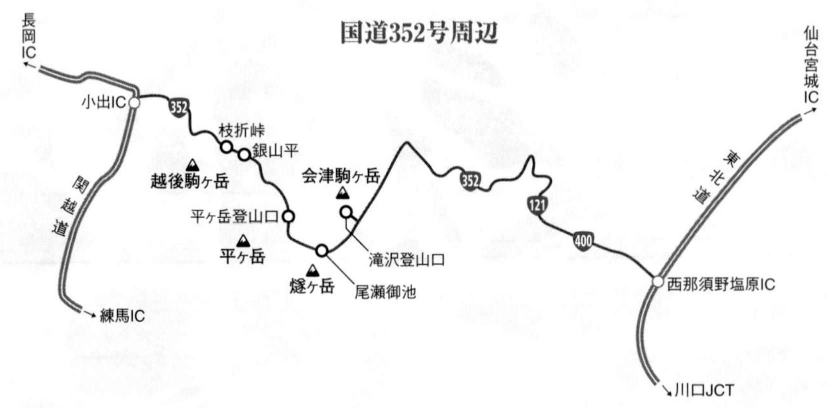

中央道周辺

61 雲取山 ……… 140
62 大菩薩嶺 …… 142
63 金峰山 ……… 144
64 瑞牆山 ……… 146
65 甲武信ヶ岳 … 148
66 富士山 ……… 150
67 八ヶ岳 ……… 152
68 蓼科山 ……… 154
69 霧ヶ峰 ……… 156
70 美ヶ原 ……… 158
71 鳳凰山 ……… 160
72 甲斐駒ヶ岳 … 162
73 仙丈ヶ岳 …… 162
74 北岳 ……… 165
75 間ノ岳 ……… 165
76 塩見岳 ……… 168
77 光岳 ……… 170
78 御嶽山 ……… 172
79 恵那山 ……… 174
80 木曽駒ヶ岳 … 176
81 空木岳 ……… 176

中央道周辺マップ
岐阜県
長野県
78御嶽山
79恵那山
80木曽駒ヶ岳
81空木岳
69霧ヶ峰
70美ヶ原
72甲斐駒ヶ岳
73仙丈ヶ岳
74北岳
75間ノ岳
76塩見岳
77光岳
松本
安曇野
塩尻
岡谷
諏訪
茅野
伊那
駒ヶ根
飯田
中津川
恵那
長野IC
安曇野IC
松本IC
塩尻北IC
塩尻IC
岡谷IC
岡谷JCT
諏訪IC
諏訪南IC
伊北IC
伊那IC
駒ヶ根IC
松川IC
飯田IC
飯田山本IC
園原IC
中津川IC
恵那IC
小牧JCT
高山清見道路高山IC
中央自動車道
長野自動車道
三遠南信自動車道
JR中央本線
JR飯田線
恵那山トンネル
権兵衛トンネル
槍ヶ岳
常念岳
奥穂高岳
焼岳
乗鞍岳
鉢盛山
安房峠
野麦峠
長峰峠
乗鞍高原
木曽福島
上松
大桑
南木曽
南木曽岳
安平路山
王滝
木祖
木曽
新穂高温泉
平湯温泉
白骨温泉
濁河温泉
別所温泉
鹿教湯温泉
浅間温泉
美ヶ原温泉
扉温泉
蓼科温泉
小渋温泉
昼神温泉
諏訪湖
入笠山
富士見
農鳥岳
悪沢岳
赤石岳
聖岳
畑薙第一ダム
天竜峡
阿智
下條
泰阜
阿南
平谷
売木
天龍
平岡
遠山郷
飯田上久堅・喬木富田IC
矢筈トンネル
豊丘
高森
中川
飯島
宮田
伊那市
南箕輪
箕輪
辰野
大鹿
伊那大島
車山
0
10km
1:662,000

群馬県
埼玉県
東京都
山梨県
神奈川県
静岡県
61 雲取山
62 大菩薩嶺
63 金峰山
64 瑞牆山
65 甲武信ヶ岳
66 富士山
67 八ヶ岳（赤岳）
71 鳳凰山
蓼科山
前橋
高崎
安中
富岡
藤岡
小諸
佐久
秩父
青梅
甲府
甲州
山梨
笛吹
韮崎
北杜
甲斐
中央
大月
都留
富士吉田
御殿場
秦野
北関東自動車道
上信越自動車道
中部横断自動車道
東名高速道路
新東名高速道路
圏央道
北陸新幹線
JR小海線
JR中央本線
JR青梅線
JR身延線
西武秩父線
秩父鉄道
上信電鉄
富士急行
雁坂トンネル
富士山中湖道路
富士スバルライン

■標高 2017m

61 雲取山（くもとりやま）

展望と明るい尾根歩きが魅力の
東京都最高峰を訪ねる

七ッ石山から石尾根縦走路と雲取山（右）を眺める

コース&アクセスプラン

奥多摩西部にそびえる雲取山は一年を通して多くの登山者が訪れる人気ピーク。東京都の最高峰である山頂からの展望は雲取山の大きな魅力で、富士山や南アルプスの山々を展望できる。登山道は四方から延びており、奥多摩湖の北西に位置する鴨沢（かもさわ）からのコースがメインルート。標高約540mの鴨沢から山頂までの標高差は約1480mあり、日帰りするには体力的に厳しい

アクセスルート

駐車場からは正面に見える車道を登っていく

アクセス

▶日の出ICを降りたら都道184号を右へ行き、瀬戸岡交差点で左折。国道411号を道なりに進むと都道45号（吉野街道）になる。多摩川の南側を行く45号を進み、古里駅前で国道411号（青梅街道）に出たら左へ行き、途中、多摩川南岸道路を走る。山梨県内に入ると（山梨県丹波山村の標示板あり）小袖乗越方面への道が右に分岐するが、すぐ先にある鴨沢バス停横のトイレの先から右に分かれる道の方が走りやすい。狭い車道を2kmほど行くと小袖乗越手前に駐車場がある。

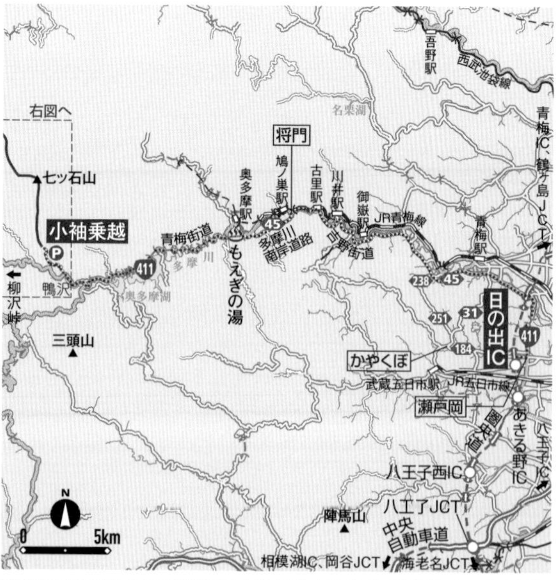

コースだが、クルマを利用すれば標高740m地点にある小袖乗越の駐車場から往復できる。

小袖乗越へは、圏央道の日の出ICからアクセスする。インターから都道184・251号などを経由して奥多摩方面へ続く国道411号へ出るのが近道だが、日の出ICから右へ進んですぐに411号に入った方がわかりやすい。411号の古里駅前交差点から2kmほどの距離にある将門交差点に出たら左折し、近道となる多摩川南岸道路を走ろう。南岸道路はJR青梅線の奥多摩駅の先で411号に合流する。

登山コースメモ

登山前日は奥多摩駅周辺などにある宿に泊まり、早朝に小袖乗越に到着できるようにしよう。雲取山から25分ほど下った所に立つ雲取山荘に

DATA

登山難易度	中級
日程	前夜泊日帰り
歩行時間	8時間25分：小袖乗越→堂所→七ッ石山→雲取山→堂所→小袖乗越
登山適期	5月上旬〜11月上旬

宿泊する1泊2日の行程で歩いてもいい。

小袖乗越の駐車場から車道をまっすぐ300mほど進み、車道脇の斜面を上がって登山道へ入る。樹林の中を緩やかに登っていき、平坦地になった堂所に出る。解説板の立つ堂所からみずみずしい広葉樹林の中を登っていくと分岐に着くので、右に進んで七ッ石山を経由して雲取山へ行こう。七ッ石小屋を過ぎ、石尾根の縦走路に出て左へ行くと七ッ石山の山頂だ。

山頂から鞍部のブナ坂まで下り、石尾根縦走路を登っていく。明るくのびやかな稜線歩きはコース中のハイライトだ。奥多摩小屋の跡地を過ぎると尾根道と巻き道に分かれる。尾根道を行くと急登となり、小雲取山を越える。緩やかに尾根道を登った後、雲取山避難小屋の立つ高みへとジグザグに登る。避難小屋前から右奥へ進むと雲取山山頂に着く。立派な山頂標の立つ山頂からの展望はすばらしく、展望盤もある。

山頂から往路を下るが、ブナ坂からは巻き道を通って小袖乗越方面へ戻ろう。

下山後の寄り道

♨ SPA

帰路、多摩川南岸道路へ入らずに国道411号を走って奥多摩駅を過ぎると右手に**もえぎの湯**への道が分かれる。もえぎの湯は露天風呂や足湯を備えた人気の日帰り温泉施設(改修のため2024年4月上旬まで休館予定)。また、鴨沢から411号を西へ7kmほど行くと丹波山温泉の日帰り施設・**のめこい湯**がある。

問合せ先
奥多摩観光協会☎0428-83-2152
丹波山村観光協会☎0428-88-0223

62 大菩薩嶺（だいぼさつれい）

展望抜群の尾根と峠を結ぶ 歩きやすい周回コースを巡る

標柱や展望盤のある大菩薩峠。峠の一角には介山荘が立つ

コース&アクセスプラン

山梨の北東部に位置する大菩薩嶺は、稜線上からの眺めがすばらしく、展望の名山として人気が高い。標高は2000mを超えるが、危険箇所が少なく初級者でも訪れやすい山だ。

おすすめのコースは駐車場のある上日川峠（かみにっかわ）から大菩薩峠を経由して大菩薩嶺へ登り、唐松尾根（からまつおね）を下って上日川峠へ戻る周回コース。起点となる上日川峠の標高は1585m。山頂との標高差

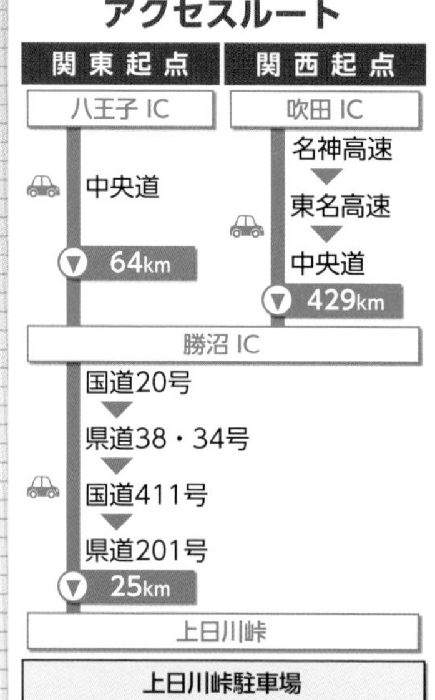

上日川峠駐車場
峠周辺に3カ所の無料駐車場があり、合計約120台。トイレあり。駐車場が満車になった場合、上日川峠から歩いて15分ほどの所にある大菩薩湖北岸の駐車場（約300台）を利用する。

県道201号沿いには２カ所の駐車場がある

アクセス

▶勝沼ICから国道20号を右の大月方面へ行き、柏尾交差点で左折して県道38・34号を進む。等々力交差点で右折し、国道411号に入る。コンビニは411号沿いに多い。塩山駅の横を過ぎて柳沢峠方面へ進み、大菩薩峠への標識があるT字路で右折して県道201号に入り、上日川峠へ。春や秋の週末には登山口に近い県道201号沿いの駐車場は早朝に満車になってしまうことが多い。なお、関西方面からは新東名高速の新清水JCTから中部横断道を経由して勝沼ICへ行ってもいい。

は470mほどで、体力的に歩きやすいコースだ。

上日川峠へは中央道の勝沼ICからアクセスする。勝沼IC周辺は蛇行ぎみに延びる県道が多く走っていてやや迷いやすいので、国道411号に早めに出た方がわかりやすい。国道を北上して上日川峠へと通じる県道201号へ入る。なお、勝沼ICから国道20号を大月方面へ進み、県道218号に入って上日川峠へ向かってもいい。

登山コースメモ

大菩薩嶺の登山口は上日川峠のロッヂ長兵衛の横にある。福ちゃん荘の先で唐松尾根方面の道を分けると、大菩薩峠までは樹林帯の緩やかな登りとなる。介山荘のある大菩薩峠は歴史ある峠で、江戸時代には東京と山梨を結ぶ街道の難所だった。

峠からはのびやかな稜線が延びる。見晴らしのよい尾根歩きはコース中のハイライトで、親不知ノ頭や雷岩など、富士山や南アルプスの山々を眺められる展望ポイントが点在している。唐松尾根方面への道が分かれる雷岩から大菩薩嶺を往復するが、山頂は樹林の中にあって展望は得られない。山頂から雷岩に戻ったら南西へ進み、唐松尾根を下って上日川峠へ戻る。

DATA

登山難易度	初級
日程	日帰り
歩行時間	3時間30分：上日川峠→福ちゃん荘→大菩薩峠→大菩薩嶺→福ちゃん荘→上日川峠
登山適期	5月上旬〜11月上旬

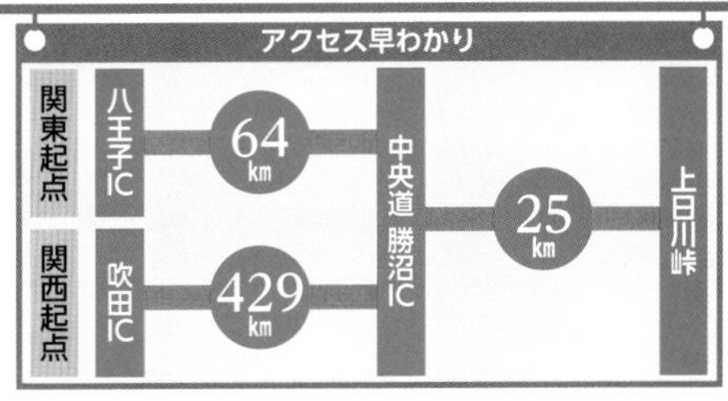

主稜線上には好展望地が多い。親不知ノ頭から見た富士山

セットで登る

大菩薩嶺とセットで登りやすいのは金峰山（P144）。県道201号から国道411号に入り、塩山駅周辺で県道38号へと進んで北上。窪平で県道219号に入り、川上牧丘林道に入って北へ行くと金峰山登山口の大弛峠に着く。大菩薩からの下山後に1泊し、翌日に大弛峠へ向かうといい。宿泊施設は裂石周辺や塩山駅周辺に多い。

下山後の寄り道

♨ **SPA**

帰路に寄りやすい日帰り温泉施設は**大菩薩の湯**。県道201号から国道411号に出て左へ200mほど行くと左手に大菩薩の湯への道が分かれる。また、勝沼ぶどう郷駅の西にある甲州市勝沼ぶどうの丘には**天空の湯**が立つ。上日川峠から県道218号を走って勝沼ICへ向かった場合、栖雲寺の先に**やまと天目山温泉**がある。大菩薩の湯と天目山温泉には地元産の商品を置いた販売コーナーもある。

問合せ先　甲州市観光協会☎0553-32-2111

63 金峰山（きんぷさん）

標高2360mの大弛峠を起点として広大な展望が魅力の奥秩父の主峰へ

朝日岳山頂部から五丈石のある金峰山（右）を眺める。左の山は鉄山

コース&アクセスプラン

山梨と長野にまたがる金峰山は東西にゆったりと尾根を延ばした堂々とした山容をもつ。山頂の西には巨岩が積み重なった五丈石（ごじょういし）があり、奥秩父の山並みの中でひときわ目を引く存在で、深田久弥は『日本百名山』の中で「奥秩父の王者」と記している。登山道は四方から延びているが、東側の大弛峠（おおだるみ）からのコースが最短路。大弛峠の標高は2360mで、車両が通行できる峠では日本

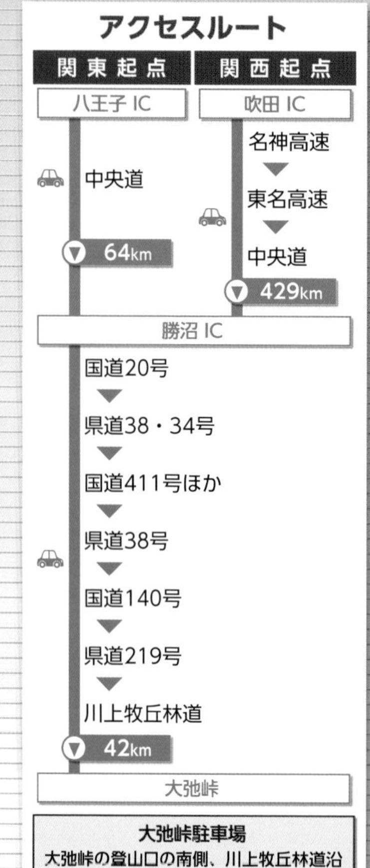

アクセス

▶勝沼ICから国道20号を大月方面へ行って柏尾交差点で左折、さらに等々力交差点で右折して国道411号に入る。西広門田橋南交差点で左折して塩山バイパス、県道38号へと進み、恵林寺の先で国道140号に入って雁坂トンネル方面へ。牧丘トンネルを抜けるとすぐに県道219号方面への道が分かれるので左折し、次のT字路を右折。219号を北上して川上牧丘林道へと進み、大弛峠へ。なお、関西方面からは新東名高速新清水JCT～中部横断道経由で勝沼ICへ行ってもいい。

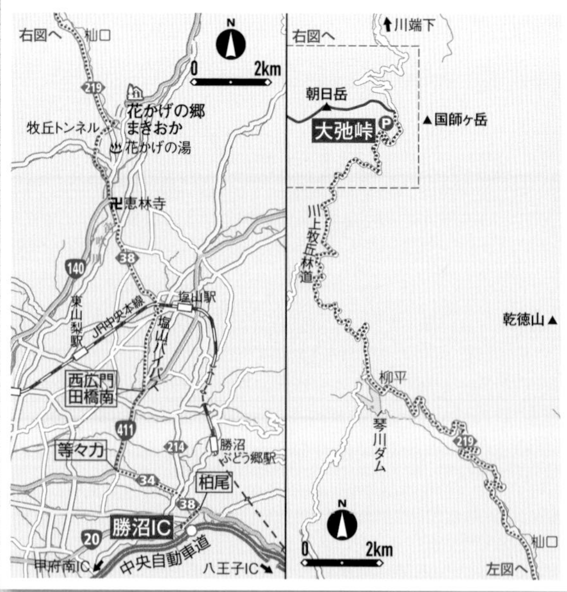

最高所。峠から2時間半ほどで大パノラマが広がる山頂に立つことができる。

大弛峠の最寄りインターは中央道の勝沼ICで、インターを降りたら国道140号方面をめざそう。大弛峠へと延びる川上牧丘林道の山梨県側は舗装路で走りやすい。

登山コースメモ

大弛峠から金峰山までは標高差約240mで、危険箇所も少なく、歩きやすい。車道左側の登山口からシラビソやコメツガなどの針葉樹林に覆われた尾根道に入り、アップダウンを繰り返していく。朝日峠や眺めのよい露岩帯を過ぎると、まもなく朝日岳に着く。山頂は木々に囲まれているが、山頂部の西端へ進むと金峰山を望むことができる。

朝日岳からは急斜面のガレ場を下る。鉄山の北側を巻き、再び稜線上に出ると森林限界を越え、のびやかな尾根道が続く。最後に大きな岩を越えていくと金峰山の山頂に到着する。

山頂は富士山や南アルプス、八ヶ岳などの大パノラマが広がる。山頂から西へ少し下ると金峰山のシンボル・五丈石があり、石の周りで休憩する登山者が多い。

山頂周辺からの展望を楽しんだら、往路を戻って大弛峠へ下る。

DATA

登山難易度	初級
日　　程	日帰り
歩行時間	4時間40分：大弛峠→朝日峠→朝日岳→金峰山（往復）
登山適期	6月上旬～10月中旬

セットで登る

金峰山と瑞牆山間の直線距離は3.9㎞で、近い位置にある。あわせて訪れる場合には西側の瑞牆山荘を起点にしよう。1日目は瑞牆山荘から瑞牆山へ登って富士見平に1泊。2日目は富士見平から金峰山を往復して瑞牆山荘へ下山する。歩行時間は1日目4時間30分、2日目7時間だ。瑞牆山荘へのアクセスはP146参照。

下山後の寄り道

SOUVENIR

山梨はフルーツの里で、勝沼ぶどう郷駅の西側、県道214号の周辺には果樹園が多い。収穫期には桃(6～8月)やブドウ(7～10月)、サクランボ(6月)などを購入できるので、帰路に寄っていくといい。また、国道140号の牧丘トンネルの北に位置する**道の駅花かげの郷まきおか**には農産物販売コーナーがあり、巨峰や桃など季節の果物と野菜が並べられている。地元のワイナリーが製造した巨峰ジュースや、地元の農家グループ手作りの乙女高原みそなどのおみやげ品も人気がある。

問合せ先
山梨市観光協会
☎0553-22-1111
甲府市観光課
☎055-237-5702

64 瑞牆山（みずがきやま）

**花崗岩の岩峰が立ち並んだ
奥秩父西端の個性的な山**

南東側から見た瑞牆山。花崗岩に覆われた特異な山容だ

コース&アクセスプラン

奥秩父の西にそびえる瑞牆山は花崗岩で形成された山。山上には花崗岩の岩峰が林立し、深い樹林に覆われた奥秩父の山並みの中では個性的な存在だ。深田久弥は『日本百名山』の中でその姿を「針葉樹の大森林から、ニョキニョキと岩が生えているような趣」と表現している。山頂へ至るコースは2本あり、瑞牆山荘前から登る南側のコースが一般的だ。

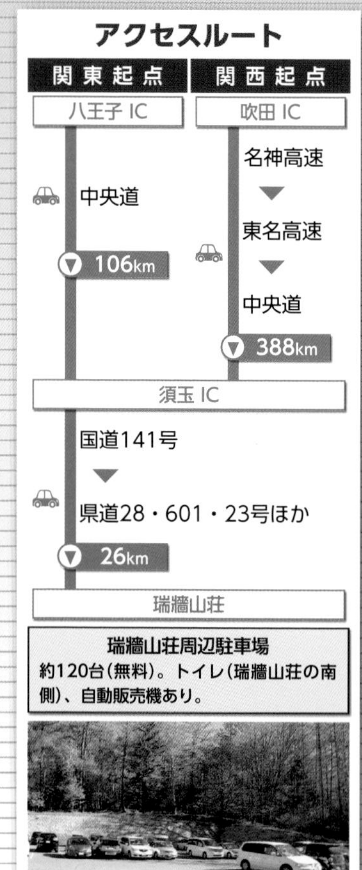

瑞牆山荘前から林道を少し進むと駐車場がある

アクセス

▶須玉ICから国道141号を右の清里方面へ。コンビニは141号沿いにある。中央道をくぐって1kmほど走り、西川橋西詰交差点で増冨方面へ右折。県道28号から601号へと進んで県道23号へ。北杜市増冨総合会館先のＴ字路で右の増冨ラジウム温泉郷方面へ行き、本谷川沿いの道を走ると瑞牆山荘に着く。山荘の手前から右に延びる林道へ入り、100mほど行くと駐車場がある。塩川ダム手前のＴ字路を左へ行って県道610号へ進み、黒森経由で瑞牆山荘へ行くこともできる。

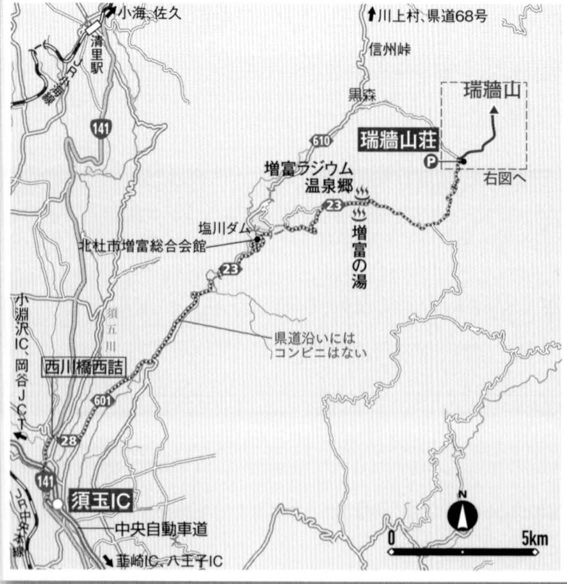

アクセスの出発点となるのは中央道の須玉IC。インターから国道141号に出たら増富ラジウム温泉郷をめざしていく。温泉郷を過ぎたらカーブを繰り返しながら瑞牆山荘へ向かう。

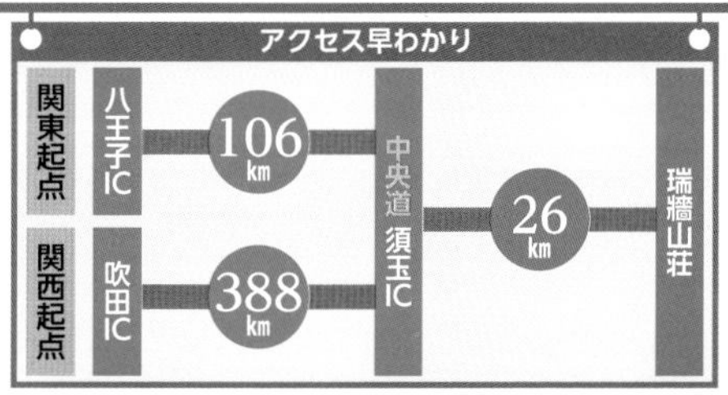

登山コースメモ

瑞牆山荘から富士見平を経由して瑞牆山に登る。前半は美しい樹林の中を行く。天鳥川出合を過ぎると岩の多い道となり、岩の間を縫うように進む箇所や岩場も現れる。

瑞牆山荘前からミズナラの多い樹林帯を登る。林道を渡り、急な道を登って富士見平へ。カラマツ林の中に富士見平小屋が立ち、周辺はキャンプ指定地になっている。富士見平から山腹を横切って緩やかに下り、天鳥川出合に出る。細い流れを渡るとベンチのある小広場と大きな桃太郎岩がある。針葉樹林帯を登ると次第に傾斜が増していく。木段やクサリのある岩場が現れ、登るにつれて大岩の多い急な道となる。山頂部の西側を回り込み、クサリやハシゴのある岩場を越えると瑞牆山山頂に到着する。

瑞牆山の上部は大岩に覆われた手ごわい道が続く

大きな岩に覆われた山頂は展望がすばらしく、富士山や八ヶ岳、南アルプスなどを一望できる。山頂で休憩したら往路を引き返す。

DATA

登山難易度	中級
日程	日帰り
歩行時間	5時間15分：瑞牆山荘→富士見平→天鳥川出合→瑞牆山（往復）
登山適期	5月上旬〜10月下旬

セットで登る

東に位置する金峰山（P144）へ足を延ばす場合には瑞牆山に登った後に富士見平で1泊し、翌日に金峰山を往復しよう。また、帰路に黒森から県道610号に出て右へ進んで信州峠を越えると、甲武信ヶ岳（P148）登山口の毛木平がある長野県川上村に出る。瑞牆山荘から毛木平までは30kmほど。下山後にクルマで移動して川上村の宿に泊まり、翌日に甲武信ヶ岳へ登るといい。

下山後の寄り道

♨ SPA

県道23号沿いにある**増富ラジウム温泉郷**には宿が並び、山行の前後に宿泊するのに便利だ。古くから湯治場として利用されてきた温泉で、環境省の国民温泉保養地に指定されている。県道23号の南側には日帰り温泉施設の**増富の湯**（2023年12月現在、改修のため休業中）もある。

問合せ先　北杜市観光協会☎0551-30-7866

65 甲武信ヶ岳（こぶしがたけ）

千曲川の源流をさかのぼり、3県にまたがる好展望のピークへ

西側から見た甲武信ヶ岳。山頂部まで針葉樹に覆われている

コース&アクセスプラン

甲武信ヶ岳は東西に連なる奥秩父の中ほどに位置し、山名のとおりに山梨（甲斐）、埼玉（武蔵）、長野（信濃）の3県にまたがっている。日本海に注ぐ信濃川上流の千曲（ちくま）川、太平洋に流れ込む荒川と笛吹（ふえふき）川（富士川）の源流となる山で、奥秩父の要的な存在だ。四方から山頂へ至る登山道が延びているが、歩きがいのあるコースが多く、登りやすいのは北麓の川上村毛木平（もうきだいら）から千曲川源

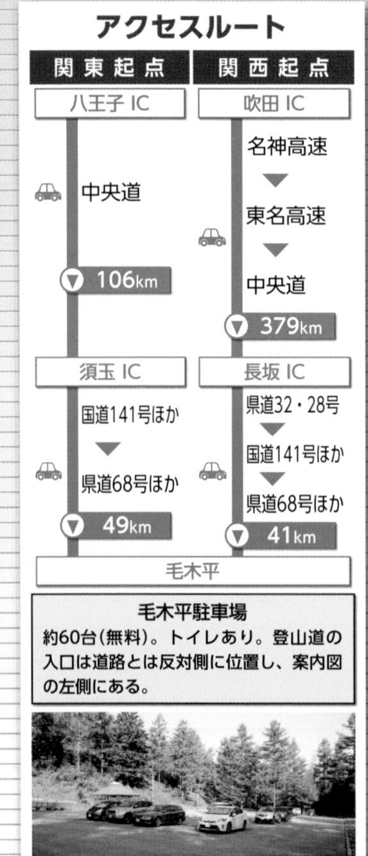

毛木平の駐車場。トイレとあずまやがある

アクセス

▶須玉ICで降りたら国道141号を右の清里方面へ。野辺山交差点を過ぎると川上方面への標識があり、標識に従って信号のないT字路を右折し、小海線の踏切を渡る。川上村方面を示す表示に従って進み、川上郷観光マップが立つY字路で右へ向かう。県道106号を過ぎて道なりに走ると県道68号に出る。右折して県道終点のY字路で右の千曲川源流・十文字方面へ行く。関西方面からは長坂ICで降りて左へ進む。五町田交差点で左折し、県道28号を走って国道141号へ行く。

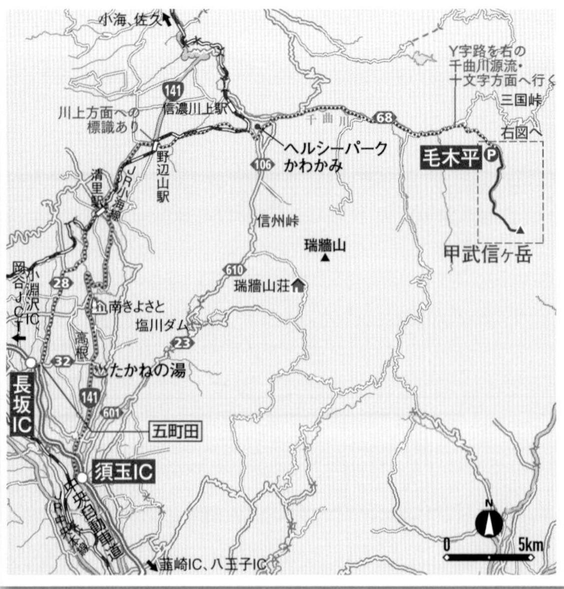

流沿いを歩くコース。早立ちすれば日帰りで山頂を往復できるが、歩行時間が8時間になるので、前日は川上村の宿に泊まろう。

毛木平へは、中央道の須玉ICから国道141号や県道68号などを走ってアクセスする。県道601・23・610号などを利用し、信州峠を越えて川上村へ行く方が距離は近い(45km)が、141号経由のルートに比べるとアップダウンやカーブが多い。関西方面からアクセスする場合は長坂ICで降り、北東に走って国道411号に出る。

登山コースメモ

毛木平から林道を歩き、十文字峠への道を分ける。林道が終わり、千曲川源流の西沢に沿って緩やかに登っていく。岩盤の上を優雅に流れる滑滝を過ぎ、なおも流れに沿って樹林の中を進む。流れを何度か渡ると、千曲川・信濃川水源地標が立つ。水源の水流はわずかだが、ここから約370kmを旅して日本海に注ぐ大河となる。

水源地標から針葉樹林帯の急斜面をジグザグに登り、奥秩父の主稜線上に出て左へ行く。尾根道を進んで最後にガラガラした岩礫の急坂を登ると甲武信ヶ岳の山頂だ。標柱の立つ山頂は富士山や南アルプスなどの眺めがすばらしい。山頂からは往路を毛木平へと下山する。

DATA

登山難易度	中級
日程	前夜泊日帰り
歩行時間	8時間:毛木平→滑滝→千曲川・信濃川水源地標→甲武信ヶ岳(往復)
登山適期	5月下旬~10月中旬

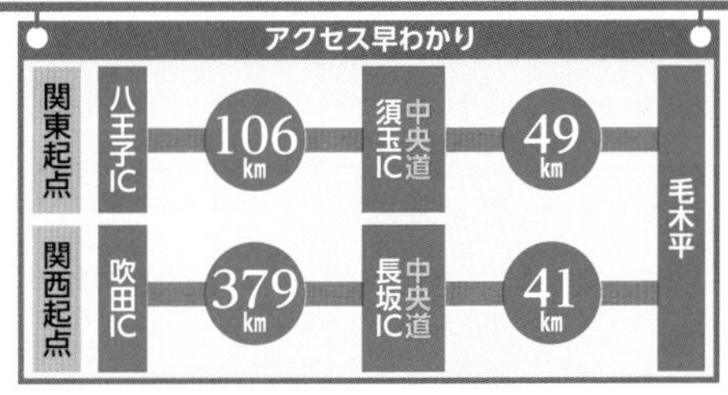

サブコース

毛木平から十文字峠へ行って甲武信ヶ岳へと縦走し、千曲川源流を下る周回コースをとることもできる。十文字峠からアップダウンを繰り返しながら大山や三宝山を越えていくコースで、千曲川源流を往復するよりも体力的にはきついが、大山などでは展望が楽しめる。毛木平から甲武信山頂までは6時間20分ほど。1日目は山頂から15分ほど下った所にある甲武信小屋に泊まり、1泊2日の行程で歩こう。

下山後の寄り道

♨ SPA

国道141号の東側、北杜市高根町に日帰り温泉施設の**たかねの湯**がある。富士山や南アルプスが眺められる好ロケーションにあり、サウナや休憩処も備えている。また、川上村の県道68号近くに立つ**ヘルシーパークかわかみ**にはヘルシーの湯があり、温泉ではないもののリーズナブルな料金で立ち寄り入浴ができる。

問合せ先
川上村企画課振興係☎0267-97-2121
北杜市観光協会☎0551-30-7866

66 富士山（ふじさん）

比類なき秀麗な山容と絶景に誰もが魅せられる日本一の山

夏山シーズン最盛期、ご来光に合わせて頂上部は賑わう

コース&アクセスプラン

国内最高峰であり、世界文化遺産にも登録された日本の象徴・富士山。登山コースは4本あり、標高2300m余の富士スバルライン五合目を起点とできる吉田ルートが、山頂までの標高差や登山道の傾斜、山小屋の充実ぶりなどの点から、最も利用者が多い。夏山シーズン中は、富士北麓駐車場(富士山パーキング)からシャトルバスなどを利用して五合目へ向かう。関西方面から

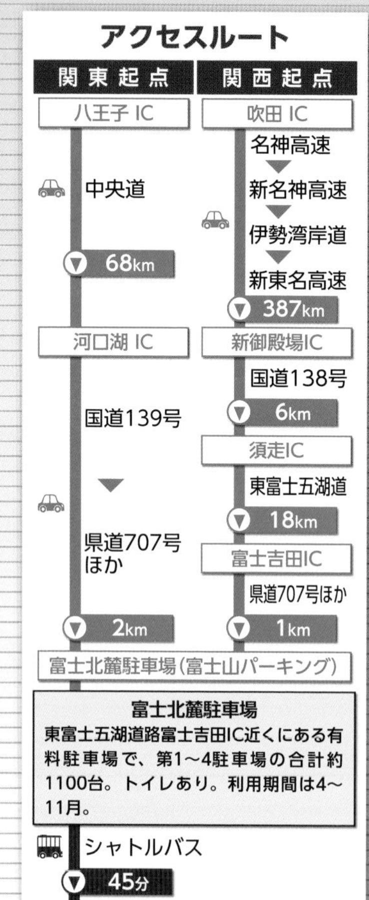

アクセス

▶富士スバルラインは、例年7月中旬～9月上旬の間、マイカー規制が敷かれており、その間は富士北麓駐車場に車を停め、シャトルバスまたはタクシーを利用する。富士北麓駐車場へは河口湖ICから国道139号を西へ進み、スバルライン入口交差点を左折して県道707号(富士スバルライン)へ。富士吉田IC西交差点を左折し、富士吉田ICの前を通過してＹ字路で右へ行くと駐車場に着く。なお、河口湖ICから標高約2300mの富士スバルライン五合目までは約29km。

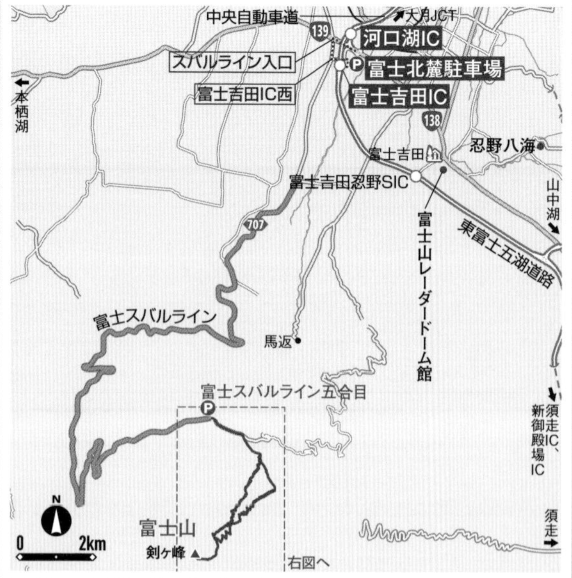

は、新東名高速の新御殿場ICから国道138号、東富士五湖道路（有料）経由で北麓駐車場へ向かうルートが距離としては短い。

早朝発の日帰り登山も可能だが、高所順応を兼ねて途中の山小屋に宿泊し、ご来光に合わせて暗いうちから再び登り始めるのが一般的だ。

登山コースメモ

1日目、富士スバルライン五合目からなだらかな河口湖口登山道を進む。ほどなく吉田ルートと合流し、やがて七合目の山小屋が姿を見せる。初日はここに宿泊し、翌日に備えよう。

2日目は、ヘッドランプの明かりを頼りに上をめざす。ジグザグの登山道をマイペースで登るのが肝心だ。本八合目で須走ルートが合流。薄い酸素と急傾斜に呼吸が荒くなりがちだが、やがて火口縁の一角である吉田口・須走口山頂に着く。ご来光に合わせて行動する登山者の列が続き、渋滞することも多い。

お鉢とよばれる火口縁を時計回りに進み、富士浅間大社奥宮を過ぎて馬の背とよばれる急坂を登りつめれば、最高峰の剣ヶ峰に立つ。比類なき日本一の大展望を満喫したら、下山道を通って富士スバルライン五合目へ戻ろう。

DATA

登山難易度	上級
日　程	1泊2日
歩行時間	1日目　2時間：富士スバルライン五合目→吉田ルート→七合目（小屋）／2日目　8時間50分：七合目（小屋）→剣ヶ峰→下山道→富士スバルライン五合目
登山適期	7月中旬～9月上旬

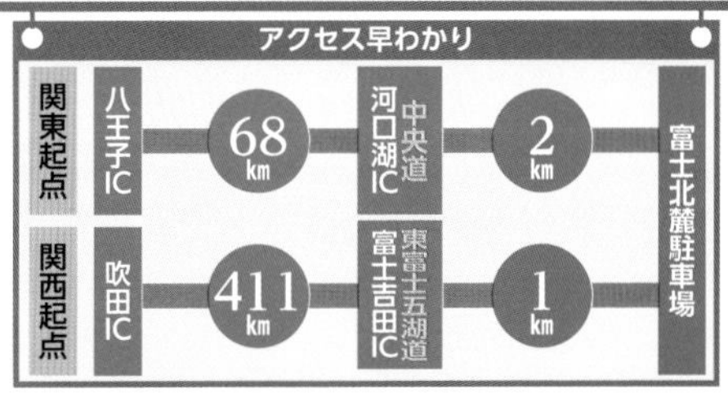

深くえぐれた火口を見ながら剣ヶ峰をめざす

下山後の寄り道

SIGHTS

富士北麓駐車場から山中湖方面へ5kmほど走ると道の駅富士吉田に着く。その一角にあるのが**富士山レーダードーム館**で、建物の上に据えられたかつての富士山頂のシンボルである富士山レーダーが目印。道の駅から3kmほど東寄りにあるのが**忍野八海**。富士山の伏流水が湧出する大小8つの池からなる。

FOOD

富士吉田市のソウルフードといえば外せないのが**吉田うどん**。硬くて太いねじれ麺、付け合わせのキャベツや馬肉などが特徴で、数十店舗が味を競い合っている。

問合せ先　ふじよしだ観光振興サービス☎0555-21-1000

67 八ヶ岳(赤岳)

**アルペン気分も味わえる
天空に突き出た八ヶ岳の盟主へ**

八ヶ岳の主峰の名に恥じない堂々とした山容の赤岳

コース&アクセスプラン

八ヶ岳とは山梨県と長野県の県境付近に延びる山塊の総称。夏沢峠(なつざわ)を境に、深い苔の森に湖沼が点在するなだらかな山容の北八ヶ岳、鋭い岩峰と荒涼とした稜線が印象的な南八ヶ岳に大別される。その主峰であり最高峰が、周囲より一歩抜きん出たピークをもつ赤岳だ。クサリ場もある難所を抜けた山頂からは、八ヶ岳全域はもちろん、日本アルプス、富士山、奥秩父など、

アクセスルート

関東起点	関西起点
八王子 IC	吹田 IC
中央道	名神高速 ▼ 東名高速 ▼ 中央道
135km	358km

諏訪南 IC

県道425・484号ほか

10km

美濃戸口

美濃戸口駐車場
有料駐車場があり約150台。自動販売機あり。トイレは八ヶ岳山荘に併設(チップ制)。

美濃戸口からは未舗装の林道を1時間歩く

アクセス

▶諏訪南ICから県道425号を左折し、道なりに北東へ進む。突き当たりのT字路を左折して県道484号に入り、3kmほど進んだ分岐を八ヶ岳登山口を示す標識に従い、斜め右方向へ向かう。その後、別荘地方向へ向かわず、斜め右へと進むと広々とした駐車場やバス停のある美濃戸口に着く。車高の高い四輪駆動車などであれば、未舗装路をさらに3kmほど進んで山小屋のある美濃戸まで入れる(駐車は有料)。コンビニは諏訪南IC近くにある。

名だたる峰々をぐるりと一望できる。

登山口となる美濃戸口から途中の美濃戸までの未舗装路はクルマでも通行できるが、登山者も同じ道を利用し、途中わだちの深い箇所もあるので、通行の際は注意が必要だ。

登山コースメモ

1日目、美濃戸口から美濃戸まで未舗装の林道を歩き、山小屋の前を通り抜けた先で南沢コースに入る。南沢の流れに沿うよう樹林帯の登山道を進み、明るい河原を経て、横岳の岩峰群が目の前に迫る行者小屋が見えてくる。

2日目、地蔵尾根に取り付き、樹林帯を抜けると、クサリ場もある急な斜面が待ちかまえている。地蔵ノ頭から主稜線へ入り、再び急登をクリアすれば赤岳山頂に着く。クサリや急斜面が連続する岩稜エリアを慎重に下り、文三郎道から行者小屋を経て、往路を戻る。

サブコース

ワンランク上の登山を楽しみたい向きにおすすめなのが赤岳・横岳・硫黄岳を縦走するコース。

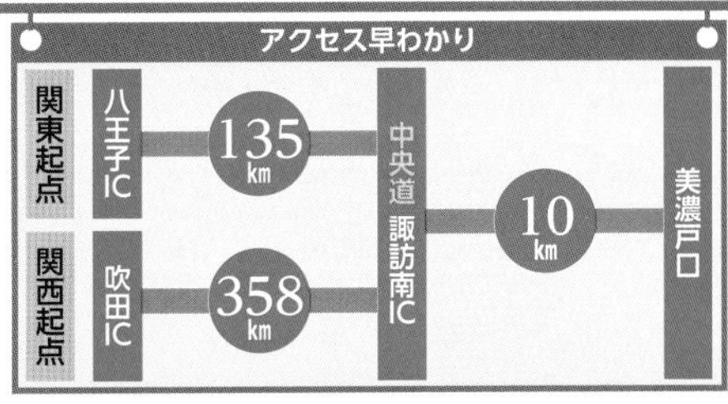

初夏の横岳と硫黄岳の鞍部ではコマクサ群落に出合える

2日目に行者小屋から文三郎道を経て赤岳へと登る。赤岳から主稜線を北へ向かい、次にめざすのが横岳。クサリ場やハシゴ、足場の狭いトラバースなどが連続し、緊張を強いられる核心部だ。登山道は次第に緩やかになり、コマクサの群生地を過ぎると、北面の爆裂火口の迫力に圧倒される硫黄岳に着く。赤岩ノ頭から赤岳鉱泉を経て、北沢コース経由で下山する。2日目の歩行時間は7時間50分。

DATA

登山難易度	上級
日　　程	1泊2日
歩行時間	1日目　3時間15分：美濃戸口→行者小屋／2日目　5時間50分：行者小屋→地蔵尾根→赤岳→文三郎道→行者小屋→美濃戸口
登山適期	7月上旬〜10月上旬

下山後の寄り道

SPA

美濃戸口からの帰路に立ち寄りやすいのが、宿泊施設も併設している信州原村八ヶ岳温泉の**もみの湯**。ウッディな造りで、シンプルな内風呂と源泉かけ流しの露天岩風呂がある。やや離れるが、公衆浴場風の**河原温泉河原の湯**や山岳展望が自慢の**玉宮温泉望岳の湯**は、いずれも茅野市の福祉コミュニティ施設だが、一般の立ち寄り利用も可能だ。

問合せ先
ちの観光まちづくり推進機構
☎0266-73-8550

■標高 2531m

68 蓼科山（たてしなやま）

八ヶ岳の北にそびえる 端正な山容をもつ展望の名山

広々とした山頂部。中央に蓼科神社奥社、南西側に展望盤がある

コース&アクセスプラン

蓼科山は八ヶ岳の北端に位置し、円錐形の美しい姿から諏訪富士（すわふじ）ともよばれる。岩に覆われた独特の光景が広がる山頂部は360度のパノラマが展開し、日本アルプスや八ヶ岳、奥秩父などを展望できる。公共交通利用では北側の蓼科牧場ゴンドラリフトの山頂駅や南側の蓼科山登山口バス停からのコースがよく歩かれているが、クルマを利用すれば最短コースとなる蓼科山七

アクセスルート

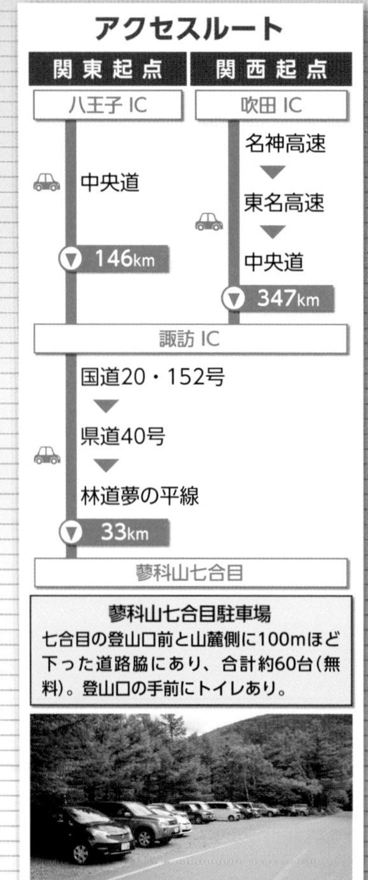

蓼科山七合目駐車場
七合目の登山口前と山麓側に100mほど下った道路脇にあり、合計約60台（無料）。登山口の手前にトイレあり。

登山口前の駐車場。登山口の標高は約1900mだ

アクセス

▶諏訪ICを降りて国道20号を右の白樺湖、蓼科方面へ向かう。新井交差点で左折して国道152号に入り、湖東新井交差点で左折する。1km先の芹ヶ沢西交差点を左折し、152号の大門街道を北上する。白樺湖畔で斜め右に分かれる県道40号に入って佐久方面へ進み、T字路で右折。蓼科牧場交差点で40号と分かれて直進し、道なりに左へ進む。カーブを繰り返しながら林道夢の平線を上がっていき、御泉水自然園の入口を過ぎて1kmほど行くと蓼科山七合目に到着する。

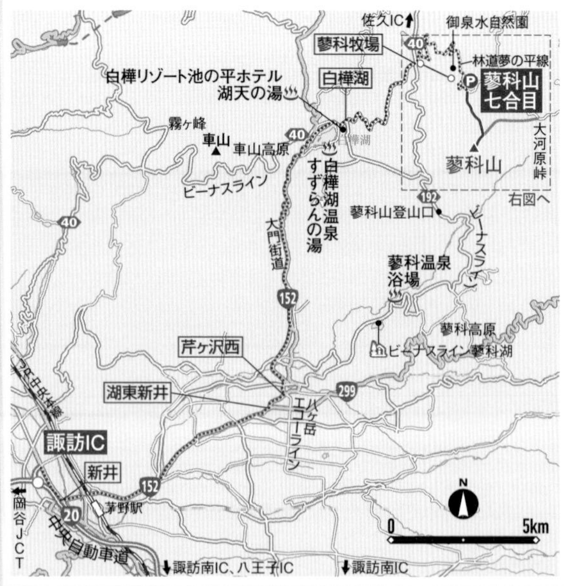

合目から往復することができる。

蓼科山七合目へは、中央道の諏訪ICから国道152号、県道40号などを利用してアクセスする。東京方面から行く場合は一つ手前の諏訪南ICで降り、県道425号、八ヶ岳エコーライン経由で国道152号に出て七合目へ行ってもいい(37km)。

登山コースメモ

蓼科山七合目から鳥居をくぐって登山道に入り、樹林帯を登っていく。なだらかな道から次第に傾斜が増していき、大きな石に覆われたジグザグ道になる。平坦になった天狗ノ露地を過ぎると倒木の多い歩きづらい道になる。樹林から出ると蓼科山荘の立つ将軍平に出て、大河原峠からの道と合流する。将軍平の先から大きな岩に覆われた急登となる。時には両手を使って岩を乗り越えながらぐんぐん高度を上げていくと、周囲の展望が開けてくる。蓼科山頂ヒュッテの横を通過し、蓼科山の山頂部へ行く。

岩に覆われた山頂部の東側には三角点、中央に蓼科神社奥社がある。山頂部は広大なため一カ所から四囲の山を見渡すことはできないが、視界は360度開けていて、南・北・中央アルプスをはじめとする名峰群を眺めることができる。下山は往路を七合目へと戻る。

DATA

登山難易度	初級
日程	日帰り
歩行時間	3時間30分:蓼科山七合目→天狗ノ露地→将軍平→蓼科山(往復)
登山適期	6月中旬〜10月中旬

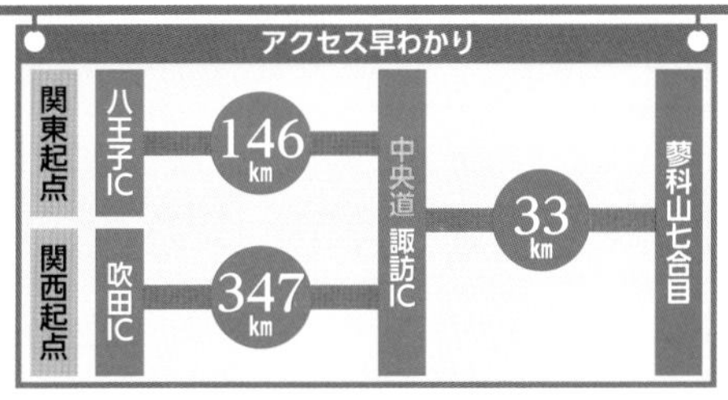

こんなコースも

蓼科山七合目からクルマでさらに林道を走り、標高約2090mの大河原峠から蓼科山を往復してもいい。七合目からのコースと歩行時間はほぼ同じで、山頂までの距離は少し長くなるが、標高差は少なくなる。峠から樹林帯を抜けて登山道上に倒木のある道を歩き、将軍平へ行く。

セットで登る

帰路、白樺湖交差点の先で茅野方面へ戻らずに道なりに諏訪、霧ヶ峰高原へ進んでビーナスラインを走ると、霧ヶ峰(P156)の最高峰・車山へ上がるリフトが延びる車山高原に着く。白樺湖北岸から車山高原までは約4kmだ。

下山後の寄り道

♨ SPA

白樺湖の北東、県道40号沿いにある白樺リゾート池の平ホテルにある**湖天の湯**は日帰り利用ができる温泉で、広々とした内湯や露天風呂、サウナを備えている。白樺湖の南岸には**白樺湖温泉すずらんの湯**が立ち、大浴場から白樺湖を眺めることができる。また、白樺湖交差点から県道192号のビーナスラインへ進むと蓼科温泉があり、素朴な**蓼科温泉浴場**が立ち、立ち寄り入浴ができる温泉宿も点在している。

問合せ先
ちの観光まちづくり推進機構☎0266-73-8550
信州たてしな観光協会☎0267-55-6654

69 霧ヶ峰（きりがみね）

最も短時間で登れる百名山から花々が咲き競うのびやかな高原へ

明るい高原が広がる霧ヶ峰。草原の中に蝶々深山への登山道が続く

コース&アクセスプラン

標高1925mの車山（くるまやま）を最高峰とし、標高1600～1900mのなだらかな山々が連なる霧ヶ峰。山上には開放的な草原や湿原が広がり、夏にはさまざまな高山植物が咲き誇る。東麓の車山高原から車山へリフトが延びており、リフト終点で降りると車山山頂はもう目の前だ。車山高原の展望リフトは4月下旬～11月上旬頃（休業日あり）に運行されている。

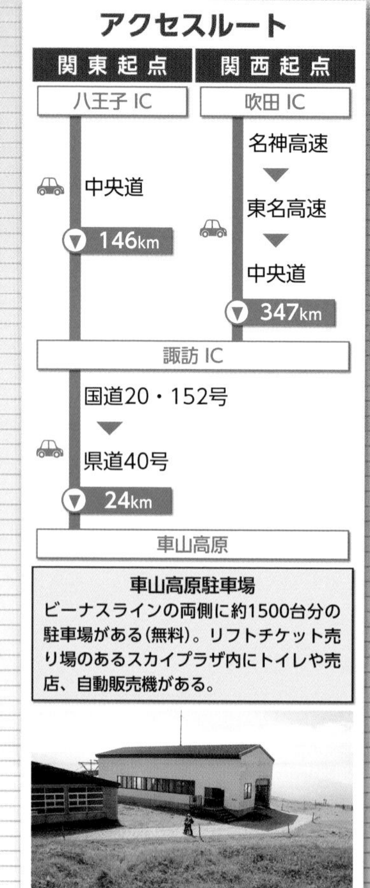

車山高原・スカイパノラマの終点

アクセス

▶諏訪ICを降りて国道20号を右の白樺湖、蓼科方面へ行く。新井交差点で左折して国道152号に入り、湖東新井交差点で左折する。コンビニはここまでの間に点在している。1km先の芹ヶ沢西交差点を左折し、152号の大門街道を北上する。白樺湖沿いを進むようになるとまもなくビーナスライン（県道40号）と交差する大門峠に出るので、左折して車山高原方面へ行く。開放的な高原の間を走るビーナスラインを進むと、車山へのリフトが延びる車山高原に着く。

車山高原へのアクセスには中央道の諏訪ICから国道152号、県道40号などを利用する。東京方面からアクセスする場合は諏訪南ICで降り、県道425号、八ヶ岳エコーライン経由で国道152号に出て車山高原へ行ってもいい(28km)。

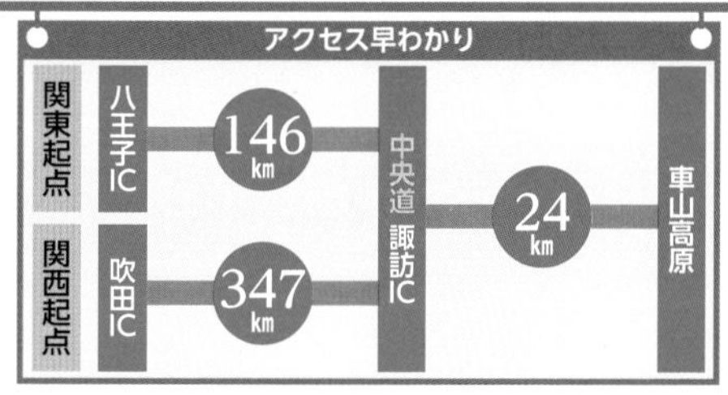

登山コースメモ

車山高原からリフトのスカイライナーとスカイパノラマを乗り継ぐ。終点で降りて駅舎を出ると5分ほどで車山の山頂に着く。気象レーダー観測所の立つ広い山頂は展望抜群で、南・北・中央アルプスや八ヶ岳などが見渡せる。展望を楽しんだら蝶々深山へ足を延ばしてみよう。リフト方面へ戻り、駅舎を過ぎて急な階段道を下る。階段を下りきって平坦地を歩き、車山乗越を過ぎる。のびやかな草原の中を進み、車山肩への道を分けて正面に見える蝶々深山へと緩やかに登っていく。岩の多い蝶々深山山頂も展望がよく、霧ヶ峰一帯を一望できる。

山頂から車山肩分岐に戻って車山肩へ向かい、道脇に咲く花々を眺めながらなだらかな道を歩く。道標の立つ分岐で沢渡方面へ進むとニッコウキスゲの群落地が広がっていて、一帯はビーナスの丘ともよばれている。南側の直下に車山肩のバス停と駐車場があり、ニッコウキスゲの花期の7月中旬〜下旬頃には観光客の姿が多い。群落地から道標の立つ分岐に戻ったら車山方面へ向かう。高原に続く爽快な道を大きくジグザグを切りながら登ると、車山の山頂に戻る。

サブコース

蝶々深山からさらに北西へ進んで八島ヶ原湿原へ行き、湿原を周回して沢渡、車山肩を経由して車山へ戻る周回コースを歩くこともできる。夏には八島ヶ原湿原でニッコウキスゲやハクサンフウロなどいろいろな花が見られる。登山道の傾斜はおおむね緩やかで、危険箇所もなく歩きやすい。八島ヶ原湿原まで足を延ばす周回コースの歩行時間は4時間30分だ。

DATA

登山難易度	初級
日程	日帰り
歩行時間	2時間30分:スカイパノラマ終点→車山→蝶々深山→車山肩→スカイパノラマ終点
登山適期	6月上旬〜10月中旬

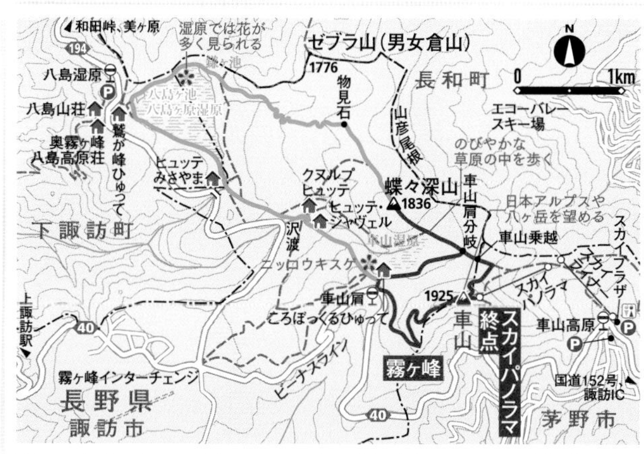

下山後の寄り道

♨ SPA

日帰り温泉は白樺湖の南岸に**白樺湖温泉すずらんの湯**、国道152号沿いに**音無の湯**と**湯川温泉河童の湯**がある。河童の湯はミネラル成分を多く含んだ温泉だ。また、車山高原からビーナスラインを西へ走ると**上諏訪温泉**があり、大理石造りの千人風呂を備えた**片倉館**などの立ち寄り温泉がある。

問合せ先
ちの観光まちづくり推進機構
☎0266-73-8550
諏訪観光協会
☎0266-52-2111

70 美ヶ原（うつくしがはら）

中部山岳の名峰群を展望できる のびやかな高原台地を巡る

王ヶ頭への登りの途中から開放的な山上台地を返り見る

コース&アクセスプラン

松本盆地の東に位置する美ヶ原は標高1900～2000m前後の台地上に広がるのびやかな高原。台地上には最高峰の王ヶ頭（おうがとう）をはじめ、王ヶ鼻（おうがはな）、牛伏山（うしふせやま）などのピークが頭をもたげている。美ヶ原最大の魅力は広大な展望。長野の中央部に位置しているため北アルプスや南アルプス、八ヶ岳、頸城（くびき）山塊など、中部山岳の名峰群を見渡すことができる。美ヶ原へのメインの入口は東側

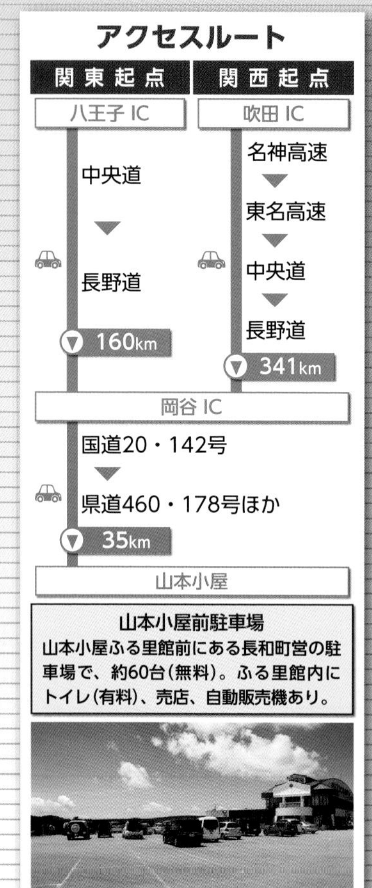

山本小屋ふる里館前にある長和町営の駐車場

アクセス

▶岡谷ICで降りて国道20号の下諏訪岡谷バイパスを右の佐久、上田方面へ行く。湖北トンネル南交差点で左折して国道142号へ進む。新和田トンネルの手前で左折して美ヶ原高原方面へ行き、和田峠トンネルを過ぎたら国道から分かれてビーナスラインへと進む。カーブを繰り返す県道460号のビーナスラインを北へ走り、県道178号に出合ったら左へ行く。178号を進んでＹ字路に出たら案内板に従って左へ行くと200mほどで山本小屋前の駐車場に着く。

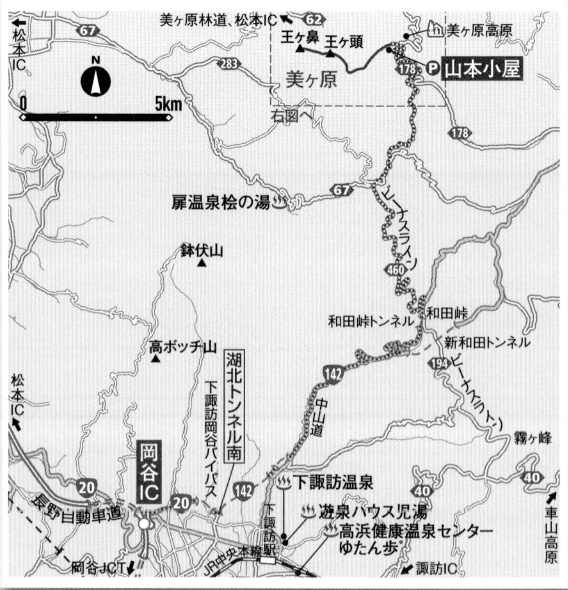

の山本小屋と北側の長野県美ヶ原自然保護センターの2カ所。自然保護センターからのコースが最短路だが、関東や関西方面からアクセスしやすいのは山本小屋だ。王ヶ頭までの歩行時間は1時間ほどなので、山本小屋から入山しよう。

山本小屋の最寄りとなるのは長野道の岡谷ICで、インターから国道142号、ビーナスライン（県道460号）を北上する。東京方面から行く場合、中央道の諏訪ICで降りて国道20号、県道40・194号（ビーナスライン）経由で山本小屋へ向かってもいい（43km）。

登山コースメモ

山本小屋前駐車場の標高は約1940mで、王ヶ頭との標高差は100mもない。山本小屋ふる里館の横を抜けて平坦な砂利道を歩く。牛が放牧された草原の中を進むと、右手に美ヶ原のシンボル・美しの塔が立つ。塔から10分ほど歩くと塩くれ場だ。放牧した牛や馬に塩を与えた場所なのでこの名がつく。道脇に咲くハクサンフウロやコオニユリなどの花を見ながら緩やかな道を進み、王ヶ頭ホテルの横を抜けると王ヶ頭に

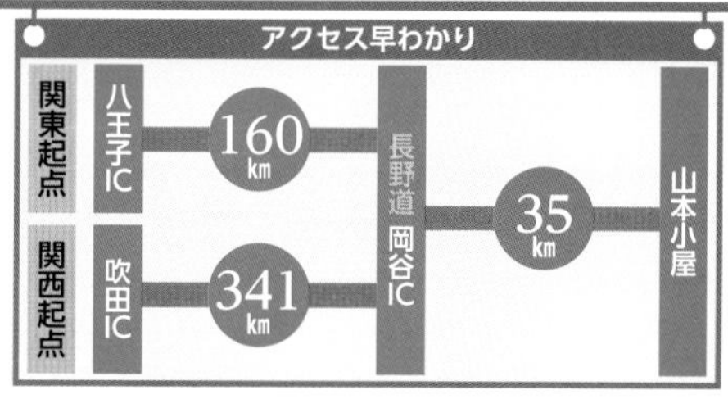

着く。石標のある王ヶ頭は眺めがよい。

王ヶ頭から西へ進んで王ヶ鼻へ向かう。草原の中を下って平坦な道に出て左へ。細い道を進むと石仏が並ぶ王ヶ鼻に着く。王ヶ頭以上に展望がすばらしく、北アルプスや御嶽山などを見渡せる。展望を楽しんだら往路を戻る。

セットで登る

美ヶ原と一緒に訪れやすいのは霧ヶ峰（P156）。ビーナスラインを県道460号から194号へと進み、県道40号に出て左へ10kmほど走れば車山へのリフトが延びる車山高原に着く。また、美ヶ原方面へは長野道の松本ICから美ヶ原スカイラインや県道62号経由で行くことができ（28km）、北アルプス南部の山に登った帰りにも行きやすい。その場合は長野県美ヶ原自然保護センター前の駐車場から王ヶ頭へ登ろう（25分）。

DATA

登山難易度	初級
日程	日帰り
歩行時間	2時間50分：山本小屋→美しの塔→王ヶ頭→王ヶ鼻（往復）
登山適期	5月下旬〜10月下旬

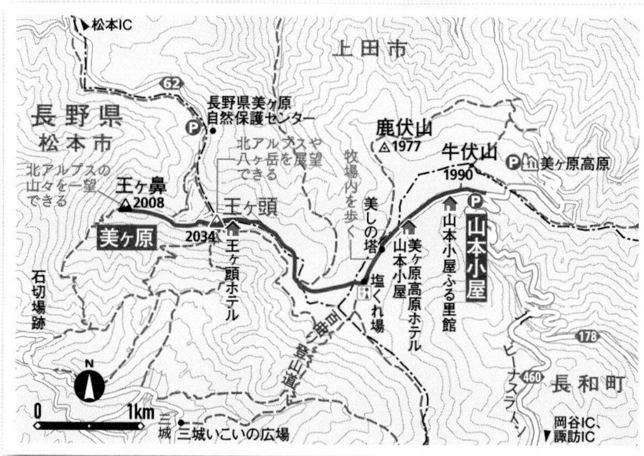

下山後の寄り道

SPA

ビーナスラインの途中で県道67号へ進むと日帰り温泉の**扉温泉桧の湯**がある。岩組みの露天風呂がある素朴な温泉だ。また、中山道の温泉宿場町として長い歴史をもつ**下諏訪温泉**には**遊泉ハウス児湯**などの公衆浴場や**高浜健康温泉センターゆたん歩°**などの立ち寄り温泉施設もある。

問合せ先
松本市観光情報センター
☎0263-39-7176
下諏訪観光協会
☎0266-26-2102

71 鳳凰山（ほうおうざん）

滝巡りと稜線縦走を楽しめる 南アルプス北部のビューポイント

賽の河原とオベリスクが独特の雰囲気をかもし出す地蔵岳

コース&アクセスプラン

鳳凰山とは、中央道からもその山並みがはっきりと確認できる南アルプス北部の地蔵岳（じぞうだけ）、観音岳（かんのんだけ）、薬師岳（やくしだけ）の総称で、鳳凰三山（ほうおうさんざん）ともよばれる。稜線から野呂川（のろがわ）越しに見る白峰三山（しらねさんざん）の眺めがすばらしく、初夏にはタカネビランジなど貴重な高山植物にも出合える。

登山口には夜叉神（やしゃじん）峠と青木鉱泉、御座石（ございし）温泉があるが、青木鉱泉をベースにすると三山を周

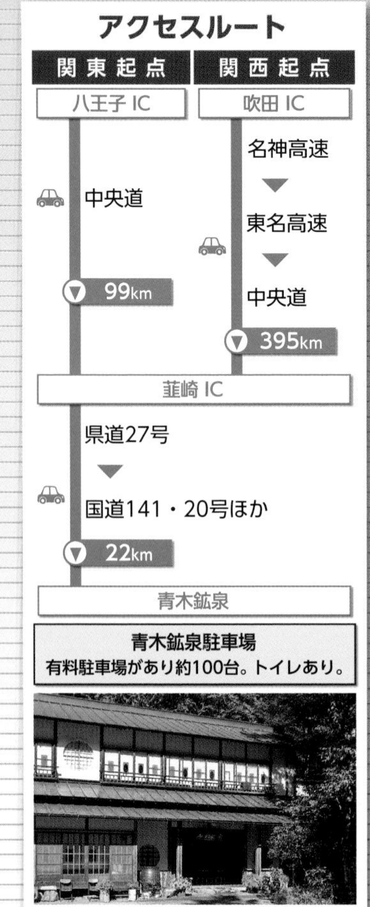

素朴なたたずまいの青木鉱泉が登山口にある

アクセス

▶韮崎ICから県道27号を西へ進み、東中学校前交差点を直進すると、国道141号になる。突き当たりの一ツ谷交差点を右折して国道20号に入り、12kmほど進んだ円野中交差点を左折。次の交差点を鳳凰三山の道標に従い右折し、畑の間を抜けた後、再び道標に従って左折する。この先、道幅は狭くなるが迷うことはない。御座石温泉との分岐を左へ進めば青木鉱泉に着く。なお、距離的には須玉ICからの方が青木鉱泉に近いが（19km）、ルートがややわかりづらい。

回できる。青木鉱泉へは中央道の韮崎ICからアクセスする。ルートは何通りかあり、国道20号からの距離はやや長くなるが、桐沢橋東詰交差点から鳥居峠経由でアクセスしてもいい。

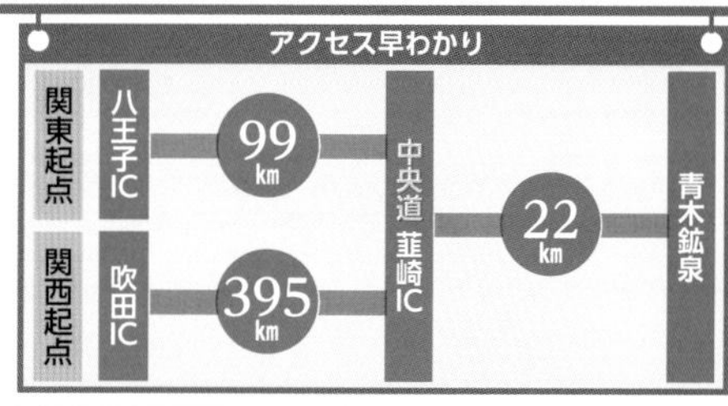

登山コースメモ

1日目、青木鉱泉からは、樹林帯の登山道脇に優美な滝が相次いで現れ、急登での疲れを束の間忘れさせてくれるドンドコ沢をさかのぼる。最初に現れるのが南精進ヶ滝。さらに高度を稼ぐにつれ、鳳凰ノ滝、白糸ノ滝、五色ノ滝と趣の異なる滝が次々に姿を見せる。地蔵岳を見通す河原に出ると、鳳凰小屋(2023年12月現在、建て替え中。2024年秋頃再開予定)も近い。

2日目、樹林帯を抜け、歩きにくい白砂の登山道に変わると、目の前に立ちはだかるのが地蔵岳。目を引く山頂部の岩塔はオベリスクとよばれ、基部では子授け地蔵が祀られた賽の河原が荒涼とした光景をいっそう際立たせている。ひと登りしたアカヌケ沢ノ頭に立つと、北岳をはじめ、南アルプス北部の山並みを一望できる。この先、最高峰の観音岳を経て薬師岳へと延びる、花崗岩とハイマツが織り成す主稜線も大展望が続き、山上闊歩を堪能できる。

観音岳山頂からは稜線の先に甲斐駒ヶ岳が見える

薬師岳から青木鉱泉へと下る中道は、難所は少ないものの標高差が1700m近くある。中道の登山口からは林道歩きとなり、林道を北へたどって青木鉱泉へと戻る。

DATA

登山難易度	中級
日　　程	1泊2日
歩行時間	1日目　5時間10分：青木鉱泉→ドンドコ沢→鳳凰小屋／2日目　7時間20分：鳳凰小屋→地蔵岳基部→観音岳→薬師岳→青木鉱泉
登山適期	6月中旬〜10月中旬

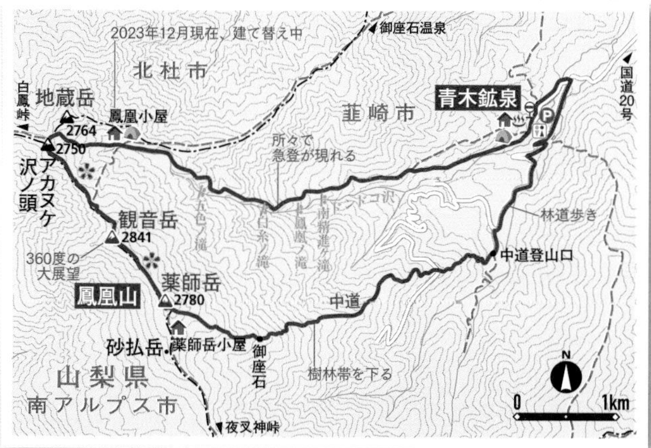

下山後の寄り道

SPA

駐車場のある**青木鉱泉**は冬期休業の質素な一軒宿。風呂は内風呂のみのシンプルな造りだが、宿泊者以外も日帰り入浴が可能だ。韮崎ICへの帰路に立ち寄りやすいのが**武田乃郷白山温泉**。ガラス張りの明るい内風呂と庭園露天風呂といった、巷でよく見かける日帰り温泉施設だが、ノーベル生理学・医学賞を受賞した北里大学特別栄誉教授・大村智氏が、地元への恩返しとして私費を投じて掘削した温泉である点が興味深い。韮崎大村美術館も隣接。

問合せ先
韮崎市観光協会
☎0551-22-1991

＊鳳凰小屋は2024年秋頃に営業再開予定。再開前に訪れる場合は青木鉱泉などに前泊し、薬師岳小屋泊まりの1泊2日で歩こう。歩行時間は1日目8時間40分、2日目4時間20分。

■標高 2967m（甲斐駒ヶ岳）・3033m（仙丈ヶ岳）

72
73

甲斐駒ヶ岳（かいこまがたけ）・仙丈ヶ岳（せんじょうがたけ）

北沢峠から
人気の二峰へ

甲斐駒ヶ岳への登りの途中から優美な山容の仙丈ヶ岳を眺める

コース&アクセスプラン

北沢峠（きたざわ）を起点に好対照の二山に登る。花崗岩に覆われた男性的な甲斐駒ヶ岳に対し、仙丈ヶ岳は3つのカールを擁して南アルプスの女王とたたえられる花の名峰。

甲斐駒ヶ岳へは、駒津峰（こまつみね）へ急登し、やせた稜線から山上に立つ。週末は岩場が混みあうので早朝に出発したい。仙丈ヶ岳にも岩場の下降があるが、全般的に歩きやすいコース。山頂から

アクセスルート

関東起点

八王子 IC

🚗 中央道 ▼ 中部横断道

▼ 101km

白根 IC

🚗 県道39・42・20号ほか

▼ 15km

芦安

芦安駐車場
南アルプス市芦安山岳館から金山沢温泉周辺にかけて無料駐車場が点在しており、臨時も含めて合計約600台。トイレは白峰会館前の第3駐車場などにある。

🚌 バス・タクシー

▼ 1時間

広河原

🚌 バス

▼ 25分

北沢峠

白峰会館向かいの芦安第２駐車場。トイレもある

アクセス

▶白根ICを降りて県道39号を右へ進み、中部横断道をくぐって在家塚交差点（標識なし）を右折して県道42号に入る。200mほど進んで桃源文化会館入口交差点を左折して道なりに進み、Y字路を芦安・広河原を示す道標に従い右へ。ループ橋（桃花橋）を越え、塩沢入口交差点を左折して県道20号に入る。芦安地区に入って何度か川を渡り返し、沓沢入口バス停がある突き当たりを右に折れていくと駐車場が点在している。ここに駐車してバスを乗り継いで北沢峠へ行く。

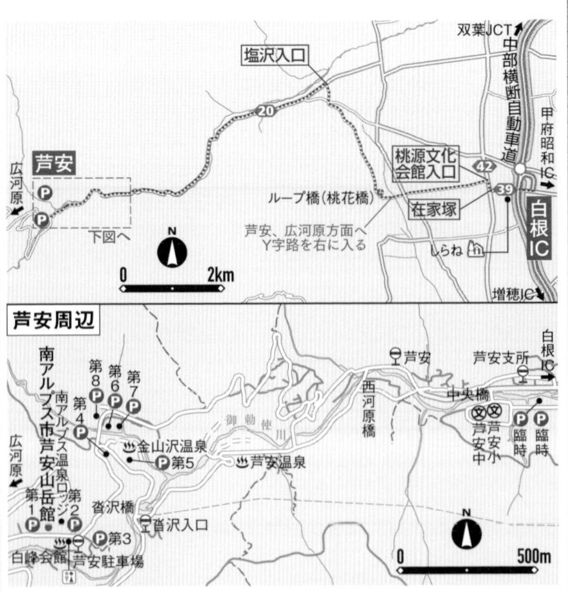

＊ 2023 年シーズン時点で広河原～北沢峠間のバス（南アルプス市営バス）は、南アルプス林道が台風の被害で通行止めのため運休されている。運行再開時期は未定。その年のバスの運行状況は南アルプス市観光協会のホームページなどに掲載される。

馬ノ背にかけては花が豊富だが、シカによる食害で減少している。藪沢沿いの道は残雪が多いので、下山時は横道を通って五合目へ戻ろう。

北沢峠へはマイカー規制が敷かれていて山梨側は芦安、長野側は仙流荘に駐車してバスなどに乗り換える。前泊には北沢峠や芦安の宿、仙流荘を利用するといい。芦安へは中央道甲府昭和ICから県道20号に入るルートもあり、所要時間に大差はない。仙流荘へは、中央道諏訪ICで降りて国道152号に合流するルートもある。

登山コースメモ　甲斐駒ヶ岳

北沢峠から長衛小屋方面へ進み、長衛小屋から沢を渡って左岸を進む。仙水小屋を過ぎ、樹林帯から抜け出すと岩が堆積したゴーロに出る。ルートを見失わないように直進していくと仙水峠に着く。峠から駒津峰へは急登が続くが、後方には北岳と富士山の絶景が展開する。時には手も使いながら狭い稜線を進み、直登ルートを分けていくと、純白の花崗岩に覆われた山上に

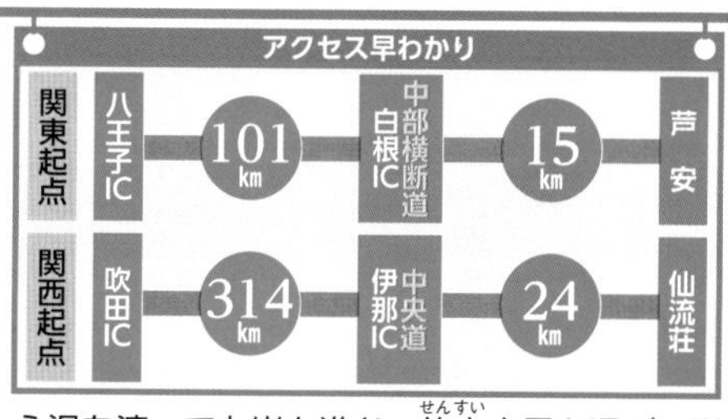

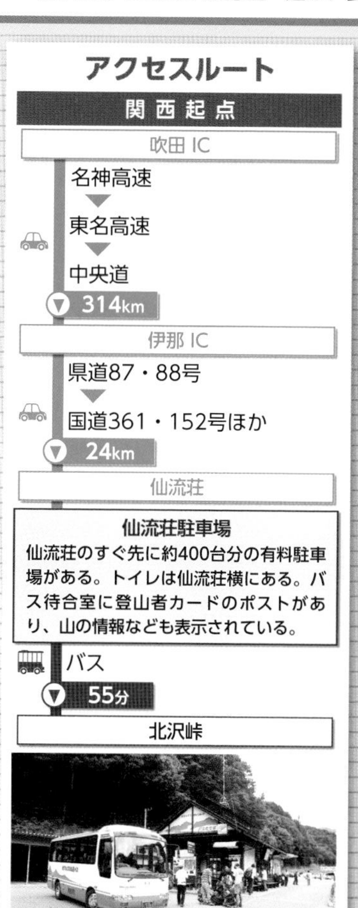

アクセスルート
関西起点
吹田 IC
名神高速
東名高速
中央道
314km
伊那 IC
県道87・88号
国道361・152号ほか
24km
仙流荘
仙流荘駐車場
仙流荘のすぐ先に約400台分の有料駐車場がある。トイレは仙流荘横にある。バス待合室に登山者カードのポストがあり、山の情報なども表示されている。
バス
55分
北沢峠

仙流荘前バスターミナル。駐車場はすぐ先にある

アクセス

▶伊那ICを降りて突き当たりを左へ進んでコンビニを過ぎ、駒美交差点で右折して県道88号を進む。突き当たりを左折し、国道361号を直進。JR飯田線を渡り、さらに天竜川を渡っていく。小黒川スマートICから国道361号に出てもいい。突き当たりの高遠公園下交差点で右折して国道152号の高遠バイパスに入り、小原交差点を左折して高遠湖沿いの秋葉街道を進む。美和ダムの先で左折して国道から外れて林道を行くと仙流荘の先に駐車場がある。

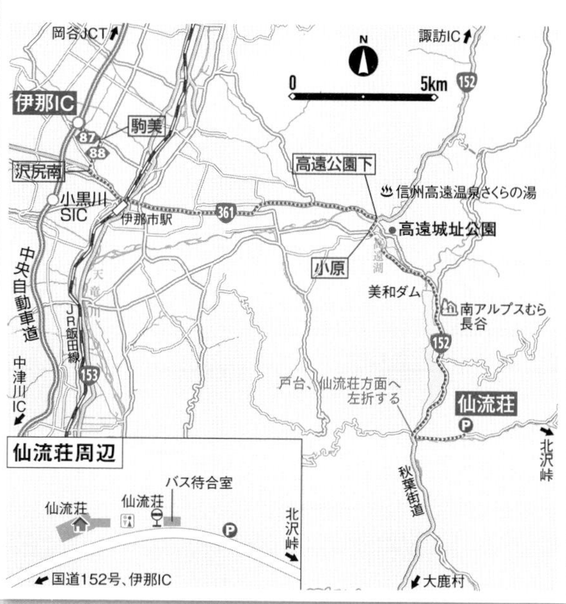

出る。ルートが不明瞭な箇所もあるので注意して高度を上げ、甲斐駒ヶ岳の絶頂に立つ。

山頂から駒津峰に戻ったら仙丈ヶ岳を眺めながら西へ下り、双児山(ふたごやま)から樹林帯をひたすら下って北沢峠に戻る。

甲斐駒ヶ岳山頂直下では花崗岩に覆われた特異な景観が見られる

DATA 甲斐駒ヶ岳

登山難易度	中級
日　　程	前夜泊日帰り
歩行時間	7時間20分：北沢峠→仙水峠→駒津峰→甲斐駒ヶ岳→駒津峰→双児山→北沢峠
登山適期	7月上旬～10月上旬

登山コースメモ　仙丈ヶ岳

北沢峠こもれび山荘前からいきなり急登していく。五合目の大滝ノ頭までコメツガ林をひたすら登り、さらに急登していくと森林限界になる。甲斐駒の雄姿を眺め、ハイマツ帯を行くと仙丈ヶ岳の展望台・小仙丈ヶ岳だ。いったん岩場を下り、鞍部から砂礫混じりの露岩帯を登って山頂に立つ。視界がきけば北岳と富士山が並ぶ絶景が見られる。

山頂から仙丈小屋方面へ下るとすぐに花が多くなり、馬の背ヒュッテまでお花畑の中を下る。藪沢からは起伏の少ない横道を行き、無人の藪沢小屋を過ぎて夏の初めには雪渓を渡る。さらに沢を渡って五合目から往路を下る。

DATA 仙丈ヶ岳

登山難易度	中級
日　　程	前夜泊日帰り
歩行時間	7時間50分：北沢峠→五合目→小仙丈ヶ岳→仙丈ヶ岳→馬の背ヒュッテ→五合目→北沢峠
登山適期	7月上旬～10月上旬

下山後の寄り道

SIGHTS

芦安地区には山の文化と自然をテーマにした**南アルプス市芦安山岳館**がある。キタダケソウやライチョウなどの自然と信仰や民話を中心にした生活感のある展示が充実している。山岳図書の蔵書も豊富。伊那側には桜の名所で知られる**高遠城址公園**(たかとおじょうしこうえん)がアクセスルートに隣接している。園内には国指定有形文化財の高遠閣や問屋門などがあり、紅葉の時期もすばらしい。

問合せ先
南アルプス市観光協会☎055-284-4204
伊那市観光協会☎0265-96-8100

74・75 北岳・間ノ岳

きただけ・あいのだけ

標高3000mを優に超える国内第2位・第3位の高峰

北岳山腹のお花畑越しに重量感のある間ノ岳を望む

コース&アクセスプラン

富士山に次ぐ国内第2位の標高を誇る北岳と、奥穂高岳(おくほたかだけ)と並ぶ同3位の間ノ岳。ピラミダルな山容の北岳に対し、山頂部がドーム状に孤を描いた間ノ岳と、その姿は対照的で、北岳は山梨県内にある。両峰を結ぶ標高3000mの稜線は、間近に富士山を見ながら、前後に北岳・間ノ岳と、国内の高峰3座に囲まれた天空の縦走路として人気が高い。その反面、天候が悪化した場合には、

アクセスルート

関東起点

八王子 IC
中央道 ▼ 中部横断道
▼ 101km
白根 IC
県道39・42号ほか ▼ 県道20号
▼ 15km
芦安

芦安駐車場
無料駐車場が点在しており、臨時を含めて合計約600台。路線バス・乗合タクシーは白峰会館前が発着所となる。自動販売機、トイレも白峰会館前にある。

バス・タクシー
▼ 1時間
広河原

広河原にはインフォメーションセンターが立つ

アクセス

▶白根ICから県道39号を西へ向かい、在家塚交差点(標識なし)を右折して県道42号に入る。ほどなく桃源文化会館入口交差点を左折して道なりに進み、Y字路を芦安・広河原を示す道標に従い右へ。途中ループ橋(桃花橋)を越え、塩沢入口交差点を左折して県道20号に入る。道標に従い、芦安温泉をめざして走れば、芦安エリアに点在する駐車場が見えてくる。ここに車を停め、路線バスまたは乗合タクシーで登山口の広河原へ向かう(芦安～広河原間はマイカー規制)。

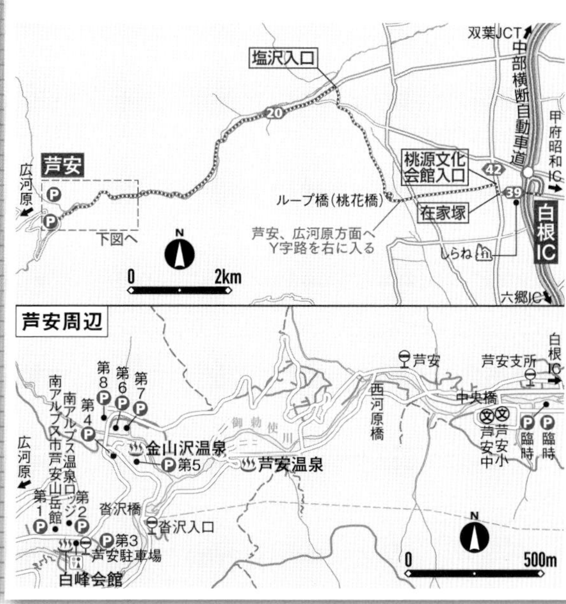

さえぎるもののない吹きさらしの道に一変する。突風や落雷にも注意が必要だ。

メインの登山口となる広河原へは、関東起点であれば山梨県側の中部横断道白根IC、関西起点であれば長野県側の中央道伊那ICから向かう。広河原への道はマイカー規制が敷かれており、いずれからも直接乗り入れられないので、山梨県側は芦安、長野県側は仙流荘に車を停め、バスかタクシーに乗り換える。ピーク時には早々に駐車場が埋まり、乗り換えにも思わぬ時間を要することがあるので、あらかじめ余裕をもって出かけた方がいいだろう。

なお山梨県側からは、中部横断道の下部温泉早川ICや六郷ICから県道37号へ入って早川町の奈良田へ行き、そこからバスに乗り換えて所要45分で起点の広河原へ入ることもできる。この場合、広河原へ戻る紹介登山コースだけでなく、北岳・間ノ岳とともに白峰三山とよばれる農鳥岳を経て、奈良田へと直接下る上級者向け縦走登山の際にも便利だ。

登山コースメモ

初日は山小屋まで標高差1500mを登る。早朝着の混雑したバスでの疲労を避けるのであれば、前日のうちに広河原へ入り、山小屋で登山開始前の一夜を過ごすのもいいだろう。

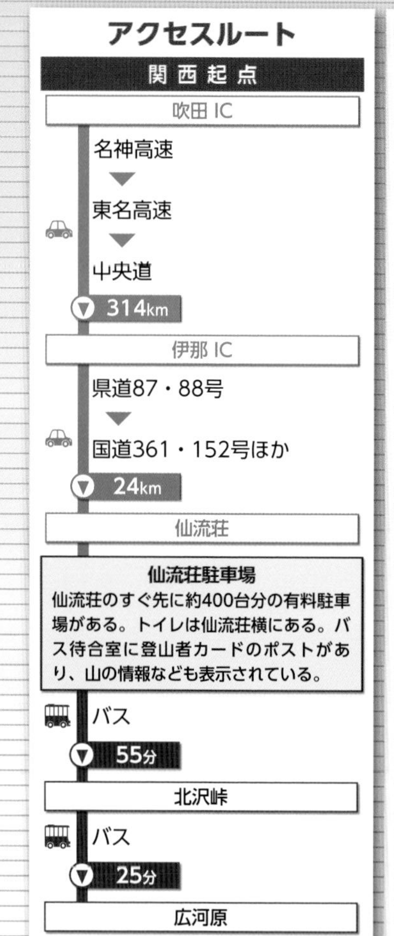

アクセスルート
関西起点
吹田 IC
名神高速
東名高速
中央道
314km
伊那 IC
県道87・88号
国道361・152号ほか
24km
仙流荘
仙流荘駐車場
仙流荘のすぐ先に約400台分の有料駐車場がある。トイレは仙流荘横にある。バス待合室に登山者カードのポストがあり、山の情報なども表示されている。
バス
55分
北沢峠
バス
25分
広河原

アクセス

▶伊那ICを降りて突き当たりを左へ進んでコンビニを過ぎ、駒美交差点で右折して県道88号を進む。突き当たりを左折し、国道361号を直進。JR飯田線を渡り、さらに天竜川を渡っていく。小黒川スマートICから国道361号に出てもいい。突き当たりの高遠公園下交差点で右折して国道152号の高遠バイパスに入り、小原交差点を左折して高遠湖沿いの秋葉街道を進む。美和ダムの先で左折して国道から外れて林道を行くと仙流荘の先に駐車場がある。

＊2023年シーズン時点で北沢峠～広河原間のバス（南アルプス市営バス）は、南アルプス林道が台風の被害で通行止めのため運休されている。運行再開時期は未定。その年のバスの運行状況は南アルプス市観光協会のホームページなどに掲載される。

間ノ岳側から振り返った北岳の雄姿

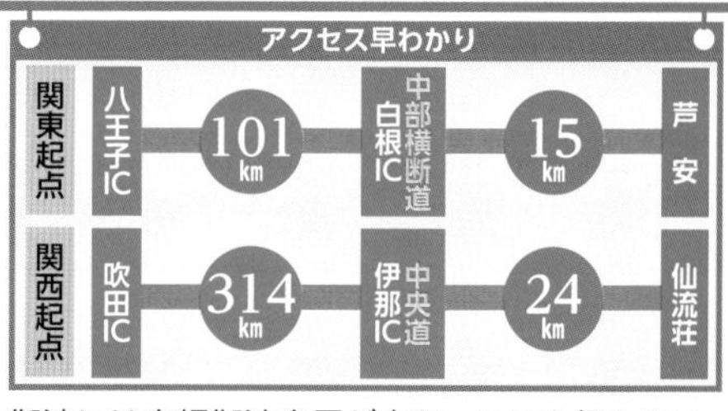

1日目、広河原から野呂川に架かる吊橋を渡り、登山道に入って白根御池コースへと進む(2023年シーズン時点で大樺沢沿いのコースは通行禁止)。白根御池までは樹林帯の急登が続く。白根御池には白根御池小屋が立ち、テント場もある。白根御池から右の草すべりコースへ進み、再び急な道を登っていく。右俣コースが合流すると、もうひと踏ん張りで小太郎尾根分岐に到着。稜線をたどり、北岳肩の小屋に泊まる。

2日目は急斜面を越えて北岳山頂へ向かう。早めに小屋を出て、山頂で日の出を迎えるのもいい。山頂から眼下に見える北岳山荘をめざして大きく下れば、その先には緩やかにアップダウンを繰り返す岩礫とハイマツの心地よい道が続き、中白峰を経て間ノ岳に到着。山頂からは塩見岳・悪沢岳・赤石岳といった南アルプス南部の百名山を望める。ひとしきり眺望を堪能したら、往路を北岳山荘まで戻る。

3日目、お花畑に見送られながら、八本歯のコル経由で左俣コースを下る。大岩壁の北岳バットレスは迫力満点だ。大樺沢二俣からは白根御池へ下り、1日目の往路を広河原へと戻る。

DATA

登山難易度	上級
日程	前夜泊2泊3日
歩行時間	**1日目 6時間30分**：広河原→白根御池小屋→北岳肩の小屋／**2日目 4時間50分**：北岳肩の小屋→北岳→間ノ岳→北岳山荘／**3日目 4時間40分**：北岳山荘→八本歯のコル→白根御池→広河原
登山適期	7月中旬～9月下旬

下山後の寄り道

SPA

山梨県側、長野県側ともにマイカー規制用の駐車場近くで汗を流せる。芦安では前泊にも便利な南アルプス温泉ロッジと結ばれた**白峰会館**や、露天風呂のある**金山沢温泉**、そのほか**芦安温泉**の各宿で日帰り入浴が可能。**仙流荘**では温泉ではないが癒やし効果の高い孔雀明王水を用いた露天風呂付き大浴場を利用できる。また伊那ICへの帰路であれば、なめらかな肌ざわりの**信州高遠温泉さくらの湯**が立ち寄りやすい。

問合せ先
南アルプス市観光協会☎055-284-4204
伊那市観光協会☎0265-96-8100

76 塩見岳
しおみだけ

南アルプスの中央にそびえる
どっしりとした山容をもつ3000m峰

塩見岳西峰からの眺望。右から東峰、蝙蝠岳、富士山

コース&アクセスプラン

塩見岳はすっくとそそり立つ貫禄ある山容を誇る名峰。深田久弥はその特徴を「漆黒の鉄の兜、あるいはズングリした入道頭」と表現している。南アルプスの中央部に位置し、ほかの百名山とはやや距離が離れている。北岳と間ノ岳から仙塩尾根をたどって塩見へ行くこともできるが、ハードなロングコースで、西麓の長野県大鹿村の鳥倉登山口から往復するコースが最も

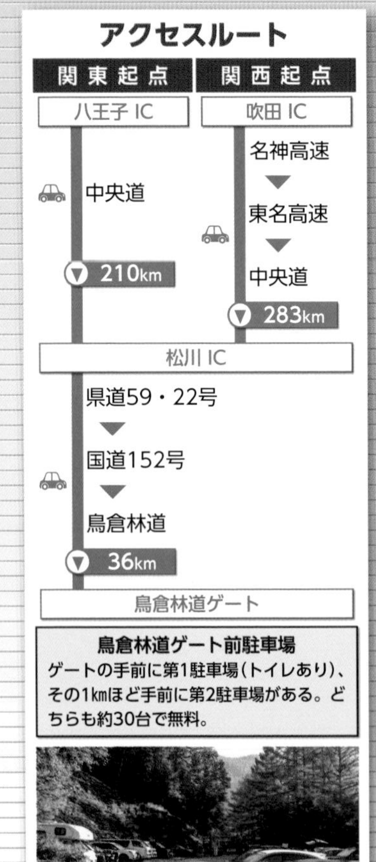

鳥倉林道ゲート手前に位置する第１駐車場

アクセス

▶松川ICから県道59号を進み、JR飯田線伊那大島駅の横を通過する。コンビニは伊那大島駅までの区間の県道周辺にある。東へ進み、小渋湖沿いを走って大鹿方面へ向かい、松除橋の横で県道22号と合わさる。国道152号に出たら右へ進み、大鹿小入口の先で国道から分かれて左の鳥倉方面へ進み、橋を渡って左の鳥倉林道方面へ行く。鳥倉林道は舗装されているが、カーブが多い。越路にゲートがあり、その手前に駐車場がある。駐車場から鳥倉登山口までは徒歩で50分ほど。

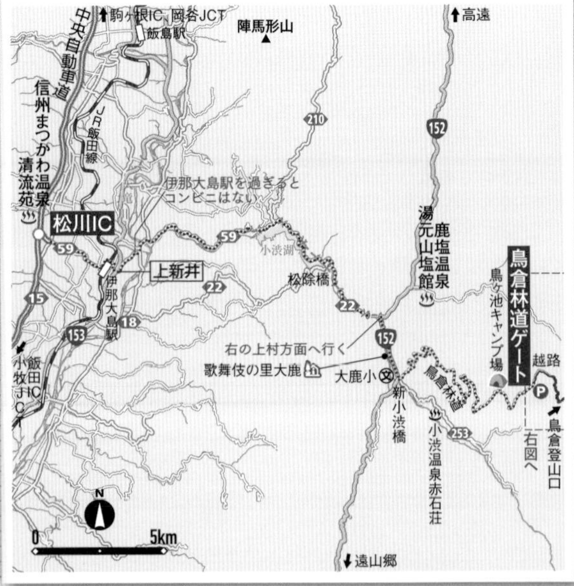

登りやすい。三伏峠周辺に広がるお花畑や塩見岳からの大パノラマなど、みどころが多い。

鳥倉登山口へ至る鳥倉林道にはゲートが設置されており、駐車場は登山口から50分ほど下った所にある。大鹿村へは、中央道の松川ICから県道59号・22号を東へ走ってアクセスする。国道152号から鳥倉林道方面への道が分かれる分岐には信号がないので、鳥倉方面を示す案内表示を見落とさないようにしよう。

登山コースメモ

鳥倉林道ゲート前の駐車場から塩見岳を往復した場合の総歩行時間は15時間30分で、1日目三伏峠小屋泊、2日目塩見小屋泊の2泊3日のプランが歩きやすい。2日間とも三伏峠小屋泊にすると荷物を少なくして往復できるが、2日目の歩行時間が9時間と長くなる。

1日目、駐車場から林道を歩き、鳥倉登山口から樹林帯を登る。支尾根をたどったり、山腹を横切りながら東へ進む。塩川方面からの道（2023年シーズン現在、通行止め）を合わせ、シラビソの樹林を登って三伏峠小屋の立つ三伏峠へ。峠から東の烏帽子岳方面へ10分ほど行くとお花畑が広がっており、塩見岳も展望できる。

2日目、三伏峠からハイマツ帯を登り、塩見岳の眺めがよい三伏山を越える。鞍部から高山植物が咲き競う草原の中を登って本谷山を過ぎ、小ピークを越えながら尾根道を歩く。権右衛門山の南斜面を進んだ後、稜線上を登っていくと塩見小屋に着く。小屋から塩見岳を往復する。ハイマツの広がる斜面を歩いて天狗岩の基部を通過し、鞍部までいったん下って登り返す。ここからが核心部の登りとなり、クサリ場もある岩礫の急斜面を登っていく。急な道を登りきるとまもなく三角点のある塩見岳西峰に着く。さらに東へ進むと最高点の東峰がある。どちらのピークも展望がすばらしく、南アルプスの山々や富士山の大パノラマが展開する。

展望を楽しんだら塩見小屋に戻って1泊し、3日目に往路を戻って林道の駐車場へ下る。

DATA

登山難易度	上級
日　　程	2泊3日
歩行時間	1日目　3時間50分：鳥倉林道ゲート→三伏峠小屋／2日目　5時間50分：三伏峠小屋→塩見小屋→塩見岳→塩見小屋／3日目　5時間50分／塩見小屋→鳥倉林道ゲート
登山適期	7月上旬～9月下旬

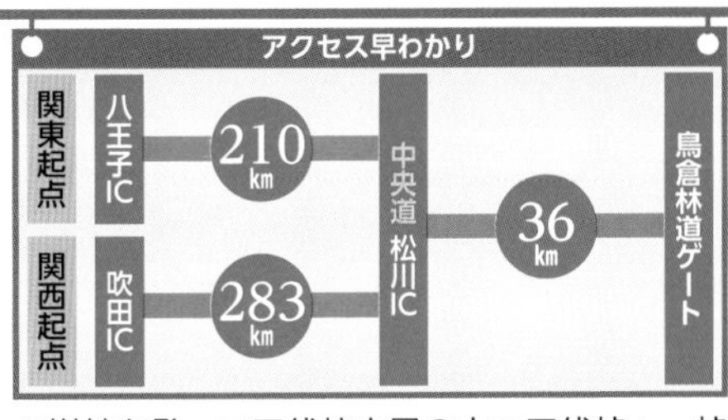

下山後の寄り道

♨SPA

松川ICから2kmほどの距離にある**信州まつかわ温泉清流苑**は松川町営の宿。露天風呂や展望風呂など9つの湯があり、日帰り入浴ができる。また、大鹿村にある鹿塩温泉の**湯元山塩館**は前泊地によい。湯は塩分が強く、保温性に優れていて湯ざめしにくいのが特徴だ。

問合せ先
大鹿村観光協会
☎0265-39-2929

■標高 2592m

77 光岳（てかりだけ）

南アルプス主稜の最南にある
ハイマツ南限の山

木道が続くセンジヶ原から見た光岳と光岳小屋

コース&アクセスプラン

日本アルプス最南の百名山である光岳はハイマツが自生する南限。また、ライチョウが生息する最南地でもある。南アルプス主脈で最も南に位置しているため、登山口までのアプローチは長い。現在は深田久弥が歩いた易老渡（いろうど）から訪れる登山者が多いが、易老渡へつながる林道は崩れることが少なくないので、計画を立てるときに道路状況を確認しよう。途中に芝沢ゲートがあり、ゲートか

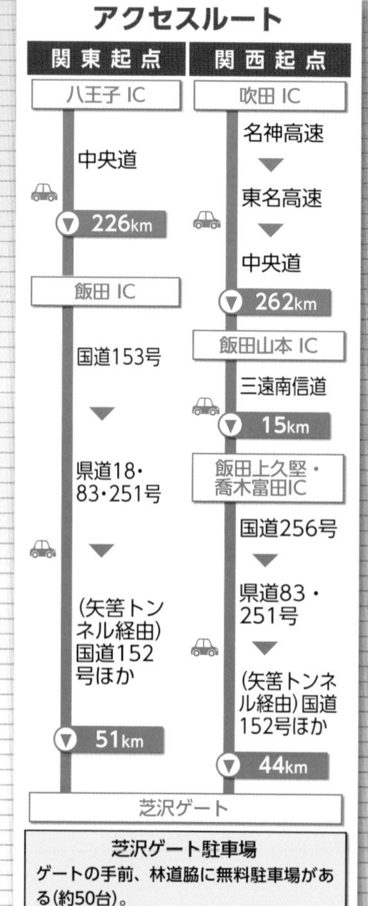

アクセス

▶飯田ICを降りて国道153号を右へ。飯田市立病院を過ぎると上溝（あげみぞ）インターの標識があり、左の側道に入る。永代橋交差点で右折後、弁天橋西交差点で左折し、橋を渡って右折。すぐに左に分かれる県道83号へ。富田郵便局のある十字路で左折し、県道251号に出合って右折して道なりに進む。矢筈トンネルを抜け、国道152号に出たら南下する。関西方面からは三遠南信道の飯田上久堅・喬木富田ICから国道256号、県道83号を進み、富田郵便局のある十字路を右折する。

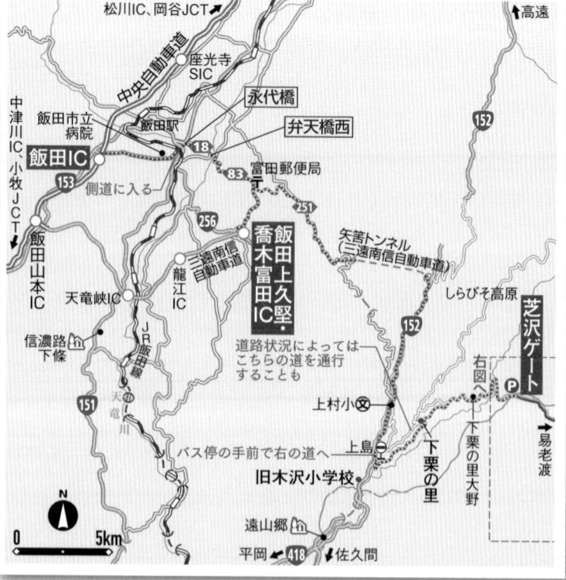

ら1時間20分ほど歩いて登山口となる易老渡へ行く。なお、タクシーは易老渡まで乗り入れできる(2023年度は土砂崩落によりタクシーの運行は中止された)。

易老渡方面の入口は国道152号上にある上島バス停付近にあるが、高速道路のインターからの道のりは長い。関東方面からは中央自動車道の松川ICからアクセスしてもいいが、距離としては飯田ICの方が近い。ルートは入り組んでいて迷いやすいが、上村・矢筈トンネル方面をめざしていこう。国道152号に出たら11kmほど南下して上島バス停まで行く。関西方面から行く場合は三遠南信道(無料)の飯田上久堅・喬木富田ICが起点となる。

登山コースメモ

1日目、芝沢ゲートから林道を東へ進む。1日目の宿・光岳小屋までは長い行程なので、早立ちしよう。易老渡で遠山川に架かる橋を渡り、樹林帯に続く登山道に入る。易老岳までは標高差が1450mを超え、急登が続く。尾根に出て平坦になった面平を過ぎ、急な道をひたすら登って標高2254mの三角点へ。いったん下って登り返すと易老岳に着く。

易老岳から右へ行く。三吉平を過ぎて涸れた沢状の道を行き、水場のある静高平に出る(水は涸れることもある)。小屋まであと20分と記された表示板が立つ。静高平の先でイザルガ岳への道が左に分かれる。イザルガ岳山頂は360度の展望が広がるので、体力に余裕があれば寄っていこう。分岐から山頂まで10分ほどだ。分岐を過ぎて草原地帯のセンジヶ原に延びる木道をたどるとまもなく光岳小屋に到着する。光岳登頂は明日にし、この日は宿でゆっくりしよう。

2日目、荷物を少なくして小屋から東へ向かい、光岳の山頂をめざす。山頂までは15分ほどの道のりだ。山頂標の立つ光岳山頂は木々に囲まれているが、西へ行くと展望が開ける。光岳の山名の由来となった光石も山頂の西にあり、そこからの展望はすばらしい。小屋に戻って荷物をピックアップしたら往路を芝沢ゲートへと戻る。易老岳から易老渡までは急な下りが続くので、無理のないペースで下ろう。

DATA

登山難易度	上級
日程	前夜泊1泊2日
歩行時間	1日目　8時間30分：芝沢ゲート→易老渡→易老岳→光岳小屋／2日目　7時間10分：光岳小屋→光岳→易老渡→芝沢ゲート
登山適期	7月中旬～9月下旬

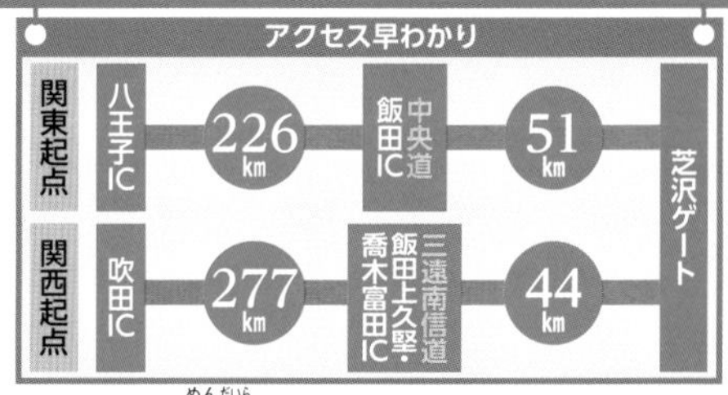

下山後の寄り道

SHIGHTS

芝沢ゲートへ行く林道の北側にある**下栗の里**は「にほんの里100選」に選ばれた里。標高800～1000mの山あいに集落が点在し、自然とともに生きる人々の素朴な暮らしを垣間見ることができる。また、上島バス停から1kmほど南にある**旧木沢小学校**には古い木造校舎が残り、南アルプスに関する資料などが展示されている。

問合せ先　遠山郷観光協会☎0260-34-1071

78 御嶽山（おんたけさん）

展望を楽しみながら
最短コースで最高点の頂に立つ

登山口の田の原では雄大な山容が展開する

コース&アクセスプラン

2022年10月に王滝（おうたき）頂上と剣ヶ峰（けんがみね）の間の八丁ダルミにシェルターが設置され、2023年7月から期間限定で剣ヶ峰への登山道と二ノ池（にのいけ）方面へのトラバース道の規制が解除された。剣ヶ峰への道は例年7月上旬〜10月上旬頃に規制が緩和される。御嶽山の一般ルートの中で七合目まで車で入れる王滝口登山道が最もポピュラーで、駐車場から山頂部が一望できる爽快な展望も王

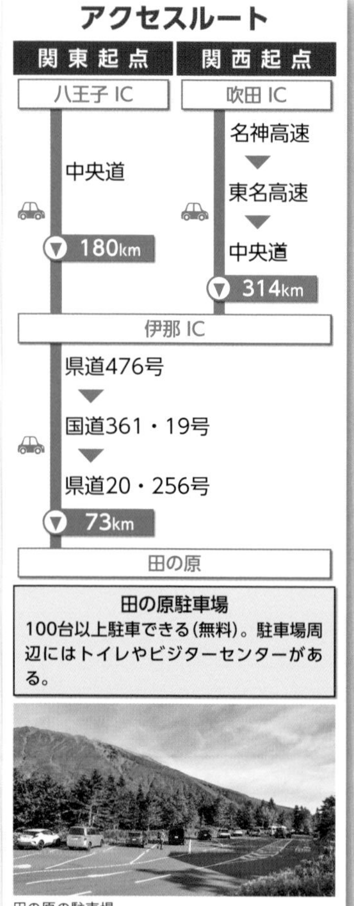

田の原の駐車場

アクセス

▶伊那ICから県道476号を右へ。大萱交差点で左折し、中の原交差点で右折して国道361号を西へ進む。権兵衛トンネルを抜けて神谷入口のT字路で左折して国道19号を南下する。木曽福島駅の東側を抜け、元橋のT字路で御嶽山方面へと右折。県道20号を進んで常盤橋を渡り、三岳黒沢交差点で左の王滝方面へ進む。県道256号を道なりに御嶽山方面へと走り、T字路を右に行って車道の終点にある田の原へ。関西起点の場合は小黒川スマートICで降りて国道361号に出てもいい。

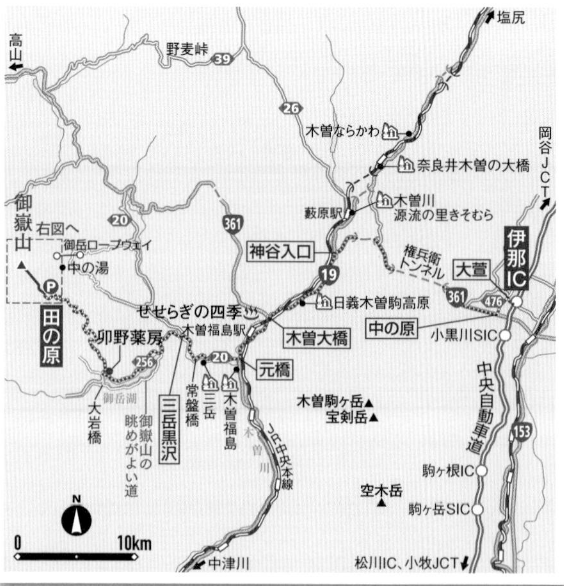

滝口の魅力になっている。

2023年から田の原湿原の再生工事が始まり、新たな宿泊施設もオープンする予定。

田の原へは三岳黒沢交差点を左折してから王滝方面へ直進するが、日野百草本舗王滝店の先を左折して御岳湖の南側を走ると御嶽山が眺められる。その場合、大岩橋を渡って左折せずに進み、王滝村中心地を抜けて七合目の田の原へ。

登山コースメモ

御嶽登山にあたっては事前に火山の活動状況を確認し、頂上付近ではヘルメットを着用しよう。王滝口登山道は剣ヶ峰への最短コースだが、露岩の急斜面や火山礫の道もあるので足回りはしっかり準備したい。信仰の山として老若男女に親しまれてきたことから登りやすい山とされてきたが、コース上には山小屋がなく、水場の一口水も近年ほとんど涸れている。また3000m特有の強風や濃霧などもあるので注意しよう。

田の原から大鳥居をくぐり、一本道をひたすら登っていく。森林限界の八合目からは中央アルプス、八ヶ岳、恵那山の展望が開け、露岩の急登になるが緩急があって登りやすくなり、富士見石からは富士山も望める。

一口水から王滝頂上へは急登が続くが距離は短いので一歩ずつ高度を稼ごう。王滝頂上から八丁ダルミを進み、シェルターの横を直登していき、最後の長い石段を登りつめると御嶽神社頂上奥社が鎮座する最高峰の剣ヶ峰に達する。山頂からは火山灰をかぶった一ノ池、噴火後に水が涸れた二ノ池が見下ろせ、乗鞍岳、槍・穂高連峰も遠望できる。下山は滑りやすい箇所もあるので慎重に往路をたどっていこう。

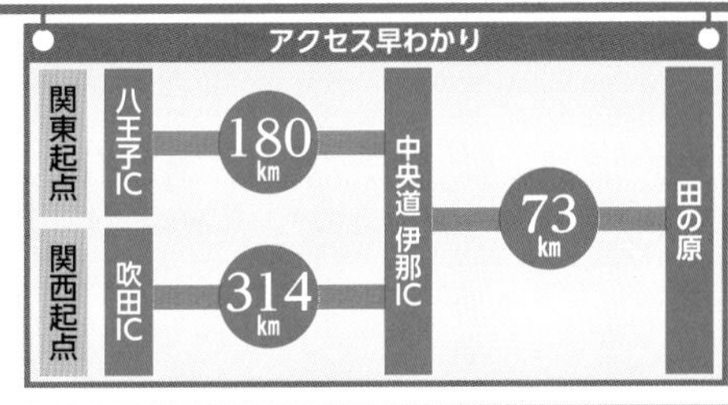

八丁ダルミ付近に設置されたシェルターの横を通過する

DATA

登山難易度	中級
日程	日帰り
歩行時間	5時間20分：田の原→八合目→王滝頂上→剣ヶ峰(往復)
登山適期	7月上旬～10月上旬

下山後の寄り道

SOUVENIR

御嶽山の信者の常備薬として知られる百草丸などを扱う薬舗が王滝村公民館前にある**卯野薬房**。板状の「百草」、原料にキハダを含むハンドクリーム「百草輝肌」や入浴剤などもある。

SPA

県道20号の元橋交差点を左折し、国道19号の木曽大橋交差点を左折していくと食事処もある日帰り温泉・**せせらぎの四季**がある(温泉と食事処の定休日は異なる)。

問合せ先　王滝村観光案内所☎0264-48-2257

■標高 2191m

79 恵那山（えなさん）

中央アルプスの最南端に悠然とそびえる歴史ある山

笹原の道になると視界が開け、南・中央アルプスなどが眺められる

コース&アクセスプラン

恵那山は長野県阿智（あち）村と岐阜県中津川市にまたがり、中央アルプスの主脈から離れてゆったりとそびえている。古くから登られてきた山で、明治時代にはイギリス人宣教師のウォルター・ウェストンも登頂した。登山道は四方から延びているが、ほとんどのルートはアクセスが不便だ。深田久弥は南側の黒井沢ルートを登っているが、登山口へ至る恵那山林道が通行止めにな

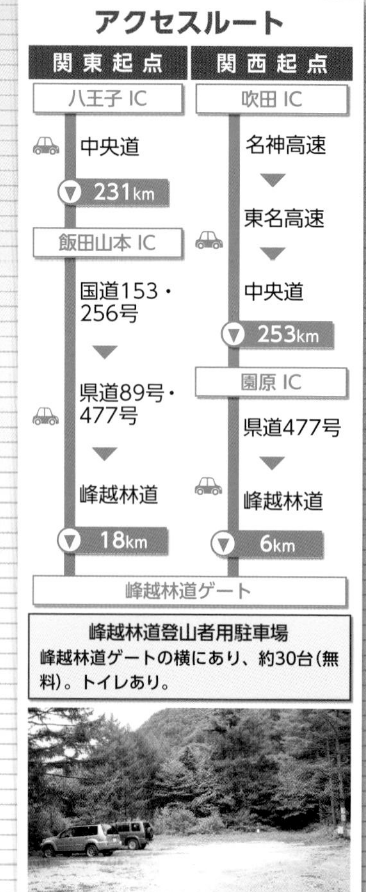

峰越林道ゲートの左側にある登山者用駐車場

アクセス

▶峰越林道ゲート横の登山者用駐車場へは園原ICが近いが、園原ICには名古屋方面の出入口しかない。そのため、東京方面から行く場合には一つ手前の飯田山本ICで降り、国道153・256号などを走って園原IC入口まで行く。コンビニは国道沿いにある。園原ICからは左の月川温泉方面へ進み、峰越林道の登山者用駐車場へ行く。林道は落石などによって通行止めになることがあるので、山行前に阿智村役場のホームページなどで状況を確認しよう。

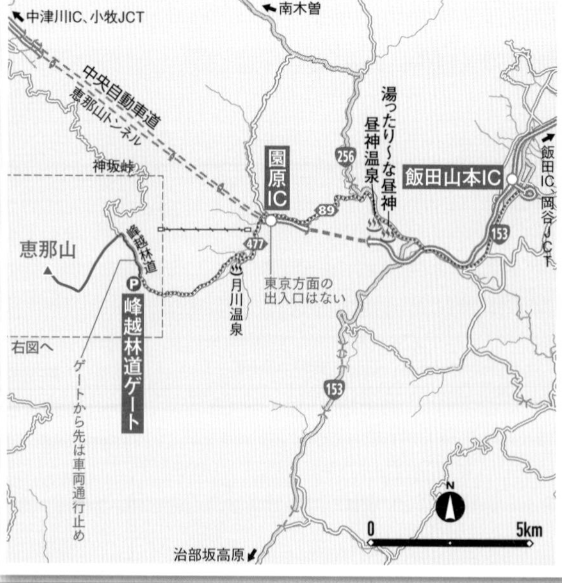

ることが多く、アクセスの便利な広河原ルートが最も訪れやすい。

広河原ルートの起点となる峰越林道（林道大谷霧ヶ原線）のゲートへは、関東方面からは中央道の飯田山本IC、関西方面からは中央道園原ICからアクセスする。

登山コースメモ

広河原ルートは距離的には恵那山への最短ルートだが、峰越林道沿いの登山者用駐車場から山頂までの標高差は約1060mある。最短ルートとはいえ、歩行時間は7時間15分に及ぶので、前日に山麓で1泊しよう。園原ICからクルマで7～8分ほどの距離にある昼神温泉に宿が多く、前泊地に適している。

峰越林道のゲートから林道を歩き、広河原登山口へ。標示板の立つ登山口から河原へ下りて本谷川に架かる木橋を渡る。増水時には木橋を渡れないことがあるので、大雨の後などの入山は避けよう。樹林帯に入ると足元に岩の多い急な登りが続く。傾斜が緩むと笹原の登りになり、

DATA

登山難易度	中級
日　　程	前夜泊日帰り
歩行時間	7時間15分：峰越林道ゲート→広河原登山口→四合目→恵那山（往復）
登山適期	5月下旬～11月上旬

岐阜県
中津川市
0 1km
鳥越峠
神坂峠
大判山 1696
木橋を渡る
広河原登山口
ヘブンスそのはら
1820
テングナギ
川上
広河原ルート
峰越林道
恵那山の最高地点
四合目
2191
恵那山山頂避難小屋
登山者用駐車場
恵那山 2190
峰越林道ゲート
園原IC
長野県
阿智村
本谷川
2023年12月現在、黒井沢登山口へ行く林道は通行止め
黒井沢ルート
野熊ノ池避難小屋

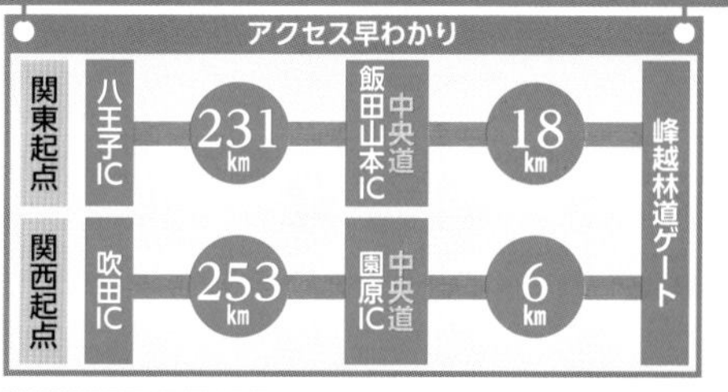

三角点のある恵那山山頂。展望台が立つが、展望は得られない

視界が開けてくる。北東方面には南アルプスなどが見え、変化の少ないコース中で貴重な展望ポイントになる。

見晴らしのよい道から再び樹林帯に入る。ロープが設置されている箇所もあり、足を滑らせないようにマイペースで登っていこう。標識のある九合目を過ぎ、西へ緩やかに登っていくと恵那山の山頂に着く。

展望台や三角点、山頂標がある山頂は木々に囲まれており、展望台に上がっても展望はきかない。山頂から平坦な道を北西に歩くと恵那山山頂避難小屋とトイレがある。さらに神坂峠方面へ進むと四乃宮の社が立ち、その先に恵那山の最高地点（2191m）がある。山頂からは往路を広河原登山口へと戻る。

下山後の寄り道

SPA

園原ICから県道89号を飯田方面へ向かい、国道256号に入ると**昼神温泉**があり、温泉郷の中ほどに日帰り温泉施設の**湯ったり～な昼神**が立つ。また、ひるがみの森などの宿でも立ち寄り入浴ができる。

問合せ先　阿智村商工観光課☎0265-43-2220

■標高 2956m（木曽駒ヶ岳）・2864m（空木岳）

80 81

木曽駒ヶ岳・空木岳

中央アルプスの人気ピークへ

中岳山頂から木曽駒ヶ岳を眺める。右下の建物は頂上山荘

コース&アクセスプラン

中央アルプスの主峰・木曽駒ヶ岳は信仰の対象として古くから人々が訪れてきた山で、登山道も四方から開かれている。木曽駒の南に位置する宝剣岳の東には千畳敷カールが広がり、山麓から千畳敷駅まで駒ヶ岳ロープウェイが延びる。標高2612mの千畳敷駅から登ると木曽駒までの標高差は344mで、短時間で展望抜群の山頂に立つことができる。空木岳は中央アルプス

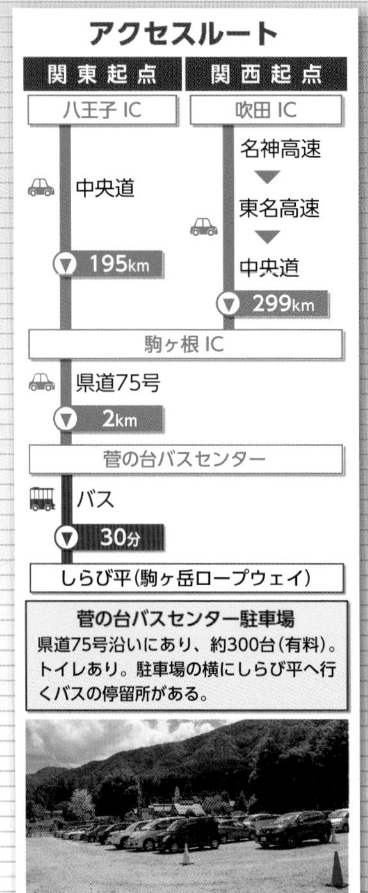

菅の台バスセンターの駐車場。バス停奥にある

アクセス

▶駒ヶ根ICを降りたら県道75号を右の中央アルプス駒ヶ岳方面へ行き、2kmほど走ると右側に菅の台バスセンター駐車場がある。菅の台から県道をさらに1.2kmほど進むと黒川平の駐車場があり（約120台分、有料）、そちらを利用してもいい（しらび平までのバス料金は菅の台からの料金と同じ）。菅の台の駐車場が満車の場合にはこの黒川平駐車場、南側の駒ヶ池駐車場（約100台分、有料）を利用する。なお、コンビニは駒ヶ根ICから左の駒ヶ根市街方面へ進むと何軒かある。

主脈の中央部にそびえ、風格のある堂々とした山容をもつ。空木岳へ登る場合も千畳敷駅を起点にすると訪れやすいが、いくつものピークを越えていくハードな縦走路で、上級者向きだ。

ロープウェイ山麓のしらび平駅へ行く道はマイカー規制が敷かれており、駒ヶ根高原の菅の台バスセンターに駐車してバスに乗り換える。中央道駒ヶ根ICから菅の台までは約2km。駒ヶ根高原には宿が多く、前泊地にも適している。

登山コースメモ　木曽駒ヶ岳

千畳敷駅から木曽駒ヶ岳までは1時間50分の登り。駅舎を出て駒ヶ岳神社の前から右へ行く。夏には花々が咲き競う千畳敷カール内を歩き、八丁坂分岐へ。急傾斜の八丁坂をジグザグに登っていくが、道脇の斜面にはお花畑が広がっている。斜面を登りきると稜線上の乗越浄土に出る。

DATA 木曽駒ヶ岳

登山難易度	初級
日　　程	日帰り
歩行時間	3時間30分：千畳敷駅→乗越浄土→中岳→木曽駒ヶ岳(往復)
登山適期	7月中旬～10月上旬

八丁坂を登る。登山道の周囲にはお花畑が広がっている

左へ向かい、宝剣山荘の裏手で右へ曲がる。中岳の西側を巻くコースを分けると中岳山頂に着く。山頂からは正面に木曽駒ヶ岳が見える。

山頂から鞍部へ下って頂上山荘を過ぎ、両側にロープのある道を登っていく。頂上木曽小屋への道が分かれ、道幅が狭くなると木曽駒ヶ岳山頂だ。伊那と木曽の二つの駒ヶ岳神社がある山頂は360度の展望が広がり、北・南アルプスなどの大パノラマが楽しめる。展望を楽しんだら往路を千畳敷駅へと戻る。

サブコース

木曽駒ヶ岳山頂から氷河湖の濃ヶ池へ足を延ばして宝剣山荘に戻る周回コースをとることもできる。木曽駒から東へ進み、濃ヶ池分岐で稜線から離れて右へ下る。濃ヶ池周辺には高山植物が多く、秋には池を取り囲むナナカマドの紅葉が美しい。濃ヶ池から咲き競う花々を見ながら山腹を横切った後、ハシゴのある急傾斜の道を登って駒飼ノ池へ。駒飼ノ池は水量が減り、今は小さな流れになっている。木曽駒山頂から濃ヶ池経由で宝剣山荘へ戻った場合のコースタイムは2時間40分で、往復コースよりも1時間50分ほど歩行時間が長くなる。

登山コースメモ　空木岳

出発点の千畳敷駅から主稜線上へ登って南へ縦走し、木曽殿山荘に1泊。翌日、空木岳の山頂に立って池山尾根を下り、駐車場のある菅の台バスセンターに下山する。

１日目、千畳敷駅から極楽平に上がる。主脈

DATA 空木岳

登山難易度	上級
日程	前夜泊1泊2日
歩行時間	1日目　7時間15分：千畳敷駅→極楽平→檜尾岳→熊沢岳→木曽殿山荘／2日目　6時間40分：木曽殿山荘→空木岳→菅の台バスセンター
登山適期	7月中旬〜10月上旬

極楽平から中央に見える空木岳へと続く主脈縦走路

上にある極楽平の標高は2827mだが、ここからアップダウンを繰り返すコースで、体力的にハードだ。見晴らしのよい縦走路をたどり、巨岩が折り重なる濁沢大峰、1日目の中間点となる檜尾岳を過ぎ、難所となる急峻な岩場を越えて熊沢岳へ。さらに熊沢五峰とよばれる小ピークを越えていく。東川岳の山頂に立つと、前方に空木岳がどっしりとそびえている。東川岳から急な道を下ると1日目の宿・木曽殿山荘が立つ。

2日目、山荘を出発すると急な登りが始まる。空木岳までは急な岩場を越えたり、大岩上をトラバースしたり、険しい道が続く。空木岳山頂は大パノラマが広がり、御嶽山や南アルプス、八ヶ岳などを一望できる。

山頂からは東の池山尾根へ。空木駒峰ヒュッテ前に分岐があり、左へ行くと巨岩の駒石がある。空木平からの道と合流し、クサリのある小地獄、大地獄を下る。樹林帯を進んで池山小屋分岐を過ぎ、池山林道終点へ（2023年12月現在、林道は車両通行止めでタクシーも入れない）。林道終点から菅の台までは１時間ほどだ。

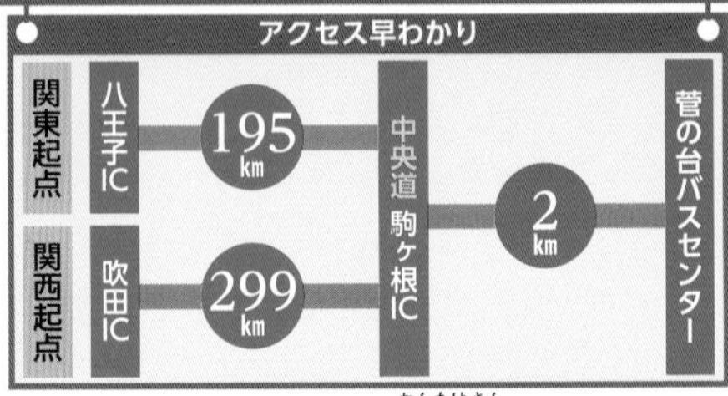

セットで登る

セットで登る場合は、先に木曽駒ヶ岳へ登ってから空木岳へ向かおう。木曽駒から主稜線上を縦走する場合、宝剣岳を通過することになるが、宝剣岳周辺はクサリ場や足場の狭い難所が多く、特に南側は峻険な岩場が続く。岩場の通過に慣れていない場合は、歩行時間に大きな差はないので、乗越浄土から千畳敷駅へ下って極楽平へ登り返して空木岳へ向かうといい。

下山後の寄り道

♨ **SPA**

菅の台バスセンター駐車場の西に日帰り温泉施設の**こまくさの湯**がある。菅の台から300mほどの便利な位置にあり、露天風呂や薬湯などいろいろな湯を備えており、人気の高い施設。菅の台から南の大沼湖、光前寺方面へ行くと、駒ヶ根高原家族旅行村に**露天こぶしの湯**がある。ウッドデッキが設置された露天には岩風呂とヒノキ風呂があり、周囲の山々を眺めることができる。また、菅の台周辺には日帰り入浴ができる宿もある。

問合せ先　駒ヶ根観光協会☎0265-81-7700

東名高速周辺

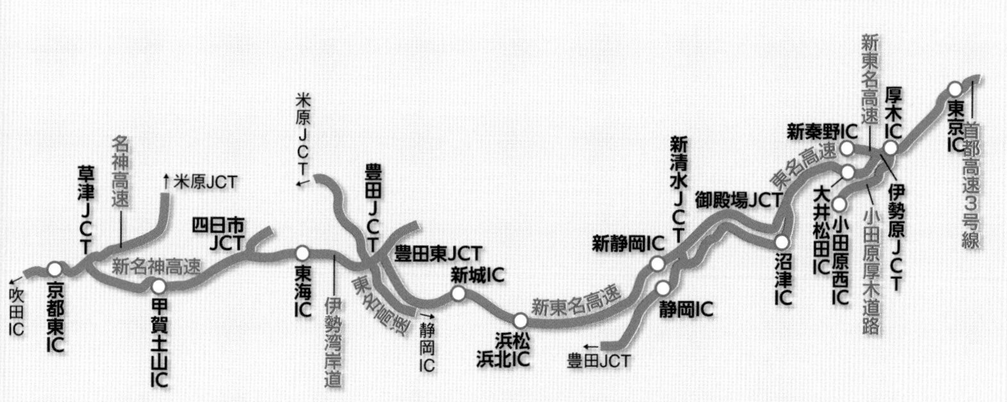

82 悪沢岳 ……… 181
83 赤石岳 ……… 181
84 聖岳 ………… 183
85 丹沢山 ……… 184
86 天城山 ……… 186

東名高速周辺マップ
瑞牆山
金峰山
埼玉県
雲取山
奥多摩
丹波山
奥多摩
青梅
山梨県
北杜
須玉IC
甲斐駒ヶ岳
大菩薩嶺
小菅
東京都
仙丈ヶ岳
韮崎IC
甲府昭和IC
鳳凰山
韮崎
檜原
北岳
山梨
甲州
長野県
間ノ岳
甲斐
大月JCT
大月IC
農鳥岳
白根IC
甲府
笛吹
中央自動車道
上野原
南アルプス
勝沼IC
大月
JR中央本線
相模湖IC
高尾山IC
塩見岳
櫛形山
中央
甲府南IC
都留IC
中部横断自動車道
南アルプスIC
市川三郷
三ッ峠山
都留
新東名高速道路
82 悪沢岳
西桂
富士河口湖
六郷IC
富士吉田
丹沢山 85
河口湖IC
富士山
忍野
身延
中富IC
神奈川県
塔ノ岳
83 赤石岳
山中湖IC
東富士五湖道路
秦野中井IC
84 聖岳
笊ヶ岳
早川
身延山
下部温泉
下部温泉早川IC
秦野丹沢SIC
東京IC
大井松田IC
七面山
富士山
山北
秦野
光岳
身延
身延山IC
新御殿場IC
南足柄
畑薙第一ダム
梅ヶ島温泉
JR身延線
御殿場
小田原厚木道路
南部IC
御殿場IC
大無間山
御殿場JCT
小田原
長泉沼津IC
小田原西IC
富沢IC
富士宮
箱根山
小田原
井川
新富士IC
裾野IC
富士IC
愛鷹山
寸又峡温泉
沼津IC
裾野
ターンパイク箱根
相模湾
大井川鐵道
新清水IC
富士
三島
真鶴
東海道新幹線
湯河原
千頭
静岡県
新富士
東名高速道路
JR東海道本線
沼津
新清水JCT
熱海
沼津
伊豆箱根鉄道
伊豆スカイライン
JR伊東線
川根本
新静岡IC
伊豆の国
清水IC
清水
藤枝岡部IC
静岡
新東名高速道路
修善寺
伊東
静岡
修善寺温泉
伊豆
伊東温泉
豊田東JCT
静岡IC
駿河湾
土肥温泉
島田金谷IC
伊豆半島
86 天城山
天城高原IC
藤枝
焼津
島田
天城峠
金谷
熱川温泉
富士山静岡空港
吉田IC
伊豆急行
掛川
西伊豆
湯ヶ野温泉
東伊豆
松崎温泉
松崎
河津
稲取温泉
菊川
掛川IC
牧之原
豊田JCT
伊豆急下田
下田
御前崎
南伊豆
下賀茂温泉
石廊崎
N
0
20km
1:933,000

■標高 3141m(悪沢岳)・3121m(赤石岳)

23

悪沢岳（わるさわだけ）・赤石岳（あかいしだけ）

山の大きさを実感できる
南アルプス屈指の周回路

悪沢岳方面からどっしりとした赤石岳を望む

コース&アクセスプラン

東岳（ひがしだけ）ともよばれる悪沢岳、南アルプス南部の盟主・赤石岳。椹島（さわらじま）を起点に国内6位および7位の高峰を巡る周回コースは、眺望やお花畑に恵まれ、何より南アルプスならではの懐の深さに魅了される。それだけに歩行時間は長く、稜線上のアップダウンもあるため、歩き通すだけの十分な体力が求められる。

登山口となる前泊地の椹島までは畑薙（はたなぎ）第一ダ

アクセスルート

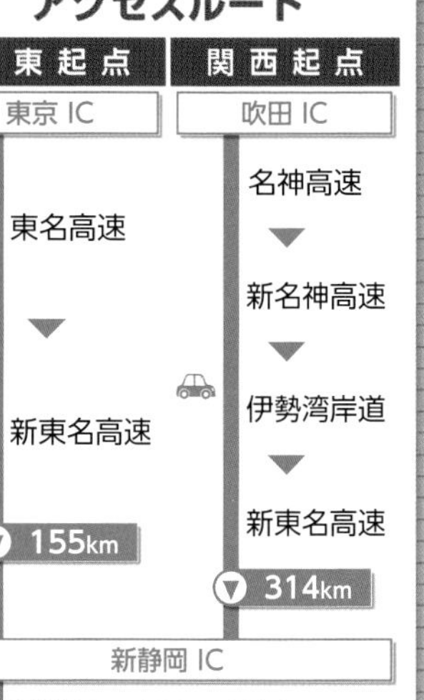

畑薙第一ダム夏季臨時駐車場
7月中旬〜10月上旬の間、無料駐車場があり約200台。仮設トイレあり。なお、ゲートのある沼平に駐車スペースがあるが、数が限られ(約15台分)、そこから送迎バスに乗車することはできない。

送迎バス
1時間
椹島

アクセス

▶新静岡ICから県道27号を安倍川に沿うように北へ進み、玉機橋交差点を左折。道は途中から県道189号となり、山あいの集落を結ぶように進む。その後、県道60号に合流し、カーブの連続する道をたどると井川湖畔に出る。この先からは大井川に沿うように北上すると、やがて畑薙第一ダム夏季臨時駐車場に至る。ここで東海フォレストの送迎バス(季節運行、乗車するには指定の山小屋へ宿泊する条件あり)に乗り換え、登山口の椹島へ向かう。

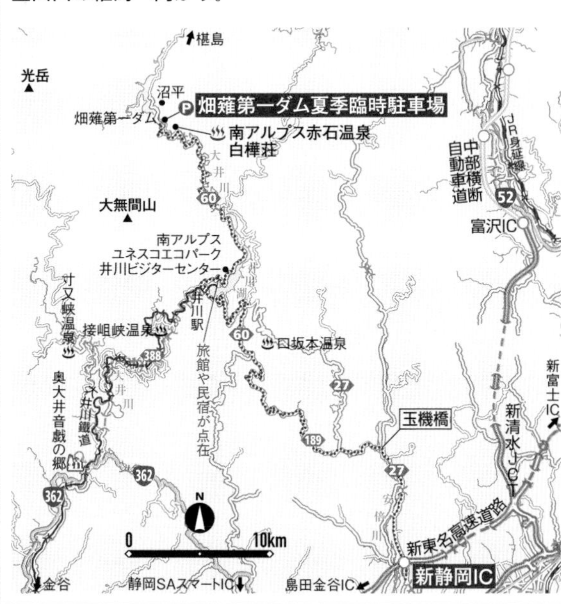

ム夏季臨時駐車場から東海フォレストの送迎バスを利用する（利用条件あり）。早朝便で椹島へ入るのであれば、畑薙第一ダム手前の南アルプス赤石温泉白樺荘あるいは井川湖畔の旅館や民宿が前泊しやすい。

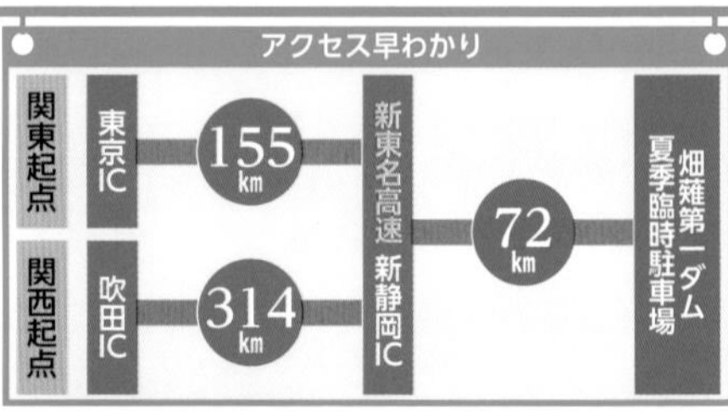

中岳から見た悪沢岳（左）と富士山

登山コースメモ

1日目、椹島を出て滝見橋を渡った後、左手の吊橋を渡る。登山道に入ると急登となり、一度大きく下った後は緩やかな登山道が続く。水場のある清水平で休憩し、見晴台や駒鳥池を過ぎると、やがて千枚小屋が見えてくる。

2日目、千枚小屋から樹林帯を抜け、好展望地の千枚岳へ。この先の岩場はコース中随一の難所で、傾斜のきつい下降では、足元をしっかり確認しながら通過しよう。広々とした山頂の丸山を越え、巨石の間を縫うように登りつめると、悪沢岳（東岳）に着く。南アルプス全域を見通す山頂からの眺めは圧巻だ。踏ん張りにくいザレ場を下りきり、登り返した先が中岳。南アルプス屈指ともいわれるお花畑の急斜面を下った先に荒川小屋が立つ。

3日目、荒川小屋から大聖寺平までは水平のトラバース道を行く。ここから赤石岳へ向けてジグザグの急登が始まる。標高3000m前後の稜線だけに呼吸も乱れがちになるが、小赤石岳を過ぎれば、もうひと登りで赤石岳にたどり着く。堂々とした山容と抜群の眺望は、南アルプス南部の盟主の名に恥じない。稜線を分岐まで戻り、富士見平を経て赤石小屋まで下る。

4日目、大倉尾根ともよばれる急傾斜の東尾根を、椹島までひたすら下る。

DATA

登山難易度	上級
日程	前夜泊3泊4日
歩行時間	1日目　6時間45分：椹島→千枚小屋／2日目　5時間5分：千枚小屋→悪沢岳→荒川小屋／3日目　5時間10分：荒川小屋→赤石岳→赤石小屋／4日目　3時間40分：赤石小屋→椹島
登山適期	7月中旬～10月上旬

下山後の寄り道

SPA

前泊地として紹介した**南アルプス赤石温泉白樺荘**では立ち寄り入浴もできる。内風呂と露天風呂の両方から南アルプスの山々が眺められる。施設内には食堂もある。

問合せ先　井川観光協会☎080-1560-6309

84 聖岳

南アルプス南部に鎮座する
緑に覆われた巨大な峰

＊アクセス情報は
P181に掲載

コース&アクセスプラン

赤石岳の南方にどっしりとした姿でそびえる聖岳は日本アルプス最南の3000m峰。三角点は奥聖岳にあるが、最高点の前聖岳(3013m)が聖岳とよばれている。ここでは東側の聖沢登山口から登るコースを紹介する。登山の起点となる畑薙第一ダムから登山口までは4時間半ほどの林道歩きになるので、椹島ロッヂに前泊しよう。登山初日に東海フォレストの送迎バスを利用して登山口で下車し、下山後は登山口から50分ほど歩いて椹島へ戻り、バスに乗る。帰路の最終バスの時刻は12～14時頃と早めの時間帯なので、ゆとりをもって2泊3日の行程を組み、宿泊する聖平小屋の営業期間内(7月中旬～9月下旬頃で、素泊まりのみ)に訪れよう。

送迎バスが発着する畑薙第一ダム夏季臨時駐車場へは新東名高速の新静岡ICから向かう。

聖平からの眺め。小聖岳（左）の奥に聖岳が見える

DATA

登山難易度	上級
日　程	前夜泊2泊3日
歩行時間	1日目　6時間：聖沢登山口→聖平小屋／2日目　4時間45分：聖平小屋→聖岳(往復)／3日目　5時間30分：聖平小屋→椹島
登山適期	7月中旬～9月下旬

登山コースメモ

1日目、聖沢登山口から樹林帯を登る。滑りやすい斜面のトラバースや傾いた桟道を通過する箇所もあるので、慎重に登ろう。聖沢吊橋を渡り、水場を過ぎて滝見台に着くと眼前に細長い滝が眺められる。滝見台から斜面を横切るようにして進み、橋を渡って沢沿いを登っていくとテント場の先に聖平小屋がある。

2日目、小屋から5分ほどで聖岳と茶臼岳を結ぶ縦走路に出る。右へ行って花々が咲く斜面を登ると薊畑に着き、易老渡からの道を合わせる。北へ向かい、樹林帯を抜けると眺めのよい小聖岳に着く。鞍部へ下った後、岩礫の急斜面の登りとなる。滑りやすい道を慎重に登ると大パノラマが広がる聖岳山頂だ。体力に余裕があれば北東の奥聖岳へ足を延ばそう(往復で45分)。展望を楽しんだら聖平小屋へ戻る。

3日目、小屋から往路を登山口まで下る。登山口からは林道をたどって椹島へ行く。

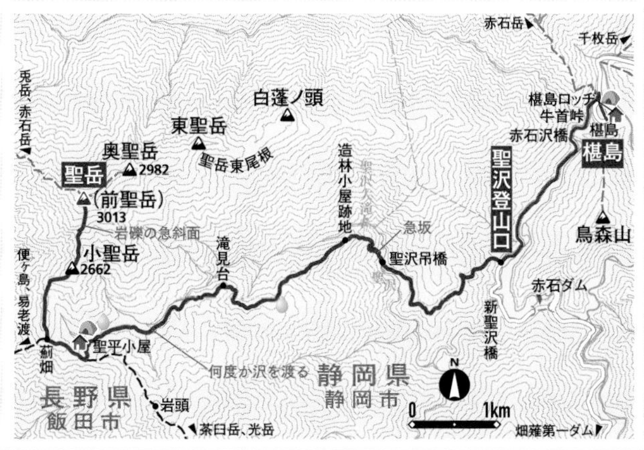

問合せ先
井川観光協会
☎080-1560-6309

85 丹沢山（たんざわさん）

四季を問わず幅広い登山者が訪れる 首都圏近接の手軽に登れる山塊

丹沢山塊の中央でどっしりとかまえる丹沢山

コース&アクセスプラン

神奈川県西部に横たわる丹沢。首都圏に近く、公共交通の便もよいことから、ハイキングがてら訪れる人も多い山域だ。『日本百名山』で深田久弥が指す丹沢山とは、単なる一峰ではなく、最高峰の蛭ヶ岳（ひるがたけ）や檜洞丸（ひのきぼらまる）、古くから里の人々に親しまれてきた塔ノ岳（とうのだけ）などを含む丹沢山塊のことである。ここでは比較的訪れやすい、塔ノ岳(1491m)を経て丹沢山(1567m)へと向かう

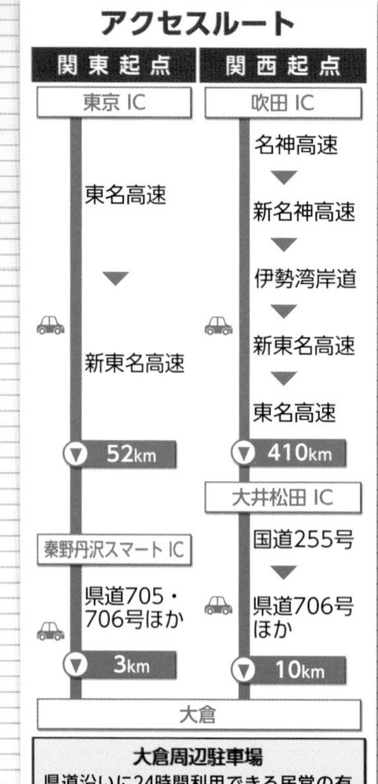

大倉周辺駐車場

県道沿いに24時間利用できる民営の有料駐車場がある(約40台)。トイレや自動販売機は大倉バス停のそばにある。なお、県立の秦野戸川公園に大倉駐車場があるが、夜間の駐車はできないため(利用時間8～21時)、山小屋泊の場合には利用できない。

アクセス

▶秦野丹沢スマートICから左へ行く。秦野丹沢スマートIC交差点で右折して県道705号を進み、平和橋を渡って大倉入口交差点で右折。県道706号を2kmほど走ると大倉に着く。大井松田ICからは山北・秦野方面へ進み、国道255号を北へ行く。籠場（かごば）インター交差点で右へ行き、新東名高速道の新秦野IC入口の横を過ぎ、柳町交差点で案内板に従って大倉方面へと左折する。道なりに北上して大倉入口で左折し、県道706号を走って大倉へ行く。

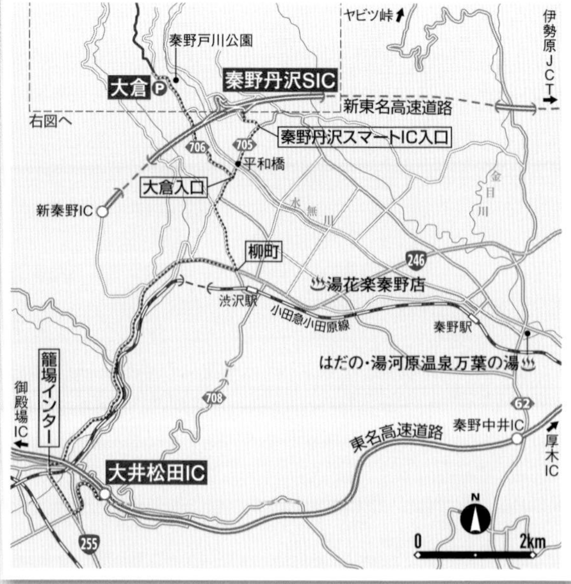

コースを紹介する。なお、夏期を中心にヤマビルが活動するので、ヒル対策も念入りに。

登山口となる大倉へは、関東起点の場合は新東名高速の秦野丹沢スマートICからアクセスする。関西起点の場合は大井松田ICから国道255号を経由して大倉へ向かおう。

登山コースメモ

1日目は、秦野戸川公園のある大倉地区が起点。舗装された道から登山道へと入り、見晴茶屋を過ぎたあたりから急登と緩斜面が交互に現れる。天神尾根が合流する茅場平から花立山荘までは階段状の急斜面が続くので、ここを頑張って切り抜けたい。花立山荘から緩やかに高度を稼げば、富士山や相模湾の眺望に恵まれた塔ノ岳に着く。塔ノ岳からブナの見られる稜線の登下降を繰り返しながら丹沢山をめざし、山頂脇のみやま山荘に泊まる。

2日目は往路を戻る。健脚であれば、早朝発での日帰りも可能なコースだ。

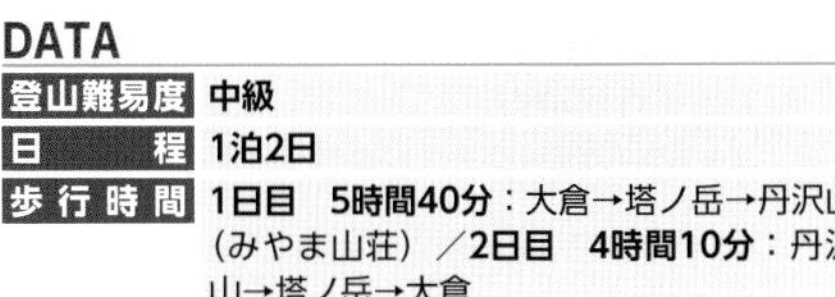

DATA

登山難易度	中級
日程	1泊2日
歩行時間	1日目　5時間40分：大倉→塔ノ岳→丹沢山（みやま山荘）／2日目　4時間10分：丹沢山→塔ノ岳→大倉
登山適期	3月下旬〜12月上旬

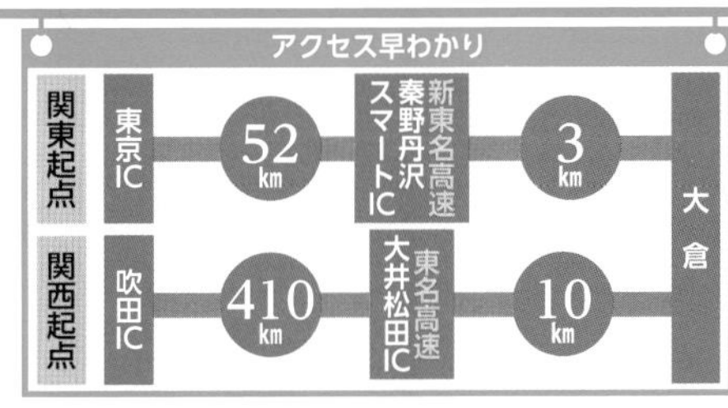

尊仏山荘の立つ塔ノ岳山頂

サブコース

別名・バカ尾根ともよばれる単調な大倉尾根を下らず、山歩きのアクセントとして帰路に塔ノ岳の先の分岐点にあたる金冷シから鍋割山をめざすのもいい。金冷シから鍋割山までアップダウンはさほどない。大倉への下山は、後沢乗越、二俣を経て、西山林道を利用する。金冷シから鍋割山経由で大倉までの歩行時間は4時間20分で、往復コースより1時間55分長くなる。

下山後の寄り道

♨ SPA

下山後、秦野中井IC方面へ向かうと日帰り入浴ができる施設がある。大倉入口交差点で左折して水無川の北側の道に入ると、県道62号とぶつかるT字路付近に**はだの・湯河原温泉万葉の湯**が立つ。24時間営業の施設で、露天風呂や石風呂を備えている。また、国道246号の北には人工温泉を利用した**湯花楽秦野店**がある。

問合せ先　秦野市観光協会☎0463-82-8833

86 天城山（あまぎさん）

アセビやシャクナゲが群生する 伊豆半島の最高峰を訪ねる

万二郎岳直下から馬の背の山稜の先に万三郎岳（左）を望む

コース&アクセスプラン

天城山は伊豆半島の中央部に連なる山群の総称で、最高峰の万三郎岳をはじめ、万二郎岳、遠笠山などのピークが東西に連なる。標高1406mの万三郎岳は伊豆半島の最高峰でもある。クルマ利用の場合は、北東側の天城高原ゴルフコース入口を起点として万二郎岳と万三郎岳を巡る周回コースが歩きやすい。

小田原から国道135号が伊豆半島南の下田へ

天城高原ハイカー専用駐車場
天城高原ゴルフコース入口に約100台分の無料駐車場がある。トイレあり。

アクセス

▶東京方面からは、東名高速厚木ICから小田原厚木道路へ進み、小田原西ICで降りて一般道を600mほど進んでターンパイク箱根へ。ターンパイクの箱根小田原本線と箱根伊豆連絡線を乗り継いだ後、県道20号を南下し、熱海峠ICから伊豆スカイラインに入って天城高原へ。関西方面からは、沼津ICか長泉沼津ICから国道136号などを走って修善寺へ向かう。横瀬交差点で県道12号へと進んで伊豆スカイラインの冷川ICへ。終点の天城高原ICを出たら右へ行く。

と延びているが、沿線には温泉街や観光地が多く、混雑することが多い。東京方面からアクセスする場合は、小田原厚木道路からターンパイク箱根を経由し、山稜を走る伊豆スカイラインを利用して天城山へ向かった方がスムーズだ。関西方面からは東名高速の沼津ICか、新東名高速の長泉沼津ICからアクセスし、南下して県道12号に入り、冷川(ひえかわ)ICから伊豆スカイラインに乗る。途中、有料の伊豆中央道と修善寺(しゅぜんじ)道路を利用すると時間が短縮できる。

登山コースメモ

万二郎岳と万三郎岳の周回コースにはアセビやアマギシャクナゲ、トウゴクミツバツツジなどが群生しており、5月後半のシャクナゲやツツジの花期に訪れるのがおすすめだ。

ハイカー専用駐車場を出発し、道路の反対側にある登山口から樹林の中を緩やかに登る。登山道周辺にはヒメシャラやリョウブが多く見られる。シャクナゲコースとの分岐点となる四辻(よつじ)を過ぎ、なおも樹林帯を登って万二郎岳山頂へ。

DATA

登山難易度	初級
日程	日帰り
歩行時間	4時間45分：天城高原ゴルフコース入口→万二郎岳→万三郎岳→ゴルフコース入口
登山適期	5月上旬～11月下旬

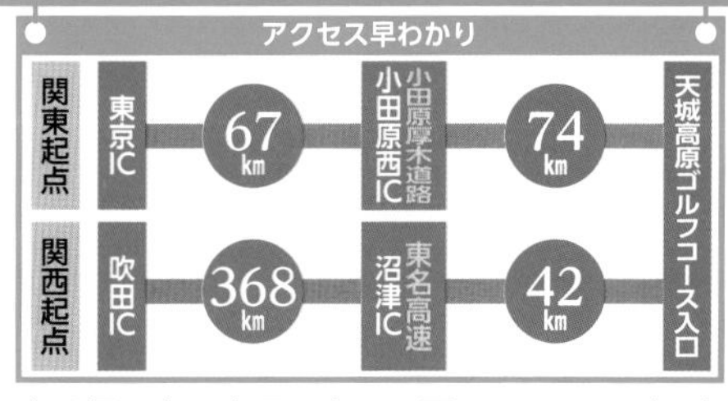

山頂標の立つ山頂は木々に覆われているが、南端に進むと南側の展望が開ける。山頂を後にして西へ5分ほど行くと露岩帯があり、これから向かう馬の背の山稜の先に万三郎岳の頂が見える。露岩帯から急な道を下った後、馬の背の山稜を登り返していくとツツジ科のアセビの群生地がある。アセビのトンネルを抜けて鞍部になった石楠立(はなだて)を過ぎる。大きなブナやアマギシャクナゲが見られる樹林帯を緩やかに登り、最後に急斜面を登ると万三郎岳の山頂だ。木々に囲まれた山頂には三角点や案内板がある。

万三郎岳から西へ向かい、分岐点で右へ進んで主稜線から離れ、樹林の中をぐんぐん下る。涸沢(からさわ)分岐点を過ぎてシャクナゲコースをたどり、山腹を横切るようにして進んでいく。四辻で往路に合流し、出発点の駐車場へと戻る。

下山後の寄り道

♨ SPA

伊豆には多くの温泉地があるので、山行の行き帰りに宿泊していくといい。天城山の北東側には湯量が豊富な**伊東温泉**や江戸時代から港町として栄えてきた**網代(あじろ)温泉**などがある。日帰り入浴できる温泉宿も数多くあり、伊東温泉の南、国道135号沿いにある**道の駅伊東マリンタウン**は海の見える立ち寄り温泉を備えている。天城山の西側には伊豆で最も長い歴史をもつ**修善寺温泉**や、**湯ヶ島温泉**や**月ヶ瀬温泉**、**青羽根(あおばね)温泉**などの個性ある温泉地が広がる天城温泉郷がある。修善寺温泉には日帰り入浴ができる温泉宿が点在しており、青羽根温泉には露天風呂を備えた立ち寄り温泉の**湯の国会館**が立つ。

問合せ先　伊豆市観光協会☎0558-99-9501

Column 5

クルマ登山時の失敗例

クルマ登山時に最も心がけたいことは行き帰りの運転中に事故を起こさないことだが、それ以外にも起こしやすいトラブルがある。ここではその例を挙げていこう。

忘れ物をする

歩き始めて忘れ物に気づいたらクルマに戻ればいいと思うだろう。しかし、戻ることができない地点まで行って気づくこともあるので、駐車場を出発する前に車内に忘れ物がないかをチェックする習慣をつけよう。現地に着いて慌ただしくザックに装備を詰めると忘れ物をする可能性が高くなるので、家を出る前にほとんどの装備をパッキングしておいた方がいい。アクセスの途中で買ったおにぎりなど、ザックに入れていないものは車内に置き忘れやすくなるので注意したい。

自宅を出るときに装備をクルマに積み忘れることもある。運転する場合は登山靴を履かないので、登山靴を忘れてしまうケースもある。靴はクルマに載せてあったはずといった思い込みは禁物で、自宅を出るときにも必要な装備を用意したかどうかを確認しよう。

クルマを離れる前には忘れ物やライトの消し忘れがないかを必ず確かめたい

ライトを消し忘れる

早朝に目的地へ着いた場合、まだ薄暗いうちから登山の準備をする。そのため、クルマの室内灯をつけっぱなしにしてしまうことがある。その場合、山中泊の山行のときには下山時にクルマのバッテリーが上がってしまうことがある。歩き始める前にはライトの消し忘れがないかも確かめよう。

クルマのキーが見つからない

クルマのキーは貴重品などと一緒にチャック付きの小型パックに入れておくのが一般的。そのパックをザックの奥にしまうと下山してきたときになかなか見つけられず、駐車場でザックの中身を広げている人を見かけることもある。キーを入れたパックは雨蓋の内側（裏側）のポケットなど、取り出しやすい場所に入れておく方がいい。なお、物を出し入れすることが多い雨蓋のポケットは中の物が落ちる可能性があるので、キーなどは入れないようにしたい。

到着時刻が予定より遅れる

途中で渋滞に巻き込まれたり、道を間違えたりして予定時刻に登山口に到着できないことがある。大幅な遅れであれば、その日の行動を中止して近くの宿に泊まることを検討したい。マイカー登山の場合、公共交通機関利用時に比べてアプローチにかかる時間が変動しやすいので、遠隔地の山へ出かけるときには山麓に前泊するプランにしたり、日程と時間に余裕をもった計画を立てよう。

北陸・西日本

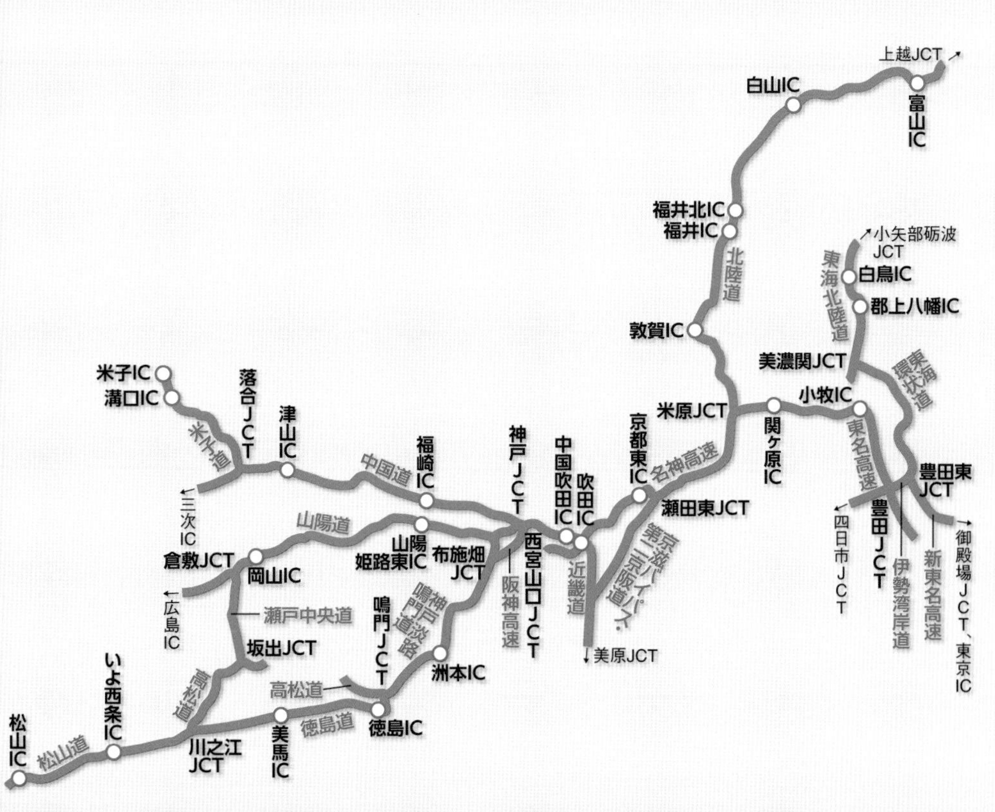

87 白山 ………… 192
88 荒島岳 ……… 194
89 伊吹山 ……… 196
90 大台ヶ原山 … 198
91 大峰山 ……… 200
92 大山 ………… 202
93 剣山 ………… 204
94 石鎚山 ……… 206
95 九重山 ……… 208
96 祖母山 ……… 210
97 阿蘇山 ……… 212
98 霧島山 ……… 214
99 開聞岳 ……… 216
100 宮之浦岳 …… 218

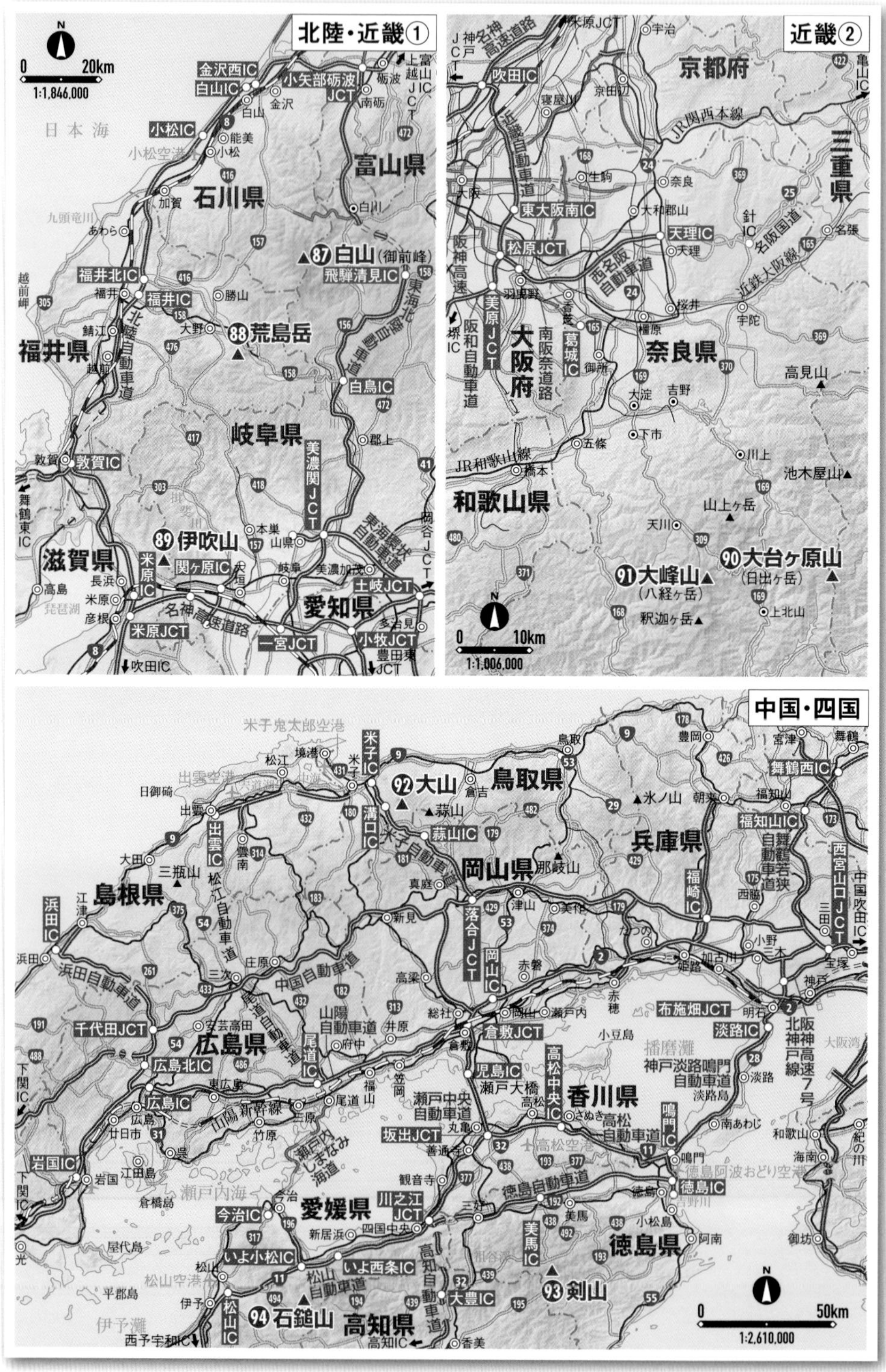
北陸・近畿①
N
0 20km
1:1,846,000
日本海
金沢西IC
白山IC
小矢部砺波JCT
上越JCT
富山IC
砺波
南砺
金沢
白山
小松IC
能美
小松
小松空港
富山県
石川県
加賀
白川
九頭竜川
あわら
87 白山（御前峰）
飛騨清見IC
東海北陸自動車道
福井北IC
福井
福井IC
勝山
越前岬
鯖江
大野
88 荒島岳
福井県
越前
北陸自動車道
白鳥IC
岐阜県
郡上
美濃関JCT
敦賀
敦賀IC
舞鶴東IC
89 伊吹山
本巣
山県
大垣
岐阜
美濃加茂
東海環状自動車道
岡谷JCT
滋賀県
米原IC
関ケ原IC
土岐JCT
長浜
高島
米原
琵琶湖
彦根
名神高速道路
愛知県
米原JCT
一宮JCT
小牧JCT
多治見
豊田東JCT
吹田IC
近畿②
吉田口
宇治
京都府
亀山IC
神戸JCT
名神高速道路
吹田IC
京田辺
寝屋川
JR関西本線
近畿自動車道
三重県
生駒
奈良
大阪
東大阪南IC
大和郡山
針IC
名張
天理IC
天理
名阪国道
松原JCT
西名阪自動車道
近鉄大阪線
阪神高速
羽曳野
桜井
宇陀
堺IC
美原JCT
阪和自動車道
大阪府
南阪奈道路
葛城IC
香芝
橿原
御所
奈良県
高見山
大淀
吉野
下市
五條
JR和歌山線
橋本
川上
池木屋山
和歌山県
山上ヶ岳
天川
91 大峰山（八経ヶ岳）
90 大台ヶ原山（日出ヶ岳）
上北山
釈迦ヶ岳
N
0 10km
1:1,006,000
中国・四国
米子鬼太郎空港
鳥取
豊岡
宮津
舞鶴
境港
松江
米子
米子IC
92 大山
鳥取県
舞鶴西IC
出雲空港
宍道湖
倉吉
日御碕
出雲
出雲IC
溝口IC
蒜山
氷ノ山
朝来
福知山
蒜山IC
福知山IC
大田
雲南
米子自動車道
兵庫県
舞鶴若狭自動車道
西宮山口JCT
三瓶山
松江自動車道
真庭
岡山県
那岐山
中国吹田IC
島根県
江津
浜田IC
新見
津山
美作
西脇
福崎IC
三田
浜田
落合JCT
たつの
小野
三木
庄原
赤磐
岡山IC
姫路
加古川
宝塚
浜田自動車道
三次
中国自動車道
高梁
赤穂
神戸
尾道自動車道
総社
岡山
瀬戸内
布施畑JCT
明石
北阪神高速7号神戸線
千代田JCT
安芸高田
山陽自動車道
井原
倉敷JCT
淡路IC
大阪湾
広島県
府中
小豆島
播磨灘
尾道IC
倉敷
高松中央IC
神戸淡路鳴門自動車道
下関IC
広島北IC
東広島
福山
笠岡
児島IC
瀬戸大橋
香川県
淡路
淡路島
広島IC
尾道
瀬戸中央自動車道
高松
広島
山陽新幹線
三原
丸亀
さぬき
高松自動車道
鳴門IC
南あわじ
和歌山
廿日市
竹原
坂出JCT
紀の川
呉
瀬戸内しまなみ海道
善通寺
高松空港
鳴門
海南
岩国IC
岩国
江田島
観音寺
徳島阿波おどり空港
瀬戸内海
今治
愛媛県
川之江JCT
徳島自動車道
三好
徳島
徳島IC
倉橋島
今治IC
吉野川
美馬
新居浜
四国中央
小松島
阿南
御坊
屋代島
いよ小松IC
高知自動車道
徳島県
松山
いよ西条IC
美馬IC
松山空港
松山自動車道
大豊IC
N
93 剣山
平郡島
伊予
松山IC
0 50km
伊予灘
94 石鎚山
高知県
1:2,610,000
西予宇和IC
高知IC
香美

九州
山口県
福岡県
佐賀県
長崎県
熊本県
大分県
宮崎県
鹿児島県
95 九重山
(久住山)
96 祖母山
97 阿蘇山(高岳)
98 霧島山
(韓国岳)
99 開聞岳
100 宮之浦岳
由布岳
雲仙岳
市房山
対馬
壱岐島
平戸島
青海島
屋代島
姫島
平郡島
玄界灘
周防灘
伊予灘
有明海
八代海
天草灘
日向灘
博多湾
大村湾
橘湾
別府湾
志布志湾
鹿児島湾
島原半島
上島
下島
天草諸島
長島
甑島
宇治群島
野母崎
佐田岬
佐多岬
都井岬
種子島
屋久島
桜島
下関JCT
下関IC
門司IC
宇部IC
山口IC
岩国IC
徳山東IC
小倉東IC
福岡IC
佐賀大和IC
鳥栖JCT
日田IC
速見IC
別府IC
湯布院IC
九重IC
大分IC
津久見IC
熊本IC
益城熊本空港IC
長崎IC
延岡南IC
えびのIC
小林IC
宮崎IC
溝辺鹿児島空港IC
末吉財部IC
鹿児島IC
頴娃IC
九州自動車道
東九州自動車道
大分自動車道
長崎自動車道
宮崎自動車道
大分空港道路
日出バイパス
指宿スカイライン
山陽新幹線
九州新幹線
大分空港
阿蘇くまもと空港
宮崎ブーゲンビリア空港
鹿児島空港
屋久島空港
山口
下関
北九州
福岡
唐津
佐賀
久留米
佐世保
諫早
長崎
熊本
八代
出水
宇佐
日田
大分
佐伯
高千穂
延岡
宮崎
都城
霧島
日南
鹿児島
鹿屋
指宿
N
0
50km
1:2,339,000

87 白山（はくさん）

高山植物が咲き競う歴史ある霊峰へ 混雑期にはマイカー規制が行われる

白山室堂付近からゆったりとそびえる御前峰を眺める

コース&アクセスプラン

白山は御前峰（ごぜんがみね）、大汝峰（おおなんじみね）、剣ヶ峰（けんがみね）という3つのピークをもち、山頂部には翠（みどり）ヶ池や千蛇（せんじゃ）ヶ池などの美しい池が点在する。白山周辺は豪雪地帯で、豊富な残雪が多くの高山植物を育んでおり、夏にはクロユリやハクサンコザクラをはじめ、さまざまな花が咲き競う。古くから信仰の山として知られ、登拝のために開かれた道も多く、山頂部へ至る登山道は四方から延びているが、観

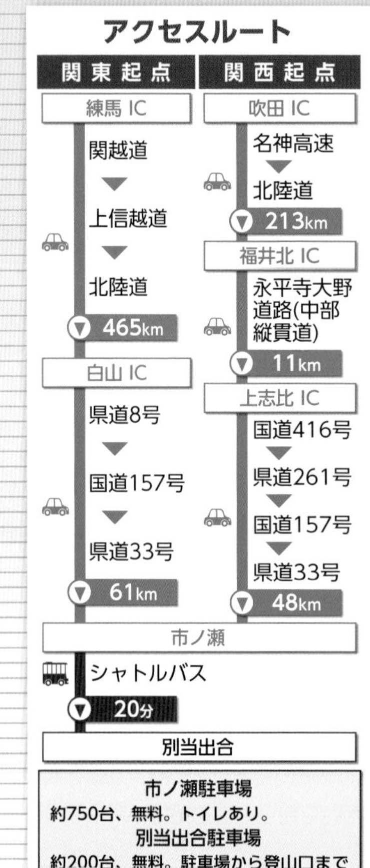

市ノ瀬駐車場
約750台、無料。トイレあり。
別当出合駐車場
約200台、無料。駐車場から登山口までは歩いて10分ほどで、別当出合の登山口にトイレや自動販売機、休憩舎がある。

アクセス

▶東京方面からは、北陸道の白山ICで降りて県道8号を右へ行く。国道157号に入って勝山方面へ進み、白峰交差点で左折して県道33号に入る。白峰から13kmほどで市ノ瀬の駐車場に着く。大阪方面からは、北陸道の福井北ICから中部縦貫道の永平寺大野道路（無料）を利用して勝山方面へ向かい、国道416号へと進む。滝波町交差点を直進して県道261号を走り、長山町交差点で左折して国道157号へ。白峰交差点で右折して県道33号に入る。

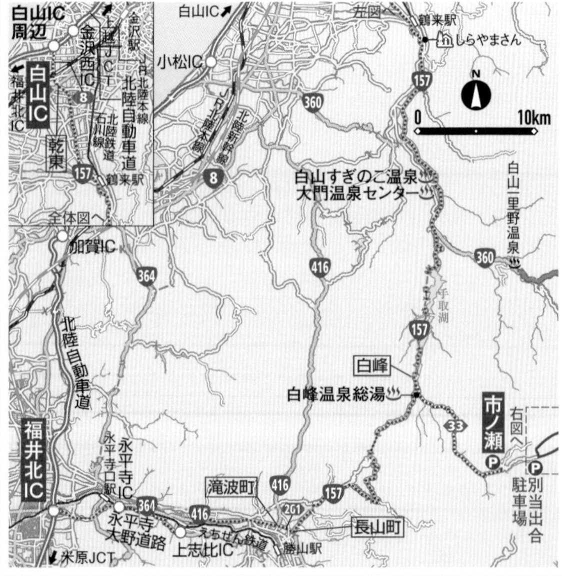

光新道と砂防新道が御前峰までの距離が短く、歩きやすい。

東京方面からは北陸道の白山ICから、大阪方面からは北陸道福井北ICから登山口へ向かう。白山ICへは、長野県松本ICから国道158号、高山清見道路、東海北陸道などを経由するルートもある。福井北ICからは中部縦貫道の永平寺大野道路（無料の自動車専用道）へと進んで上志比ICで降り、国道416号に出て東へ向かう。7月上旬～10月中旬の土・日曜、祝日と夏期の混雑期には市ノ瀬～別当出合の約6kmの区間でマイカー規制が実施される。規制時には市ノ瀬に駐車してシャトルバスに乗り換えて別当出合へ行く（20分）。

登山コースメモ

白山室堂に宿泊する1泊2日の行程で白山最高峰の御前峰へ登る。1日目、水道やトイレのある別当出合から吊橋を渡って砂防新道に入り、樹林帯を登っていく。別山方面の眺めがよい甚之助避難小屋を過ぎて石段の多い道を登り、南竜分岐から室堂方面へ進む。道脇に高山植物が咲く道を登って黒ボコ岩に出て、弥陀ヶ原へ。のびやかな弥陀ヶ原には木道が続き、行く手に御前峰が見えるようになる。木道が終わり、ハイマツの中を登ると白山室堂に到着する。室堂の周辺にはお花畑が広がっている。

2日目、室堂を出発して石段を登り、御前峰の山頂に立つ。白山比咩神社奥宮や展望盤のある山頂は360度の展望が広がり、北アルプスや御嶽山などを望める。展望を満喫したら西へ向かい、岩礫の道を下って白山最大の池・翠ヶ池へ行く。池の手前で左方向へ進み、お池めぐり分岐で室堂への近道を分け、山腹を横切っていく花の多い道を進んで白山室堂へ戻る。

室堂から黒ボコ岩まで下ったら、観光新道へと進む。急な下りもあるが、登山道の周囲にはお花畑が広がっている。殿ヶ池避難小屋を過ぎ、別当坂分岐から左へ進んで木や石の階段が多い急傾斜の道を下っていく。樹林帯を抜けると別当出合に着く。

DATA

登山難易度	中級
日程	1泊2日
歩行時間	1日目　4時間30分：別当出合→南竜分岐→白山室堂／2日目　5時間30分：白山室堂→御前峰→お池めぐりコース→別当出合
登山適期	7月上旬～10月中旬

下山後の寄り道

SPA

県道33号と国道157号の合流点付近に位置する白峰地区の中心部に日帰り温泉の**白峰温泉総湯**がある。地元産の木材を使用した趣のある建物で、露天風呂や休憩コーナーを備えている。また、国道157号沿い、白山市の佐良には肌ざわりのよい湯が特長の**大門温泉センター**と、源泉がかけ流しされている**白山すぎのこ温泉**の日帰り温泉施設がある。

問合せ先　白山市観光連盟☎076-259-5893

■標高 1523m

88 荒島岳（あらしまだけ）

大野盆地の南東に位置し 美しいブナ林を抱く越前富士

小荒島岳からどっしりとした姿の荒島岳を眺める

コース&アクセスプラン

荒島岳は福井県の東部、大野盆地の南東にそびえる。大野市街地方面から眺める荒島岳は南北に悠然と裾野を延ばした美しい姿で、越前富士ともよばれている。登山コースは4本あり、北側の勝原スキー場跡から延びる勝原コースと、北西側の蕨生から登る中出コースがよく利用されている。西側の佐開コースには作業用林道が標高約850m地点まで延びているが、林道はか

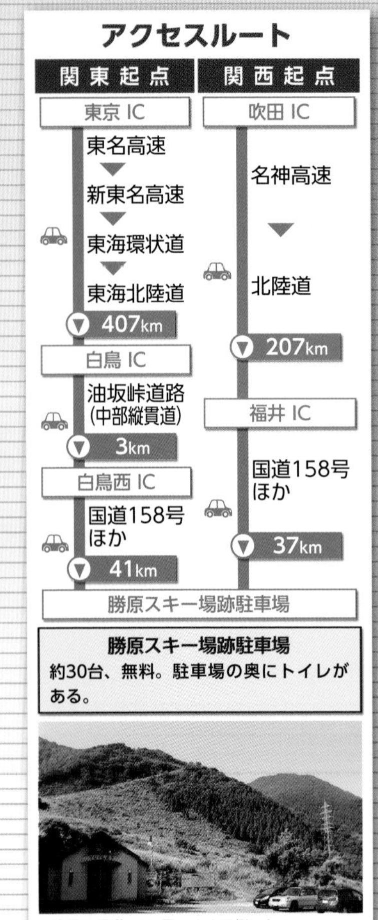

勝原スキー場跡駐車場
約30台、無料。駐車場の奥にトイレがある。

駐車場は国道 158 号のすぐ西側にある

アクセス

▶東京方面からは、東海北陸道の白鳥ICから油坂峠道路（中部縦貫道・無料）を福井方面へと進む。白鳥西ICで降りて国道158号を西へ走る。距離はやや長くなるが、油坂峠道路を油坂出口まで行って国道158号に出てもいい。馬返トンネルを抜けると荒島岳登山口への道が左に分かれる。関西方面からは、北陸道の福井ICから国道158号を大野方面へ向かう。大野市街地の南を通り、勝原駅方面へ行く県道173号を左へ分けると、まもなく荒島岳登山口への道が右に分かれる。

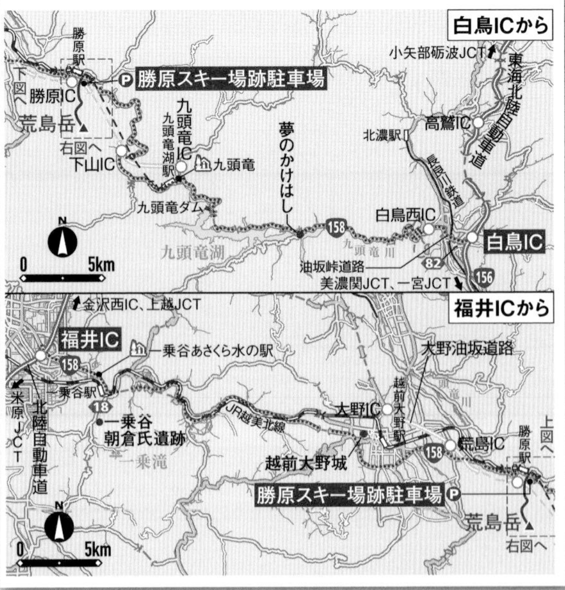

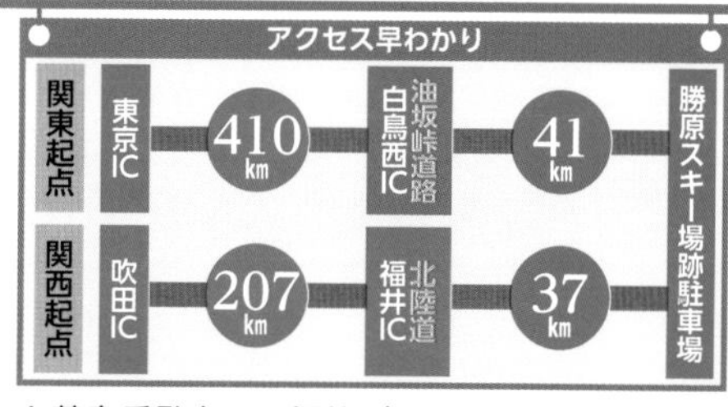

なりの悪路でマイカーでのアクセスには向かない。ここでは国道からのアクセスが便利な勝原コースを紹介しよう。

東京方面から行く場合は東海北陸道の白鳥ICから、大阪方面からは北陸道の福井ICから勝原スキー場跡へ向かう。福井ICから利用する国道158号はJR越美北線沿いを行く道とショートカットしていく道に分かれる箇所があるので、ショートカットする道へ進もう。

登山コースメモ

勝原スキー場跡駐車場の標高は約350m。山頂まで4.6km、標高差は約1170mで、急傾斜の箇所もあって登りごたえがある。前泊地には宿の多いJR越美北線の越前大野駅周辺が適しているが、九頭竜湖駅の西にも国民宿舎がある。

駐車場からゲレンデ跡を登り、広場を過ぎると荒島岳登山口の標柱がある。登山口から樹林帯に入って高度を上げていくと美しいブナ林となる。木々の上に白山が眺められる白山ベンチを過ぎ、「深谷ノ頭」の案内板があるなだらかな1015mのピークを越えてなおもブナ林を進む。急傾斜の階段状の道を登ると小広場になったシャクナゲ平に出て、中出コースと合流する。いったん下って登り返し、もちがかべとよばれる核心部に入る。クサリやロープが設置された急登や階段道が続くので、慎重に通過しよう。急傾斜の道を登りきり、前荒島を過ぎると笹原の中の道となる。展望の広がる明るい道を登っていき、荒島岳の山頂に立つ。

広い山頂は展望がすばらしく、白山や経ヶ岳、能郷白山など周辺の山々を一望できる。また山頂の周辺には、夏はお花畑が広がっている。山頂でゆっくり休んだら往路を下山する。

DATA

登山難易度	中級
日程	日帰り
歩行時間	5時間50分：勝原スキー場跡駐車場→広場→シャクナゲ平→荒島岳（往復）
登山適期	5月下旬〜11月上旬

下山後の寄り道

SIGHTS

越前大野駅の西、国道158号からすぐの距離に**越前大野城**がある。10〜4月の朝、麓の城下町が雲海に包まれ、城の立つ亀山だけが雲海の上に浮かんで見えることがあり、その幻想的な光景から天空の城として名高い。一乗谷駅の南には、戦国時代の城下町跡である**一乗谷朝倉氏遺跡**があり、館跡や庭園などが残っている。遺跡の南には、佐々木小次郎が燕返しを生み出した場所といわれる**一乗滝**もある。白鳥IC側では**九頭竜湖**周辺の新緑や紅葉が美しく、湖には瀬戸大橋のテストケースとして建設された**夢のかけはし**が架かっている。

問合せ先　大野市観光協会☎0779-65-5521

89 伊吹山（いぶきやま）

和歌にも詠まれた伝説の山
気軽に行ける標高1300mのお花畑へ

山頂と駐車場を結ぶ登山道周辺にはシモツケソウなどの花々が咲く

コース&アクセスプラン

琵琶湖の東にそびえる伊吹山は『古事記』や『日本書紀』にも登場し、多くの和歌にも詠まれた著名な山。石灰岩の山で植生にも特徴があり、固有種の高山植物もある。有料道路の伊吹山ドライブウェイが九合目まで延びて散策道も整備されているので、気軽に標高1300mの山を歩け、山頂台地のお花畑は多くの観光客が訪れる。山頂やドライブウェイ駐車場からの展望もよく、

アクセスルート

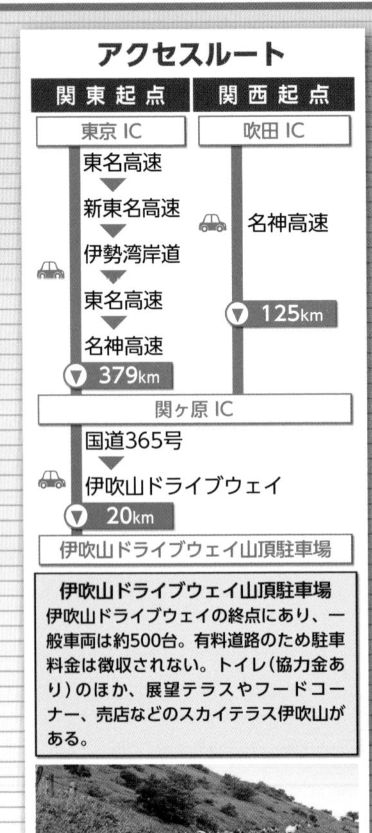

伊吹山ドライブウェイ山頂駐車場
伊吹山ドライブウェイの終点にあり、一般車両は約500台。有料道路のため駐車料金は徴収されない。トイレ（協力金あり）のほか、展望テラスやフードコーナー、売店などのスカイテラス伊吹山がある。

駐車場から多くのハイカーが山頂をめざす

アクセス

▶関ヶ原ICを降りて左手に進むと国道365号に出る。関ヶ原西町交差点を過ぎ、伊吹山口交差点で右折し伊吹山ドライブウェイに入る。すぐに料金所がある（夜間や冬期は閉鎖）。山頂駐車場までは17km、つづら折りの上りが続く。南西側の伊吹登山口から登る場合は伊吹山口交差点をそのまま直進。県境を越えて藤川交差点で右折し坂浅東部広域農道へ。上野交差点で右折し県道551号に入り、少し進むと有料駐車場が点在する。

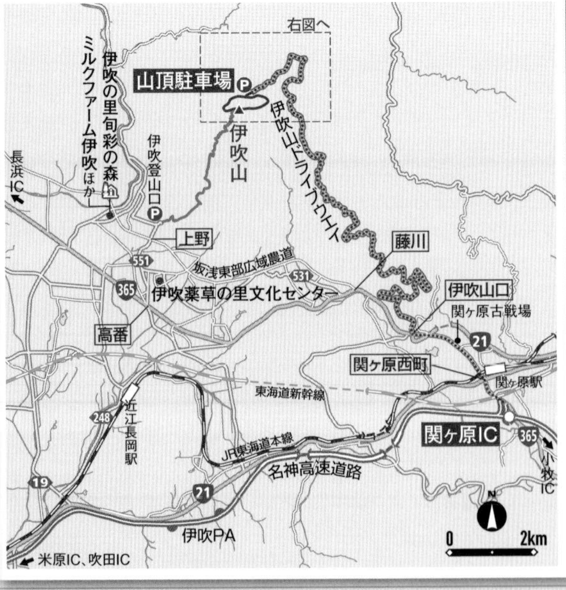

濃尾平野や琵琶湖などを一望できる。

アクセスがよく、名神高速関ヶ原ICから国道365号で伊吹山ドライブウェイ入口まで3kmほど。途中、関ヶ原古戦場を通過する。関西方面からは北陸道米原ICで降りる方法もある。国道21号を東へ進んで国道365号に入り、ドライブウェイ入口まで約17km。

旧伊吹山スキー場があった南西側から登るコースも人気。麓の伊吹登山口までは国道365号を進んで滋賀県に入り、坂浅東部広域農道を行くのが近いが、市街地に近い高番交差点まで走り、右折して県道551号に入ってもいい。

登山コースメモ

山頂駐車場から山頂まで西・中央・東と3コースあるが、東登山道は下り専用、中央登山道は丸太階段の急坂なので、西登山道を行こう。スカイテラスの横から歩き始めると、いきなり大展望とお花畑が広がる。道は広く、なだらかな登り坂で山頂まで約40分。伊吹登山口方面からの登山道と合流するとお堂や山小屋、トイレ、ヤマトタケルノミコト像のある山頂広場に着く。三角点は少し東にある。

山頂からは東に濃尾平野、西に琵琶湖、南に鈴鹿山脈や伊勢湾、北には白山や穂高連峰、乗鞍岳、御嶽山などの山並みが展望できる。下山は東登山道へ。道が狭く歩きにくい箇所もあるので注意しよう。駐車場までは約1時間。

山頂部一帯では春から秋にかけてさまざまな花が楽しめ、特に7月中旬から8月上旬が最盛期でシモツケソウやクガイソウ、メタカラコウなどが咲き誇る。なお、自然保護のため任意の入山協力金を徴収している。

DATA

登山難易度	初級
日程	日帰り
歩行時間	1時間40分：山頂駐車場→西登山道→伊吹山→東登山道→山頂駐車場
登山適期	4月下旬～11月中旬

こんなコースも

山麓の伊吹登山口から歩くと登り3時間40分、下り3時間で、中級コースとなる。登山口周辺には有料駐車場が点在する。六合目付近から傾斜が増し、岩の多い道や滑りやすい砂の道になる。九合目を過ぎると緩やかになり、山頂までお花畑の中を行く（2023年12月現在、伊吹登山口からのコースは登山道の崩落により入山禁止。復旧までには長期間かかる見通し）。

下山後の寄り道

FOOD

国道365号の藤川交差点の先で県道531号を進むと薬草湯が人気の**伊吹薬草の里文化センター**（ジョイいぶき）がある。また、伊吹登山口の西には**道の駅伊吹の里旬彩の森**がある。道の駅に隣接して滋賀県産生乳を使った牛乳やヨーグルト、アイスクリームを扱う**ミルクファーム伊吹**、そば処の**伊吹野**も立つ。

問合せ先　びわ湖の素DMO☎0749-51-9082

■標高 1695m（日出ヶ岳）

90 大台ヶ原山

標高1600mの台地を周回する
変化に富んだ自然が魅力の人気コース

木段が続く稜線上から日出ヶ岳を眺める

コース&アクセスプラン

大台ヶ原山は日出ヶ岳（ひでがたけ）を最高峰とする標高1400mから1600mの高原台地。日本有数の多雨地帯にあり、深い霧に覆われた樹林や苔むす散策路で神秘的な光景にも出合える。なだらかな道が多く、さまざまなコースを選べ、体力に合わせて楽しめる。日出ヶ岳山頂は展望がよく、熊野灘（くまのなだ）や志摩（しま）半島、大峰（おおみね）山脈などが望める。人気はスリルある断崖の展望所・大蛇嵓（だいじゃぐら）。コース

アクセスルート

関東起点	関西起点
東京IC	吹田IC
東名高速 ▼ 新東名高速 ▼ 伊勢湾岸道 ▼ 新名神高速 ▼ 名神高速 ▼ 京滋バイパス ▼ 第二京阪道 ▼ 近畿道 ▼ 阪和道 ▼ 南阪奈道	近畿道 ▼ 阪和道 ▼ 南阪奈道
503km	47km

葛城IC

国道165・24・169号
▼
県道40号（大台ヶ原ドライブウェイ）

78km

大台ヶ原駐車場

大台ヶ原駐車場
ドライブウェイ終わりにあり、約200台、無料。隣接して大台ヶ原ビジターセンターや売店、バス停、トイレなどがある。紅葉の時期などには満車になることもある。

アクセス

▶南阪奈道の葛城ICを出ると国道165号に入る。国道24号に変わり橿原市の小房交差点で右折、国道169号へ。吉野川に出合う所で左折し、川沿いを上流へ。国道370号が分かれるY字路で右に。道の駅杉の湯川上を過ぎ、県道40号に入って終点の駐車場へ。関東起点の場合、新東名高速から伊勢湾岸道へと進み、四日市JCTから東名阪道に入って亀山ICで降り、名阪国道の針ICから国道369・370号、県道16・262号を南下して国道169号に入ると距離としては近くなる。

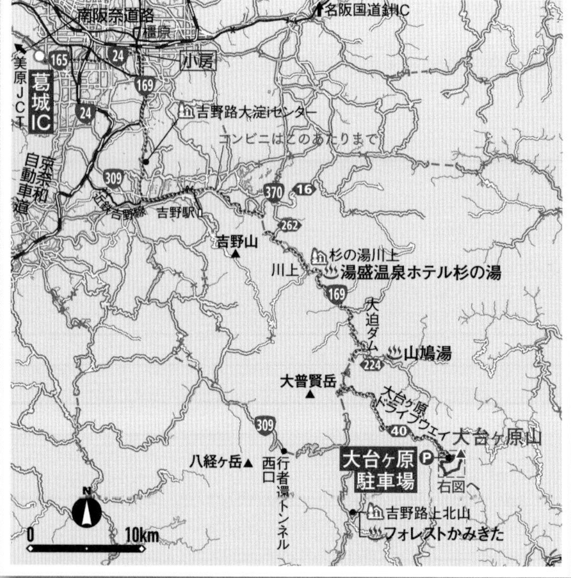

中に水場はなく、西側に広がる西大台ヶ原は入山制限があり事前予約制となっている。

アクセスは南阪奈道の葛城ICから。橿原で国道169号に入るルートがわかりやすいが、西側の京奈和道から国道309号を経由して大淀町で国道169号に入るルートもある。関東方面から東名阪道の亀山ICを起点として名阪国道を経由してアクセスする場合、東名高速東京IC〜亀山ICは374㎞、亀山IC〜名阪国道針ICは56km、針IC〜大台ヶ原駐車場は78kmだ。

登山コースメモ

大台ヶ原ビジターセンター横から登山道に入り、まずは日出ヶ岳をめざす。稜線に出るまでは緩やかな箇所が長い。稜線に出たら日出ヶ岳までは木の階段を上がる。笹原の山頂は眺望がよく、展望台もある。来た道を戻り正木峠を過ぎ、木道を進むと湿原の正木ヶ原に出る。立ち枯れしたトウヒの風景が幻想的だ。

正木ヶ原から下るとあずまやがある尾鷲辻。登り返すと小ピーク上で大峰が見える。また下っていくと初夏はドウダンツツジの花が美しい。再び登ると広い牛石ヶ原で、神武天皇像や魔物を封じ込めたとされる牛石がある。石畳の道を進むと樹林帯に入っていく。すぐに大蛇嵓への分岐があり左に進む。シャクナゲの中の稜線を抜けると大蛇嵓で、大峰山脈も一望できる。断崖には落下防止の柵があるが、転落しないように注意しよう。分岐まで戻り、左手のシオカラ谷方面へ。シャクナゲ坂とよばれる場所は急な下りが続くので要注意。渓谷に架かるシオカラ谷吊橋を渡ると登りになり、なだらかな道になると駐車場はもうすぐ。

DATA

登山難易度	初級
日程	日帰り
歩行時間	4時間：大台ヶ原駐車場→日出ヶ岳→正木ヶ原→大蛇嵓→大台ヶ原駐車場
登山適期	5月上旬〜11月上旬

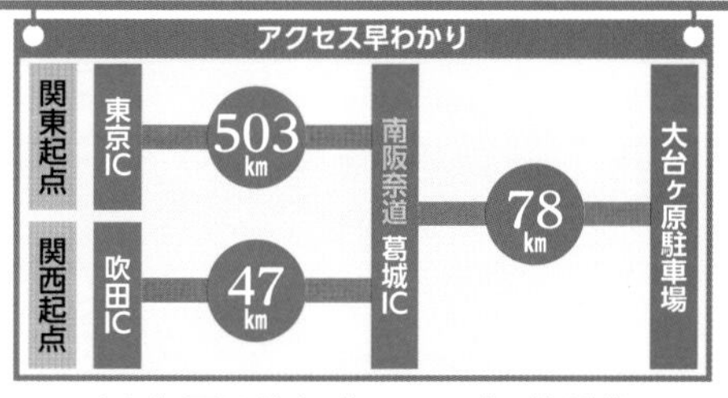

セットで登る

帰路、大台ヶ原ドライブウェイから国道169号に出て左へ行き、5.5kmほど走ると天川村方面へ行く国道309号が右に分かれる。分岐から309号を11kmほど走ると、大峰山・八経ヶ岳の登山口となる行者還トンネル西口に着く。大台ヶ原から下山後、心・湯治館や上北山村の宿に泊まり、翌日に八経ヶ岳に登るといい。

下山後の寄り道

♨ SPA

川上村には前泊にも使える温泉が2カ所。国道169号沿いには道の駅杉の湯川上に隣接した**湯盛温泉ホテル杉の湯**があり、日帰り入浴ができる。大迫ダムから県道224号へ進むと入之波温泉へ。露天風呂のある旅館の**山鳩湯**では日帰り入浴もできる。また、上北山村では道の駅吉野路上北山のそばに立つ**フォレストかみきた**の上北山温泉薬師湯で日帰り入浴ができる。

問合せ先　上北山村観光係☎07468-2-0001

■標高 1915m（八経ヶ岳）

91 大峰山

美しいブナ林とオオヤマレンゲの霊峰 世界遺産の行者道を歩く

弥山から大峰最高峰の八経ヶ岳を望む

コース&アクセスプラン

大峰山脈は1300年の歴史がある修験道の山塊。近畿最高峰の八経ヶ岳が主峰で、山頂からは360度の展望が広がる。コース中では美しいブナ林やオオヤマレンゲの群落、ツツジ科のシロヤシオに出合える。行者還トンネル西口から歩き始めるコースは、最短で八経ヶ岳や弥山に登頂でき、世界遺産に登録された大峯奥駈道とよばれる参詣道の一部を歩く。

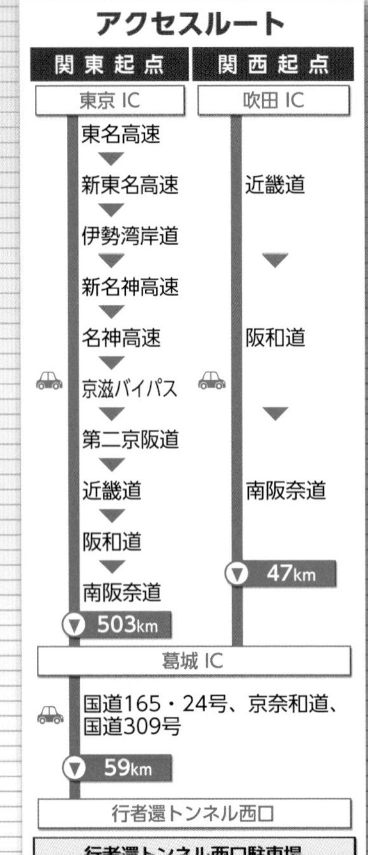

行者還トンネル西口駐車場
トンネル西口の国道北側にあり、約100台（有料）。有料のトイレあり。

アクセス

▶葛城ICを出ると国道165号。国道24号に変わり、橿原市に入って新堂ランプで降り、京奈和道（無料区間）に入って南下する。御所南IC出口で降りて左へ進み、国道309号へ。吉野警察署西交差点で左折し、次の吉野警察署東交差点を右折して国道309号を進む。岡崎交差点で右折し吉野川を渡る。道の駅吉野路黒滝、天川村総合案内所を過ぎ、行者還トンネル西口駐車場へ。関東方面からアクセスする場合は新東名高速から伊勢湾岸道を経由して新名神高速に入り、葛城IC方面へ行く。

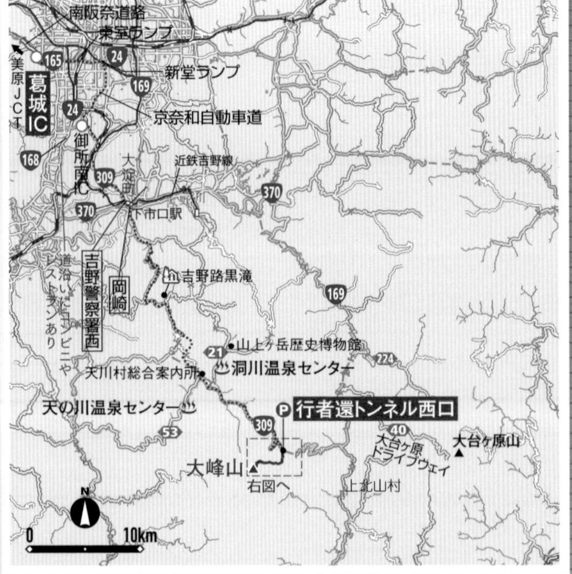

前泊は洞川温泉を利用するのが一般的。ここを拠点に山上ヶ岳や稲村ヶ岳など大峰の山々をめざすのもいい。

アクセスの起点となる南阪奈道の葛城ICから出て国道165号に入ってもしばらくは高架道が続く。165号を東室ランプで降りて右折し、国道24号（168号との重複区間）を行くと道沿いにコンビニやレストランが多いので、国道309号に出るまでそちらを走ってもいい。国道309号は駐車場のある登山口近くになると狭くなる。

関東起点の場合は新東名高速から伊勢湾岸道へと進み、四日市JCTを経て新名神高速、名神高速を走って葛城IC方面へ向かう。四日市JCTから東名阪道に入って亀山ICで降り、名阪国道を走って天理ICから西名阪道、京奈和道（無料区間）経由で御所南ICへ行くルートもある。一般道を走る区間があるが、距離としてはこちらのルートの方が短くなる。

登山コースメモ

駐車場のある登山口から歩き始める。主稜線上の奥駈道出合に出るまで樹林帯の急な登りが続くので、無理のないペースで登っていこう。奥駈道出合で右にとり、弥山へと続く稜線を行く。このあたりでは6月上旬から中旬にシロヤシオの白い花が見られる。アップダウンを繰り返しながら進んでいく。弁天ノ森を過ぎると弥山と八経ヶ岳を眺望できる広場がある。ブナの森となり、聖宝ノ宿跡を過ぎると急登が始まる。木段が整備されていて歩きやすいが、急傾斜の道が続く。オオヤマレンゲが散見し始めると弥山小屋はもうすぐ。弥山小屋には食堂もある。弥山山頂は西に5分ほど歩いた所で、天河大辨財天社（天河神社）の奥宮が立つ。

八経ヶ岳へは、弥山小屋に戻って南の稜線を進む。オオヤマレンゲの群落を抜けて山頂へ。弥山や大普賢岳などが展望できる。帰りは弥山小屋から同じ道を戻る。

DATA

登山難易度	中級
日　　程	前夜泊日帰り
歩行時間	6時間30分：行者還トンネル西口→奥駈道出合→聖宝ノ宿跡→弥山→八経ヶ岳→弥山小屋→奥駈道出合→行者還トンネル西口
登山適期	5月上旬〜11月上旬

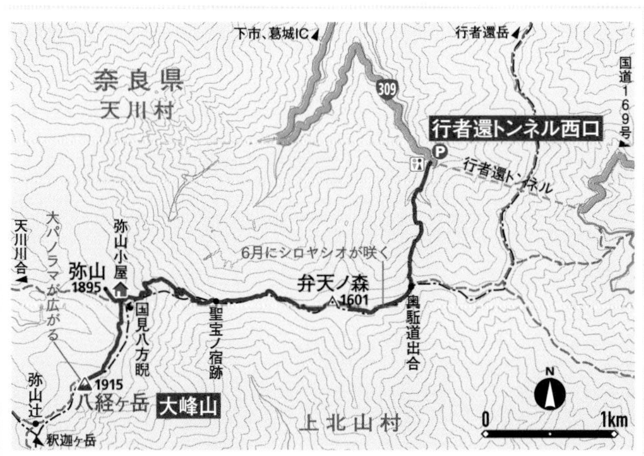

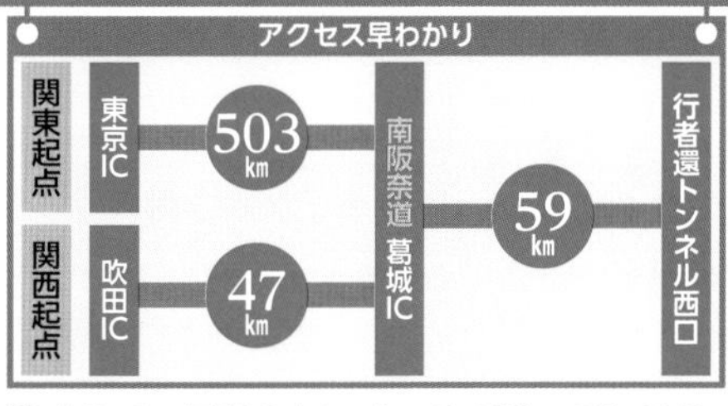

下山後の寄り道

SPA

天川村の中心部から県道21号に入ると洞川温泉がある。木造建築の旅館や民宿、みやげ物店、商店などが軒を連ねる趣のある温泉街。泉質は弱アルカリ性単純泉で、日帰り施設の**洞川温泉センター**や日帰り入浴ができる温泉旅館もある。山上ヶ岳歴史博物館や少し上流にある名水百選のごろごろ水を訪れるのもいい。また、村の中心部から県道53号へ進むと**天の川温泉センター**がある。

問合せ先
天川村総合案内所
☎0747-63-0999

92 大山（だいせん）

伯耆富士とよばれる中国地方最高峰 ハイカーで賑わう夏山登山道を行く

南側のスキー場から望む大山北壁。右の稜線に夏山登山道がある

コース&アクセスプラン

見る方角によって山容がまったく異なる個性的な名峰。アルプスのように鋭い北壁と南壁、その一方で西の麓からは富士山のような優しい姿を見せ、伯耆富士の別名ももつ。古くから山岳信仰の修行の場であり、奈良時代に大山寺として開山、平安時代に大寺院となった。

標高1729mの剣ヶ峰が最高峰だが、稜線が切り立ち危険なため立ち入り禁止。そのため夏山

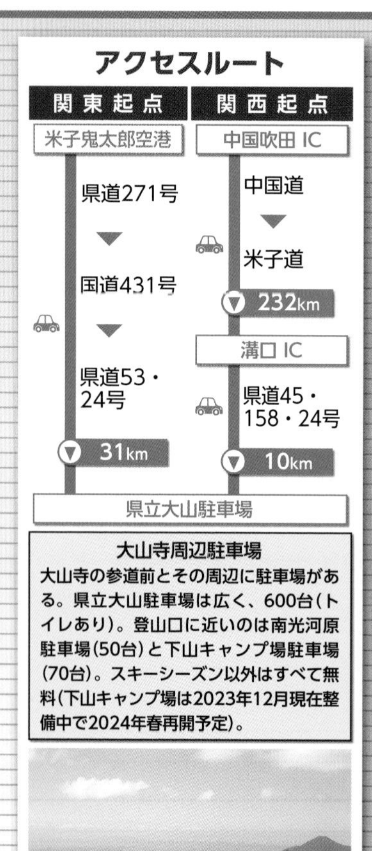

大山寺周辺駐車場
大山寺の参道前とその周辺に駐車場がある。県立大山駐車場は広く、600台（トイレあり）。登山口に近いのは南光河原駐車場（50台）と下山キャンプ場駐車場（70台）。スキーシーズン以外はすべて無料（下山キャンプ場は2023年12月現在整備中で2024年春再開予定）。

大山の玄関口にある県立駐車場

アクセス

▶溝口ICから県道45号を上りスキー場のある桝水高原へ。道は左に曲がり県道158号に入り、大山中腹を進み大山寺方面へ。米子鬼太郎空港からレンタカーの場合は空港出口を右折し県道271号へ。海岸で右折し国道431号を進む。皆生温泉周辺に店やコンビニが多い。米子JCTの高架下から左折、側道を進み米子東ICの下で右折し県道53号へ。ジャンクション一つ前の下郷入口交差点で左折しても県道53号に入れる。Y字路で左にとると県道24号で、大山寺までは長い上り坂。

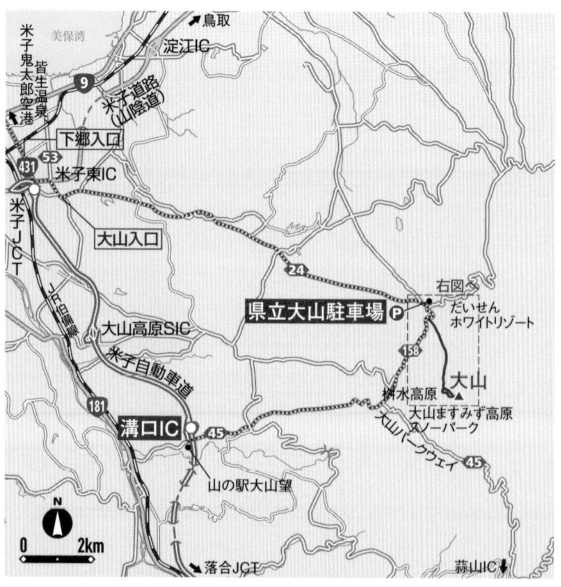

登山道として標高1709mの弥山に多くの人が登る。急坂が続くが見事なブナの森を楽しめ、弓ヶ浜と日本海など雄大な展望が広がる。

登山の起点となる大山寺へは、米子道の溝口(みぞくち)ICからが時間的に早いが、時間があれば岡山県内にある蒜山(ひるぜん)ICで降りて大山パークウェイ(大山蒜山道路)を走るのも楽しい。米子市からは県道24号がメインの観光道路だが、大山の麓には観光施設も多くさまざまなルートどりができる。

登山コースメモ

弥山への夏山登山道は大山北壁の西尾根を登っていく。日本海に面した独立峰なので午後からは天候が変わりやすい。そのため大山寺周辺に前泊し早朝に出発するのが理想的だ。参道にある大山自然歴史館でも登山道の状況や植物の開花状況などを知ることができる。

DATA

登山難易度	中級
日　程	日帰り
歩行時間	5時間10分：県立大山駐車場→夏山登山道登山口→八合目→弥山(山頂部を周回して往復)
登山適期	5月下旬〜10月下旬

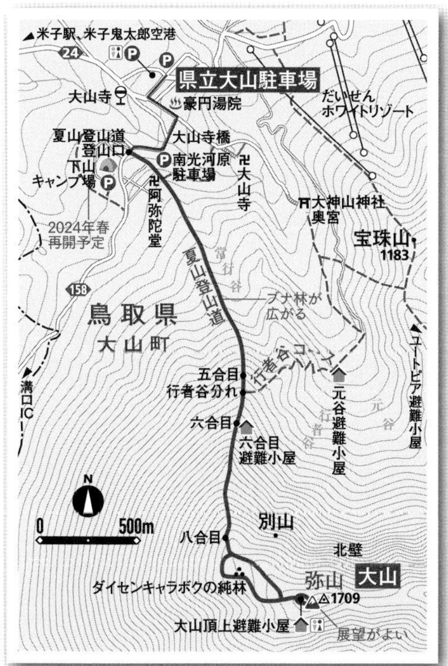

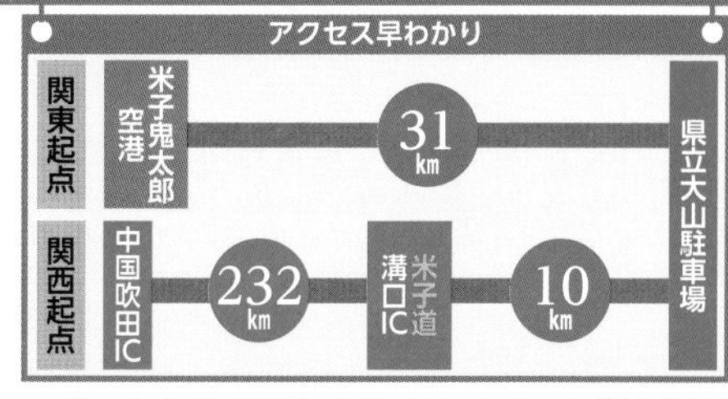

県立大山駐車場から歩き始める。参道を通り温泉施設を過ぎて右手にとる。登山用具店の前を通って大山寺橋を進む。橋からは北壁が望める。渡りきった所は南光河原(なんこうがわら)駐車場。県道158号を少し歩くと左側に夏山登山道登山口がある。

最初は広い石段の道。近くに阿弥陀堂(あみだどう)などがあるので立ち寄るといい。石段が終わると本格的な登山道となり、ブナ林の中を進む。五合目の先で行者谷(ぎょうじゃだに)からの道と合流し、樹林帯を抜けた六合目には避難小屋がある。階段状の急登が続くが展望はますますよくなり、八合目を過ぎると自然保護のための木道となる。台地状になった山頂一帯も木道がぐるりと環状につながり、特別天然記念物のダイセンキャラボクが群生する。山頂にはトイレと夏期には簡易な売店も開かれる避難小屋がある。

帰りは往路を戻るが、途中から行者谷コースに下り、大神山(おおがみやま)神社や大山寺本堂などを巡って戻ってもいい。

また、盛夏にお花畑が出現するユートピア避難小屋へのコースも人気。コース中には足場の悪い危険箇所があるが、避難小屋周辺にはナンゴククガイソウやシモツケソウ、オオバギボウシなどが咲き乱れる。

下山後の寄り道

♨ SPA

大山寺参道沿いには宿坊や旅館・ホテルだけでなく、**豪円湯院**(ごうえんゆいん)などの日帰りの温泉施設やみやげ物店、名物の大山そばを出す食堂などが軒を連ねる。また、米子鬼太郎空港へのアクセスの途中には山陰一の温泉街・**皆生温泉**(かいけ)がある。

問合せ先　大山観光局☎0859-52-2502

93 剣山

岩をまつった信仰と伝説が息づき キレンゲショウマが咲く草原の山

剣山から南西の次郎笈を眺める。のびやかな縦走路が続いている

コース&アクセスプラン

徳島県の最高峰・剣山は西日本でも2位の高峰。巨石をまつった修験の行場で、山頂近くには劔山本宮宝蔵石神社と安徳天皇の剣を納めたと伝えられる巨石がある。登山リフトに乗れば手軽に山頂に立てるため観光で訪れる人も多い。道はよく整備されており、リフト終点からは尾根道コースと大劔神社方面へのコースに分かれる。

登山口がある見ノ越へは、徳島道美馬ICから

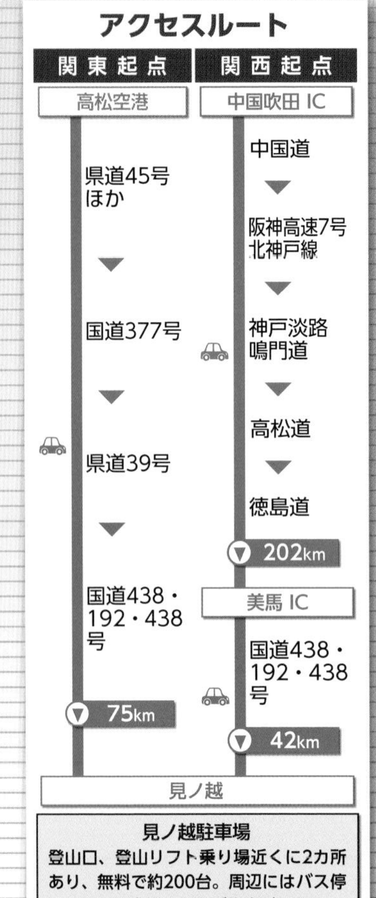

アクセス

▶美馬IC出口で右折し、国道438号を進む。一度右折し、美馬町天神交差点で左折。美馬橋を渡り左折、国道192号との重複区間へ。道の駅の前を通り右折し、再び国道438号に。JR線の下をくぐり、左折するとつるぎ町役場前までは道が狭くなる。貞光橋を渡って右折。見ノ越までは急カーブが多い。高松空港からは出口で左折、市道に。トンネルをくぐり国道377号に出合って右折し、県道39号出合で左折。狭くつづら折りの箇所も。国道438号に出合い左折し、美馬IC前へ。

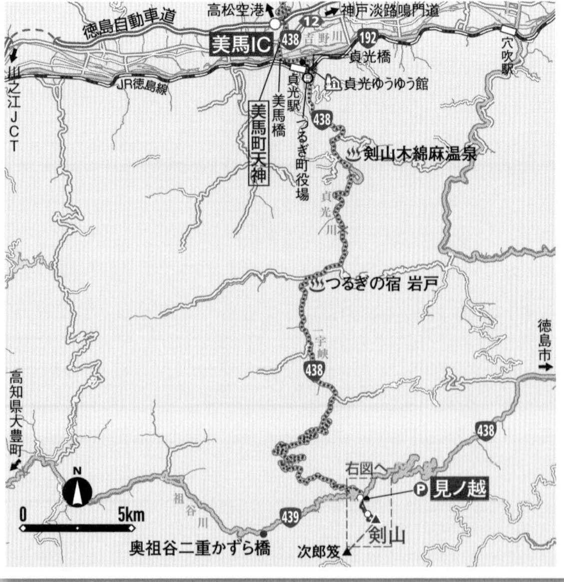

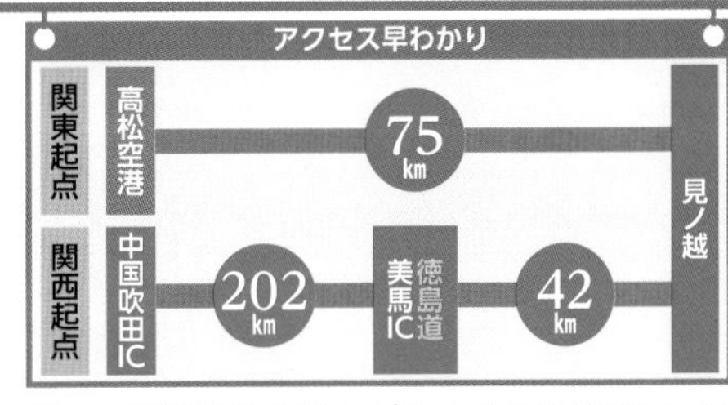

国道438号を行くが街なかでは右折左折を繰り返す。このあたりにコンビニが多い。美馬橋の交差点からつるぎ町役場近くの交差点までは、市道と県道126号を走る抜け道もある。貞光川沿いに入るとコンビニはなく、狭い箇所での通行は注意が必要。空港では徳島阿波おどり空港よりも高松空港の方が近い。高松空港から滑走路下のトンネルを通り、国道377号に出てから県道39号に入るコースがわかりやすい。

登山コースメモ

見ノ越から劔神社の石段を上がり、社殿の右手にある登山道に入る。分岐で左へ行き、西島神社を過ぎると登山リフト終点の西島駅だ。駅から右手の道を行き、まず大劔神社へ向かう。大剣道コースを登っていくと大劔神社に着く。神社の背後にある御塔石の根元からは御神水が湧く。先に進むと登りがきつくなり笹原に。尾根道コースと合流し、劔山本宮宝蔵石神社と剣山頂上ヒュッテの間の階段を進む。平家の馬場とよばれる広い草原に出ると山頂はすぐ。木道を歩き、測候所跡の前を通り山頂へ。三角点はしめ縄が巻かれ、周りも石で囲われている。

帰りは尾根道コースで。途中に刀掛の松があり、展望のよい道を下っていく。両劔神社と古劔神社の近くに、盛夏に可憐な黄色い花をつけるキレンゲショウマの群落地がある。刀掛の松の分岐から東に10分ほどだ。標高は見ノ越でも約1400mあるので天候の変化には注意しよう。

DATA

登山難易度	初級
日　程	日帰り
歩行時間	2時間50分：見ノ越→西島駅→大劔神社→剣山→刀掛の松→西島駅→見ノ越
登山適期	5月上旬〜11月上旬

サブコース

剣山の南西側には次郎笈があり、気持ちのよい縦走が楽しめる。剣山から南西へ下ると大劔神社からの道と出合い、笹原の次郎笈峠から登り返していく。山頂からは360度の展望が楽しめる。剣山から次郎笈往復は２時間20分の行程だ。

帰路は剣山に登らずに途中の分岐を左にとり、巻き道を行ってもいい。この場合、大劔神社近くの分岐では大剣道コースと遊歩道コースのどちらへ進んでもいい。

下山後の寄り道

♨ SPA

国道438号沿いには日帰り温泉の**剣山木綿麻温泉**や、温泉入浴のみの利用ができる**つるぎの宿 岩戸**（2024年3月末まで工事のため休館予定）がある。また、見ノ越から国道439号を西に走ると**奥祖谷二重かずら橋**がある。美しい渓谷に男橋と女橋の二本のかずら橋が架かる。

問合せ先　三好市観光協会☎0883-70-5804

94 石鎚山(いしづちさん)

今もなお修験道の趣が残る 急峻な西日本の最高峰

夜明峠付近から見た石鎚山山頂部。右上のピークが弥山

コース&アクセスプラン

石鎚山は古くから霊峰とされ、奈良時代に役小角(えんのおづぬ)が開山し蔵王権現をまつったと伝えられる。山頂の頂上社、中腹の成就社(じょうじゅしゃ)と土小屋遥拝殿、麓の本社の四社をあわせて石鎚神社とよび、今でも信者による祈願が行われている。

登山は西条市側から石鎚登山ロープウェイを利用し山頂をめざすのが一般的。中腹からしばらくは森の中の緩やかな道だが、やがて急な岩

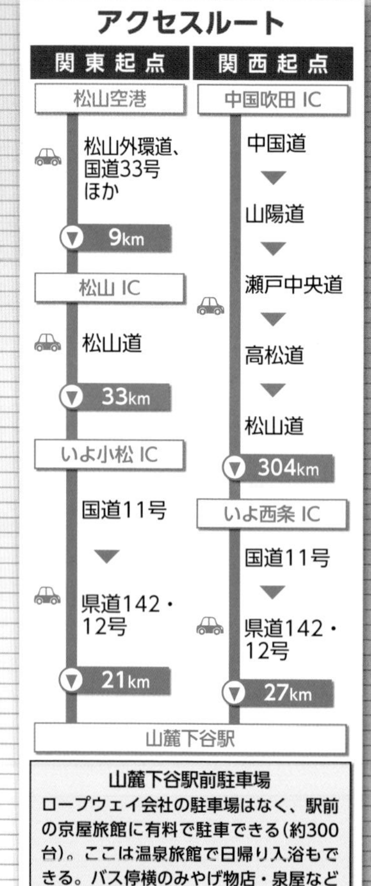

アクセス

▶関西方面からは、いよ西条ICを出て左折し、国道11号へ。飯岡交差点で左折し、西条市氷見交差点で左折して県道142号に入り、T字路を右折し、県道12号(142号と重複)へ。途中から1車線となってロープウェイの山麓下谷駅へ。松山空港からは南東へ向かう。松山外環道に出たら松山道方面へ右折して松山外環道を走り、国道33号の外環インター線へ。途中、高速方面へと進み、松山道へ。いよ小松ICで降り、出口を右折して国道11号へ。西条市氷見交差点で右折する。

場へと変わっていく。弥山の手前には3つのクサリ場があるが、迂回路もある。最高点の天狗岳までは切り立った岩稜となる。山頂からは西に松山平野や瀬戸内海、南に面河や四国カルストの山々、東に瓶ヶ森などが望める。

関西方面からのアクセスは中国道から山陽道、瀬戸中央道を経由するルートと、阪神高速7号北神戸線、神戸淡路鳴門道を経由するルートがあり、神戸淡路鳴門道経由の方が距離としては少し短い(中国吹田IC～いよ西条ICまで295㎞)。ただ、所要時間は同程度で、高速料金は瀬戸中央道経由の方が安いので、瀬戸中央道経由でアクセスしよう。

松山空港からは、松山外環状道路を利用して松山道に乗り、いよ小松ICへ行く。

登山コースメモ

山麓下谷駅からロープウェイに乗って山頂成就駅へ上がり(約8分)、成就駅から歩き始める。右手にスキー場を見ながら奥前神寺(前神寺奥ノ院)の前を通り過ぎると、つづら折りの遊歩道を

DATA

登山難易度	中級
日　　程	前夜泊日帰り
歩行時間	6時間：山頂成就駅→夜明峠→二の鎖→弥山→天狗岳(往復)
登山適期	5月下旬～10月下旬

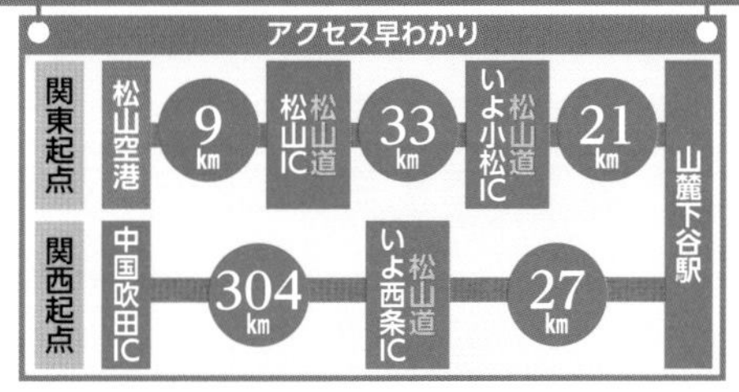

登っていく。開けてくると石鎚神社成就社の前で、旅館やみやげ物店もある。

成就社で登山の無事を祈願して出発。登山道は左手にあり、神門をくぐり進んでいく。最初は八丁坂とよばれる下り坂で、ブナなどの自然林が美しい。鞍部から先は上り坂で、木の階段が続く。前社ヶ森の手前には試しの鎖とよばれるクサリ場があるが、ここは迂回路を行くのが無難。前社ヶ森からは瓶ヶ森がよく見える。休憩所を過ぎ、樹林を抜けると石鎚山が現れる。夜明峠に下りた先が一の鎖。33mのいちばん短いクサリ場で、初心者はここで試すといい。無理だと思ったら迂回路に。土小屋からのコースと合流し、二の鎖前まで行くと休憩所がある。二の鎖65m、三の鎖68mと続くが、巻き道の迂回路を行ってもいい。クサリ場を登り終えると頂上社のある弥山山頂。迂回路から上がってくると石鎚神社頂上山荘の前に出る。山荘には食堂と売店がある。最高点の天狗岳までは鋭く切り立った岩の尾根を行くので注意が必要だ。

帰りはもとの道を下るが、クサリ場は迂回路を行こう。夕刻に下山するときはロープウェイ営業時間も確認しておくといい。

下山後の寄り道

SPA

国道11号近くに1400年の歴史があって硫黄の香りがする源泉かけ流しの**湯之谷温泉**、県道12号沿いに炭酸を含む白濁の温泉が自慢の**京屋旅館別館歓喜庵**があり、どちらも日帰り入浴ができる。また、湯之谷温泉の近くには石鎚神社本社と前神寺があるのでお参りするといい。

問合せ先　西条市観光物産協会☎0897-56-2605

95 九重山（くじゅうさん）

九重連峰で最も親しまれてきた久住山の明るいルートを登る

久住分れから見た久住山。火山らしい荒涼とした風景が広がる

コース&アクセスプラン

九重山はほとんどが溶岩ドームからなる20以上の火山が寄り集まった山群で、1700mを超えるピークが連なり、久住山（くじゅうさん）が主峰と目されている。最も高い中岳（なかだけ）（1791m）は九州本土の最高峰でもある。どのピークも視界をさえぎるものはなく、九重山のさまざまな相貌と遠くに九州の名山の展望が広がる。

ここに紹介するルートは、牧ノ戸（まきのと）峠から標高

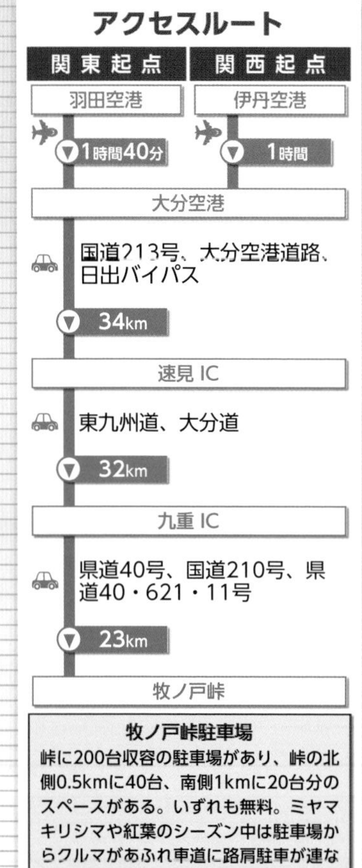

牧ノ戸峠駐車場

峠に200台収容の駐車場があり、峠の北側0.5kmに40台、南側1kmに20台分のスペースがある。いずれも無料。ミヤマキリシマや紅葉のシーズン中は駐車場からクルマがあふれ車道に路肩駐車が連なる。峠にトイレ、売店（弁当はない）、自動販売機がある。

アクセス

▶大分空港を左へ出て、国道213号の塩屋交差点で国道から分かれて大分空港道路（無料）に入る。日出バイパス（有料）を経て、速見ICで東九州道に入り大分方面へ向かう。九重ICで降り、国道210号に出て左折し、すぐに出合う野上交差点を右折して県道40号に入る。飯田のT字路で県道621号へ左折し、飯田高原交差点を右折し県道11号に入る。長者原交差点を直進し坂道を上りきれば牧ノ戸峠である。コンビニは大分空港と国道210号周辺にあるが、それ以降はない。

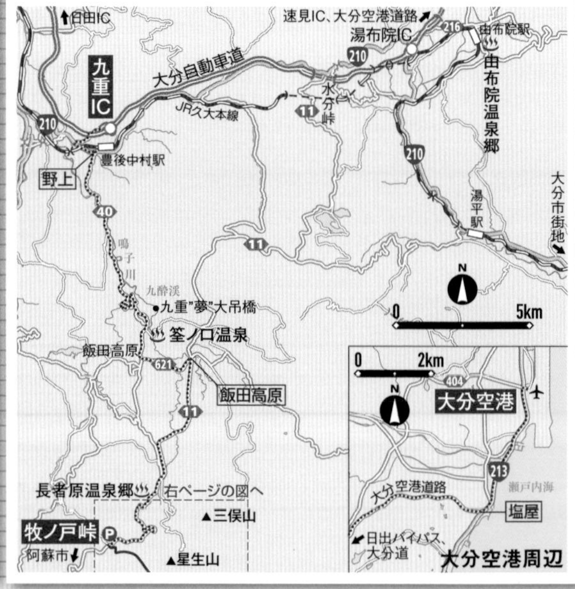

差450mほどの歩きやすい登路をたどって久住山に登るコースである。前泊あるいは下山後の宿泊地としては、アクセスの途中にある由布院温泉郷、少し足を延ばせば黒川温泉など人気の高い温泉郷がある。

大分道の九重ICから県道を南に向かい牧ノ戸峠へアクセスする。飯田高原、長者原と高原ドライブを経て坂道を上ると牧ノ戸峠に到着する。行楽シーズン中、九酔渓や九重“夢”大吊橋付近で渋滞の情報があれば、湯布院ICで降りて水分峠から県道11号を走ってもいい。

登山コースメモ

牧ノ戸峠からの取り付きと久住山頂手前の2カ所にきつい登りがあるほかは、なだらかな見晴らしのよい登路が続き、初級者でも無理なく登れるコース。西千里浜まではアセビやミヤマキリシマなどの低い灌木が繁るが、久住分れから先は火山特有の荒涼とした山肌になる。

星生山が大きく見えるようになると扇ヶ鼻の分岐に着く。扇ヶ鼻の山頂一帯は九重山のミヤマキリシマの群生地の一つである。山頂まで20

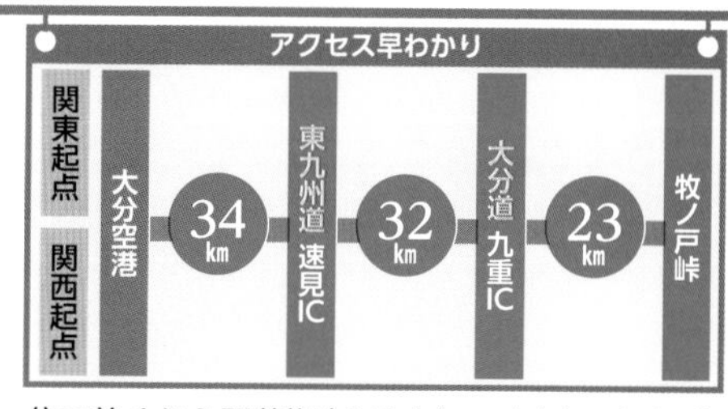

分で着くから開花期（6月上旬〜中旬）であれば、立ち寄ってピンクのじゅうたんの眺めを楽しんでほしい。西千里浜を進むと久住山が姿を現す。星生崎の裾を通り少し下れば久住山避難小屋に着く。小屋の隣にはトイレ（要協力金）がある。小屋から少し行くと久住分れの標柱がある。ここから山頂に続く稜線まで急登を行く。ガスに巻かれると迷いやすい所だが、石のペンキマークや地面のロープをたどって進めば問題はない。急な道を登りきって右へ緩やかな稜線をたどれば、山頂に到着する。

セットで登る

牧ノ戸峠から県道11号を南へ走れば50分ほどで国道57号の宮地駅前交差点に出る。交差点から阿蘇山・高岳（P212）の仙酔峡登山口までは6kmほどで、久住山とあわせて登りやすい。

DATA

登山難易度	初級
日　　程	前夜泊日帰り
歩行時間	4時間10分：牧ノ戸峠→扇ヶ鼻分岐→久住分れ→久住山（往復）
登山適期	4月下旬〜11月上旬

下山後の寄り道

SPA

大分道の湯布院ICから県道216号へ入り坂道を下ると湯布院の町に入る。ここは由布岳の麓に広がる豊富な湯量の**由布院温泉郷**。由布岳温泉や乙丸温泉館など気軽に立ち寄れる日帰り温泉がある。アクセス路の沿線には**長者原温泉郷**、**筌ノ口温泉**などもある。

問合せ先
九重町観光協会
☎0973-73-5505
由布市ツーリスト
インフォメーションセンター
☎0977-84-2446

96 祖母山（そぼさん）

九州随一の男性的な風貌を備えた祖母・傾山群の盟主を登る

ウエストン記念碑が立つ五ヶ所高原の三秀台から祖母山（右）を望む

コース&アクセスプラン

岩峰と懸崖を連ねる祖母・傾（かたむき）山群の長い稜線には個性的な峰々が連なるが、なかでも最高位の祖母山の均整のとれた尖った姿は登高欲をそそる。ほとんどの登山道は急登の尾根を通りハードな登高になるが、ここでは所要時間が短く、難易度もいちばん低い北谷（きただに）コースを案内する。標高差は650mほどで、行程の大半は緩やかな傾斜の稜線を歩く。

アクセスルート

北谷登山口駐車場
登山口の広場に20台ほどのスペースがある(無料)。満車時にはバックして林道の路肩に空地を探す。広場の小さな休憩所には水道とトイレがあるが自動販売機はない。なお、コンビニは西原村や高森町で寄っておこう。

北谷登山口の広場にある駐車場

アクセス

▶阿蘇くまもと空港を左に出て最初の信号を左折して県道206号へ入る。県道28号に入り、南阿蘇村久石交差点で左折し県道39号へ。国道325号に入り高森峠トンネルの先の山都町柳交差点を左折しそのまま国道325号を走る。ループ橋を過ぎ、高い橋梁の手前で国道325号から分かれて県道8号に入る。高千穂町河内交差点を直進して崩野峠を越え、三秀台の脇を過ぎ、五ヶ所で登山口標識を見て右折する。集落を過ぎると林道となり、終点に北谷登山口がある。

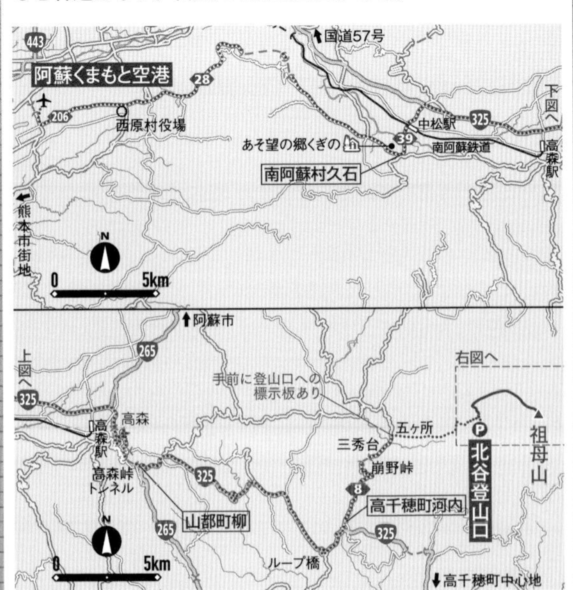

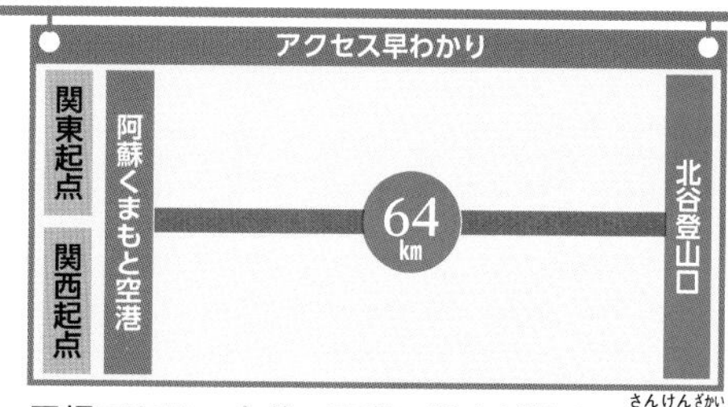

前泊あるいは下山後泊の日程になるが、宿泊地はアクセス途中にある南阿蘇(みなみあそ)温泉郷か、下山後の寄り道欄で紹介する高千穂(たかちほ)町中心地が適地である。

祖母山は幹線道路から離れており、登山口まで多くの道路を経由しながら山間を抜けていかなければならない。阿蘇くまもと空港から県道206・28・39号を走り、国道325号に出て北谷登山口へ向かう。なお、空港から国道443号に出て北上し、大津町室交差点で国道57号へ進んで東進して国道325号に入ってもいい。高森峠や崩野(くえの)峠の周辺はヘアピンカーブの急坂が連続し、最後の林道は悪路である。

登山コースメモ

祖母・傾山群は若葉の芽吹きに先だって、淡いピンクのアケボノツツジが山を飾る。初夏にはオオヤマレンゲの白い花が芳香を漂わせている。樹林はモミ、ツガなども混じるが落葉広葉樹が優勢で、新緑や紅葉の時期は華やかだ。

登山口から植林や二次林の中を登れば千間平(せんげんだいら)に上がる。名前のとおりに広いたんたんとした尾根である。大分・宮崎・熊本が接する三県境(さんけんざかい)を過ぎ、アップダウンを繰り返して祖母山の肩にあたる国観(くにみ)峠へ出る。山頂まで樹木に覆われて展望がないなか、これまでとは様相が変わって深くえぐられた歩きにくい登路が続く。山頂直前で右から風穴コースが合流する。

頂上では九重山(くじゅうさん)、阿蘇山、大崩山(おおくえやま)などの展望もすばらしいが、奥岳川の渓谷を馬蹄形に取り囲む祖母・傾山群の長い稜線に切り立つ岩峰や側壁のアルペン的な景観に惹きつけられる。

帰りは往路を戻る。風穴コースを下ってもほぼ同じ時間で北谷登山口へ戻れるが、ハシゴのある岩場の通過や迷いやすい箇所がある。

DATA

登山難易度	初級
日　　程	前夜泊日帰り
歩行時間	4時間45分：北谷登山口→千間平→国観峠→祖母山(往復)
登山適期	4月下旬〜11月中旬

下山後の寄り道

SIGHTS

高千穂町河内交差点から国道325号に出て13kmほど南下すると、天孫降臨の地といわれ神話にちなむスポットや伝統行事が多い高千穂町中心地に着く。柱状節理の懸崖が迫る**高千穂峡**や神話の天岩戸(あまのいわと)がある**天岩戸神社**など観光資源も豊富だ。**高千穂神社**の神楽殿では、毎晩高千穂の夜神楽のうち代表的な舞いが観光客向けに演じられている。国道218号沿いには**道の駅高千穂**があり、地元産の素材を使ったレストランと物産館がある。また、幹線道路から外れるが**天岩戸の湯**などで日帰り入浴ができる。

問合せ先
高千穂町観光協会
☎0982-73-1213

■標高 1592m（高岳）

97 阿蘇山（あそさん）

噴煙の絶えない火の山・阿蘇の主峰・高岳へ登る

ミヤマキリシマが咲き誇る仙酔峡から高岳方面を眺める

コース&アクセスプラン

カルデラ縁から外側に裾を広げる外輪山とカルデラ、中央部に隆起する火口丘群を総称して阿蘇山とよぶ。十数座の火山からなる中央火口丘群は阿蘇五岳と称され、最高所が高岳（たかだけ）である。高岳へは、西側の阿蘇山上広場から中岳を経由して登るコースと、北側の仙酔峡（せんすいきょう）登山口から登るコースがよく歩かれている。ただし、噴火警戒レベルが2の場合には山上広場からのコースは

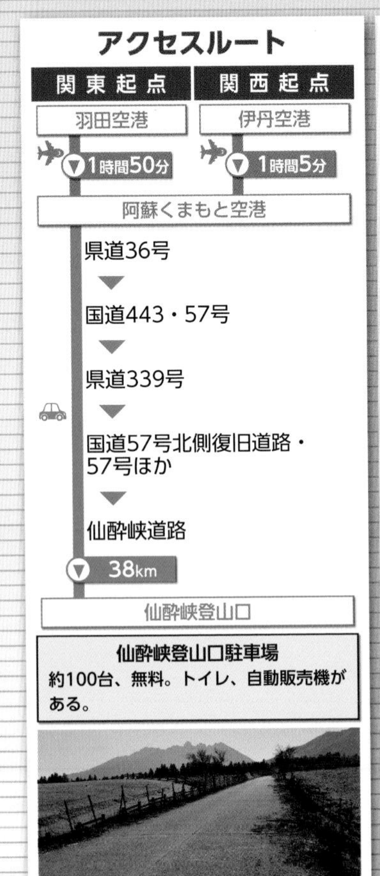

国道 57 号の仙酔峡入口から仙酔峡道路を走る

アクセス

▶阿蘇くまもと空港から右に出て県道36号、国道443号を行き、立体交差手前の大津町室のT字路を右に行くと再び大津町室交差点に出合うので、右折して国道57号に入る。大津町引水のミルクロード入口交差点で左折して県道339号に入り、国道57号北側復旧道路へと進む。車帰（くるまがえり）ICで復旧道路を降りて県道23号を右折し、阿蘇市赤水のミルクロード入口交差点で左折して再び国道57号を走る。仙酔峡入口交差点を右折して仙酔峡道路に入り、終点の仙酔峡登山口へ上がる。

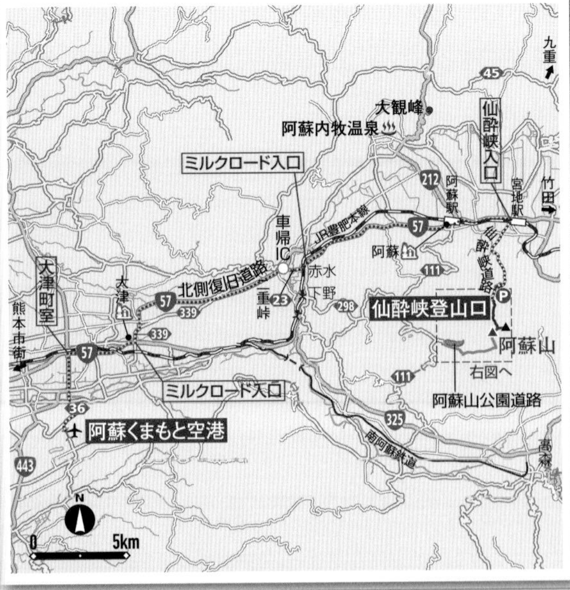

立ち入りが規制され、レベルが3になると高岳も登山禁止となるので、火山の活動状況を確認して登山計画を立てよう。ここではレベルが2のときにも登山できる仙酔尾根を登り、三角点のある高岳頂上と根子岳の眺めがよい高岳東峰を巡り、往路を戻るコースを紹介する。

阿蘇くまもと空港からは北側の大津町へ行き、国道57号を東へ進んで仙酔峡登山口へと向かう。途中、道の駅大津の先で国道57号北側復旧道路へと進む。北側復旧道路は熊本地震後の2020年に整備された道路だ。

登山コースメモ

駐車場から仙酔峡を渡り、ミヤマキリシマの群落地を巡る道を上がっていく。コースの東側にある鷲見平はミヤマキリシマの名所で、5月初旬の開花期には観光客も行きかっている。ヤシャブシの繁みを抜けると仙酔尾根の登りになる。岩尾根だが、緩傾斜で不安は感じない。稜線まであと3分の1という所で5mの岩の壁に出合う。唯一の難所だがロープに沿って斜めに登り、わりと簡単に越せる。尾根の登りはそこで終わり、傾斜のきつい広い斜面をジグザグに登っていく。

登りきると火口壁で、東西750m、南北500mの大鍋とよばれるクレーターのような火口跡が足元に広がっている。まず右に行って高岳の頂上を踏み、折り返して東峰の天狗の舞台へ向かう。不毛の火山原だが岩陰にマイヅルソウやイワカガミが咲いている。天狗の舞台の周囲では仙酔峡より1カ月遅れてミヤマキリシマが満開になる。帰りは往路を戻る。

DATA

登山難易度	中級
日程	前夜泊日帰り
歩行時間	4時間15分：仙酔峡登山口→火口壁→高岳→高岳東峰→火口壁→仙酔峡登山口
登山適期	4月中旬～11月中旬

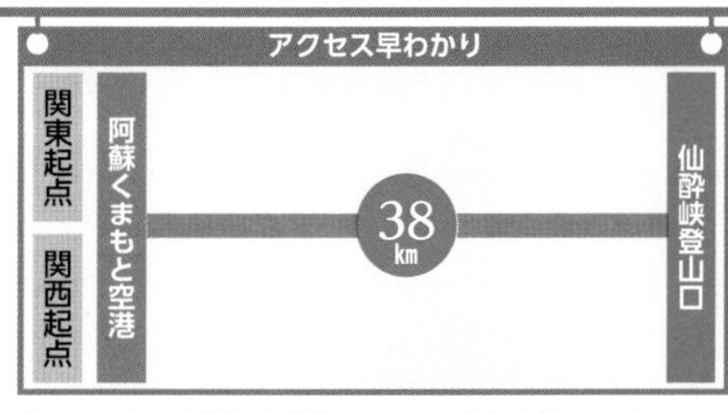

こんなコースも

噴火警戒レベルが1の場合は西側の阿蘇山上広場から高岳を往復してもいい。山上広場へは国道57号の下野交差点、もしくは阿蘇駅前交差点から県道111号などを経由してアクセスする。山上広場周辺には有料と無料の駐車場（約250台分）がある。山上広場から砂に覆われた砂千里ヶ浜を通って南岳へ登り、中岳の火口などを見ながら中岳から高岳へと歩く。登り約2時間30分、下り約2時間の行程だ。

下山後の寄り道

SIGHTS

外輪山随一の展望台・**大観峰**から、広大なカルデラと仏様が仰向けに横たわった姿に見える中央火口丘群が一望できる。仙酔峡から国道57・212号を経て大観峰の駐車場へ向かう。また、大観峰の麓には**阿蘇内牧温泉**がある。阿蘇域内最大規模の温泉郷で泉質も多彩。日帰り入浴ができる施設は多く、前泊地にもよい。

問合せ先　阿蘇市観光協会☎0967-34-1600

きりしまやま
98 霧島山

青い湖水をたたえた大浪池を巡り、霧島山の盟主・韓国岳を往復する

大浪池西回り道から見る大浪池と韓国岳

コース&アクセスプラン

宮崎と鹿児島にまたがる霧島山は20を超える火山をもつ山群で、最高峰は標高1700mの韓国岳。2018年に新燃岳とえびの高原の硫黄山で噴火が発生し、2023年12月現在、この2エリアと御鉢、大幡池に噴火警戒レベルが運用されている。新燃岳と硫黄山周辺では令和以降も火山活動が高まることがあり、新燃岳の警戒レベルが1のときでも火口から1kmの範囲は立ち入りが規制

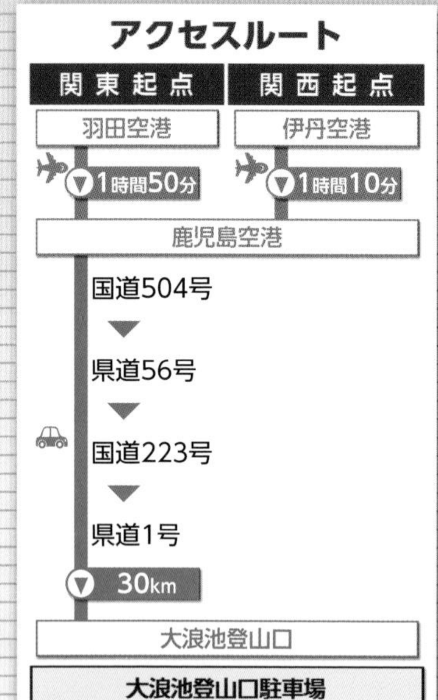

アクセスルート

関東起点	関西起点
羽田空港	伊丹空港
✈ 1時間50分	✈ 1時間10分

鹿児島空港
↓ 国道504号
▼ 県道56号
▼ 国道223号
▼ 県道1号
🚗 30km
大浪池登山口

大浪池登山口駐車場
車道の両脇に乗用車30台ほどの駐車場（無料）が設けられている。登山口とバス停が同じ場所になっており、バスの停留所も区画が切ってあるので、そこには駐車しないように。トイレあり。

県道１号の両脇に駐車できる

アクセス

▶鹿児島空港を右に出て国道504号を大口方面に向かう。3km先の交差点で右折し県道56号へ入る。信号のないT字路で国道223号に出合い、これを左折して霧島温泉郷へ向かう。石坂川の谷間を過ぎ牧園まで来ると見晴らしがよくなる。霧島温泉郷に入ると店舗などが多くなり、賑やかになる。霧島温泉丸尾交差点で223号と分かれて県道1号を上がっていく。ヘアピンカーブが連続する坂道を上がり、道路が平坦になると大浪池登山口に到着する。

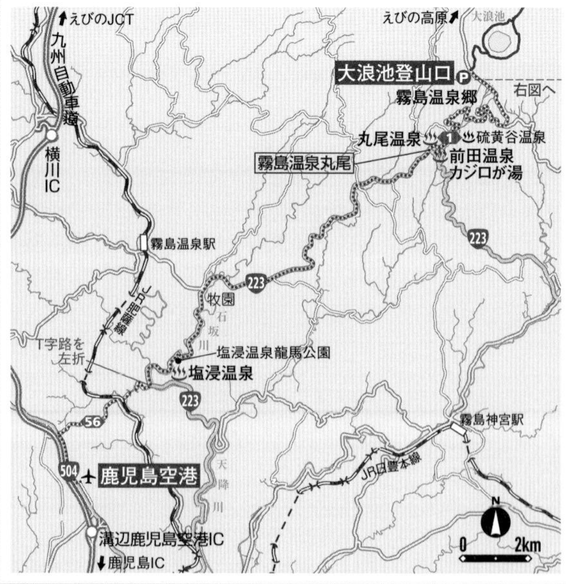

され、韓国岳の南東に位置する獅子戸岳から新燃岳方面への縦走ではできない。韓国岳のメインルートは北西側のえびの高原からのコースだが、硫黄山の警戒レベルが2の火口周辺規制になるとこのコースの立ち入りは規制されるので、山行を計画するときに火山の活動状況を確認しよう。ここでは、硫黄山の警戒レベルが2のときにも入山できる南東側の大浪池登山口から韓国岳へ登るコースを紹介する。

東京・大阪方面から鹿児島空港への便数は多い。空港からは国道223号、県道1号へと進んで登山口へ向かう。アクセス路周辺には霧島温泉郷があるので、温泉宿に前夜泊するプランを組もう。

登山コースメモ

バス停横にある大浪池登山口から平らな石が敷き詰められた遊歩道を行く。周囲はアカマツやツガの樹林で、進路が右へ曲がると溶岩のブロックを並べたごつごつとした道に変わる。灌木林を抜けると、休憩所のある大浪池の火口縁最低鞍部に出る。

火口縁を西回りに半周し、韓国岳避難小屋の立つ鞍部へ。鞍部からは韓国岳の登りが始まる。頂上まで途切れることなく急登がほぼまっすぐに続く。韓国岳の頂上は火口縁の最高所にあって展望がすばらしく、足元には丸い大きな火口が広がっている。山頂からは登山口へ戻るが、帰路は大浪池を東回りで半周しよう。

DATA

登山難易度	初級
日程	前夜泊日帰り
歩行時間	4時間35分：大浪池登山口→大浪池→西回り→韓国岳避難小屋→韓国岳→避難小屋→東回り→登山口
登山適期	3月下旬〜11月中旬

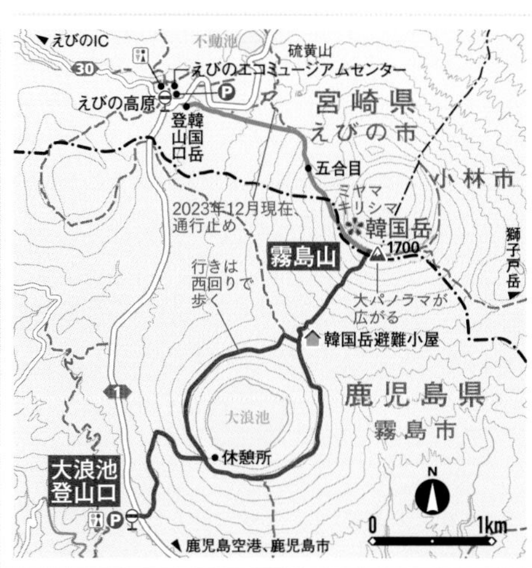

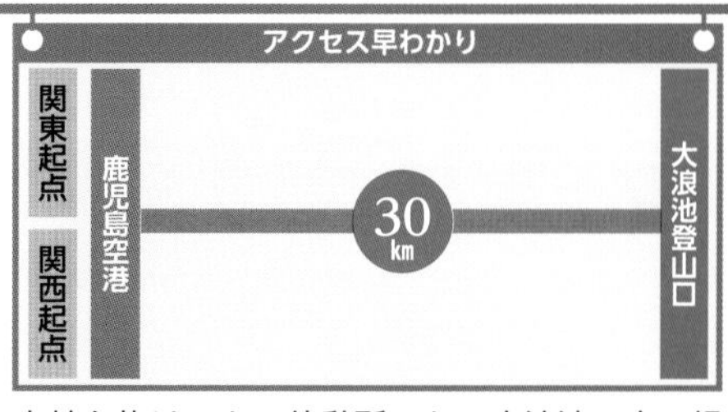

こんなコースも

韓国岳への最短路はえびの高原からのコースなので、硫黄山の噴火警戒レベルが1のときにはえびの高原から登ろう。えびのエコミュージアムセンター周辺に約200台分の駐車場（有料）がある。五合目付近まで登ると韓国岳山頂部の眺めがよくなり、コース中にミヤマキリシマの群生地もある。えびの高原から登り約1時間30分、下り約1時間の行程だ。

下山後の寄り道

SPA

霧島温泉郷は大浪池南西の中腹に点在する丸尾、関平、硫黄谷、林田など9つの温泉からなり、**丸尾温泉**に宿が多く、ほかは一軒宿が多い。泉質は硫黄泉が多い。丸尾交差点近くの**前田温泉カジロが湯**は公衆浴場で、立ち寄り入浴できる。また、アクセスの途中にある**塩浸温泉**は、日本で最初に新婚旅行をした坂本龍馬とお龍が逗留した温泉で、龍馬は寺田屋事件で負った傷を癒やしたという。塩浸温泉龍馬公園には関連の資料などが展示されている。

問合せ先　霧島市観光協会☎0995-78-2115

99 開聞岳（かいもんだけ）

海中から湧き立ったように見える
薩摩半島南端の秀峰の頂へ

北西側にある頴娃町の瀬平公園から夕景の開聞岳を望む

コース&アクセスプラン

開聞岳は成層火山の上に溶岩ドームが乗った2層の火山で、薩摩富士の名前をもつ。薩摩半島の南の端にあり、秀麗な容姿を陸からはみ出て海中に浮かんでいるかのように見せている。登山道は円錐形の山体を左からぐるりと巻くようにして高度を上げていき、山体をひと回りして頂上に達する。らせん状に徐々に高度を上げていくため、急登らしい所はない。ルートはこの1

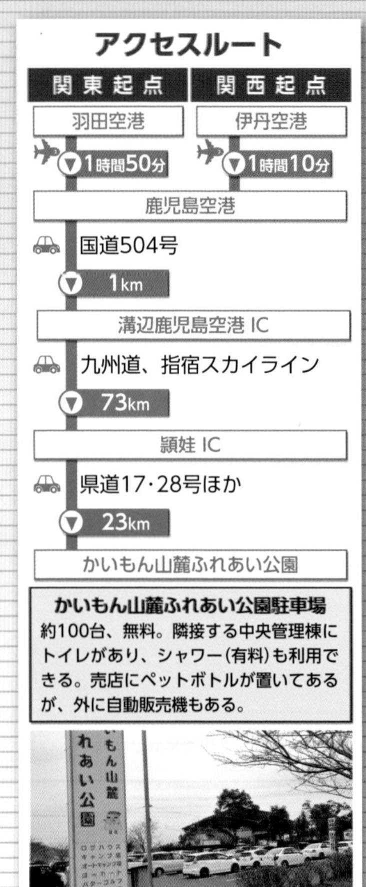

ふれあい公園の駐車場と中央管理棟

アクセス

▶鹿児島空港を出て溝辺鹿児島空港ICから九州道へ。九州道終点の鹿児島ICから指宿スカイラインに入る。長距離でカーブの多いルートなので、随所にある展望所で適宜休息をとる。頴娃ICから県道17号を進み大迫で県道28号に合流し、右折して池田湖方面に進む。枚聞神社を過ぎるとすぐに国道226号とクロスする。この指宿市開聞十町交差点を直進し、かいもん山麓ふれあい公園の登山者駐車場へ行く。コンビニは空港周辺や国道226号沿いにある。

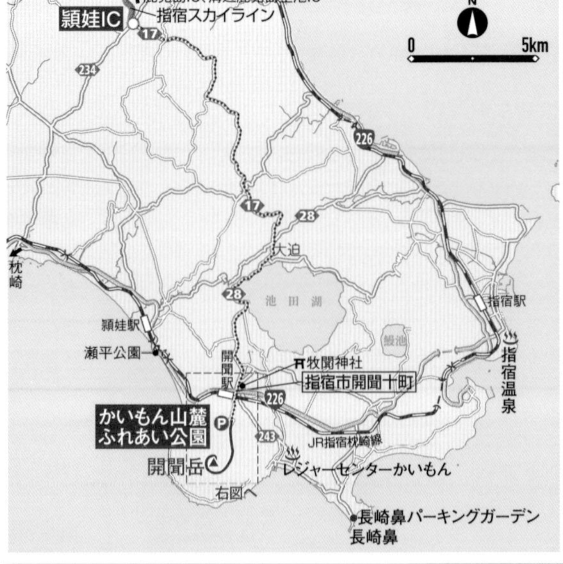

本だけで、帰りは往路を戻る。

鹿児島空港から登山口までクルマで100㎞近く走らなければならないので、前泊か下山後泊の計画になる。宿泊はアクセスルートから少し外れるが指宿(いぶすき)温泉が適地だろう。

鹿児島空港から九州道を終点まで南下して、薩摩半島の山並みを縫っていく展望に恵まれた指宿スカイラインを走り、大ウナギが生息する火口湖の池田湖畔を通って、かいもん山麓ふれあい公園にある登山口をめざす。

登山コースメモ

駐車場から公園の横を通って二合目登山口へ向かう。開聞岳登山は二合目からスタートする（一合目は車道を下った開聞中学校にある）。背の高いマツやスタジイの林を緩やかに登っていく。火山礫や岩さいが堆積したもろい地盤はえぐれやすく、登路は時折深い溝の中を通る。登るにつれて樹高は次第に低くなっていく。五合目では展望デッキから遠くに桜島や大隅(おおすみ)半島、足元に長崎鼻(ながさきばな)や指宿の眺望が得られる。

七合目まで上がると山の様相が変わり、岩が露出した歩きにくい道になる。溶岩ドームの領域に入ったようだ。七・一合目では灌木の切れ目から黒潮の海原の広がりが見渡せ、天候に恵まれると洋上に屋久島を望むことができる。登路が山の北側に回り込むと、枕崎(まくらざき)方面に延びる緩くカーブした海岸線や池田湖が眼下に見える。ハシゴやロープのかかる岩場を越えていくと、岩が積み重なった狭い頂上に到着する。

DATA

登山難易度	初級
日　程	前夜泊日帰り
歩行時間	4時間40分：かいもん山麓ふれあい公園→二合目登山口→五合目→八合目→開聞岳（往復）
登山適期	通年

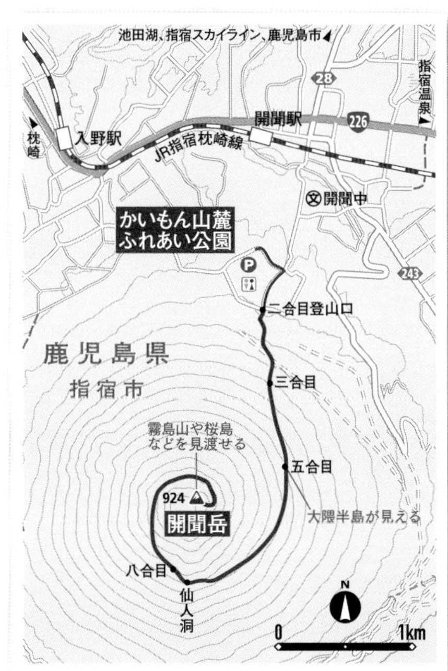

下山後の寄り道

SPA

十町交差点から国道226号を東へ12㎞ほど行けば、数多くの源泉をもつ**指宿温泉**に着く。日帰り温泉、公衆浴場、足湯など各種の施設があるが、指宿では砂むし温泉を体験したい。浴衣を着て砂場に横たわると熱せられている50～55度の砂をシャベルでかぶせられる。新陳代謝の効果は一般の温泉の3～4倍という。また、かいもん山麓ふれあい公園から県道243号に出て南へ行くと**レジャーセンターかいもん**があり、ここでも日帰り入浴ができる。

SIGHTS

長崎鼻の突端では海に浮かぶ開聞岳のピラミダルな姿が見える。また、亜熱帯植物が茂る**長崎鼻パーキングガーデン**があり、園内には放し飼いのサルや鳥類がいる。

問合せ先　指宿市観光協会☎0993-22-3252

100 宮之浦岳（みやのうらだけ）

世界自然遺産・屋久島の中央に威風堂々と君臨する九州最高峰

ヤクザサと花崗岩の妙が独特の光景をかもし出している

コース&アクセスプラン

九州の最高峰であり、最南端の日本百名山である宮之浦岳。世界自然遺産に登録される屋久島のほぼ中央に位置し、固有の風土に育まれた特異な風景や動植物にも出合えることから、登山者に根強い人気がある。

登山のみが目的であれば、マイカーは持ち込まず、飛行機またはフェリーで屋久島へ渡り、移動にはレンタカー、路線バス、タクシーを利

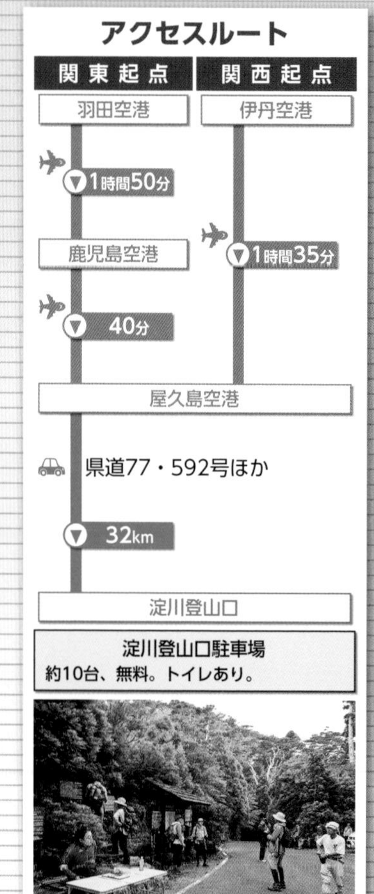

早朝から多くの登山者で賑わう淀川登山口

アクセス

▶屋久島空港へは大阪から直行便があるが、東京からは鹿児島空港を経由して向かう。屋久島空港からは県道77号を南下し、安房川を越えた先の交差点を屋久杉自然館方面へ右折して県道592号に入る。荒川分れの分岐を左へ向かい、ヤクスギランドや紀元杉の前を過ぎると、淀川登山口に着く。空港と登山口を結ぶ路線バスはないため、安房地区に前泊し、翌朝タクシー（片道7000円前後）かレンタカーで登山口へ向かおう。安房から淀川登山口までは約23km、所要1時間。

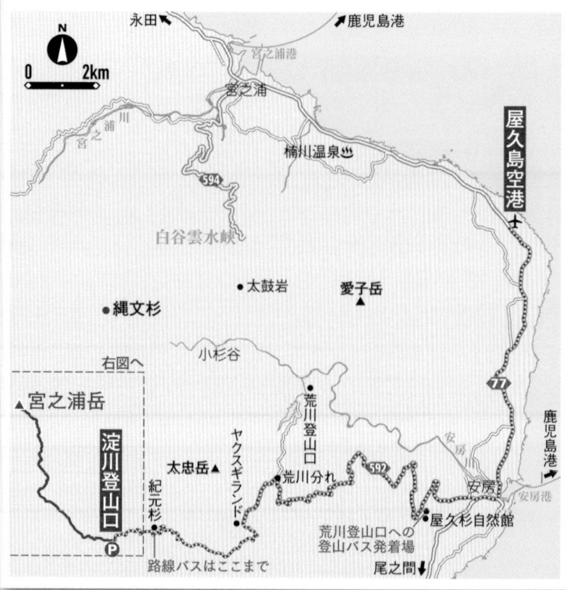

用するのが合理的だ。なお、路線バスは淀川登山口まで通じておらず、便数も限られているため利用価値は低い。

淀川登山口から徒歩45分の淀川小屋に前泊すれば、翌日の歩行時間を短縮できるが、設備の整っていない避難小屋のため、装備品の負担が大きい。安房地区周辺の宿に前泊し、翌朝に登山口へ入る登山者が大半を占める。なお、登山の際には山岳部環境保全協力金を納めよう。

登山コースメモ

日帰りでの行程は歩行時間が長いため、ヘッドランプを用意し、薄暗いうちから歩き始めるのが無難だ。淀川小屋まで緩やかに登り、清流の淀川を渡ると、登山道は徐々に傾斜を増してくる。豆腐岩とよばれる奇岩を望む高盤岳展望台を過ぎると、小花之江河、ついで花之江河といった高層湿原が姿を見せる。黒味岳への分岐を過ぎ、ロープの張られた岩場を越えると、休憩に適した広々とした投石平に着く。

ひと休みしたら、小刻みなアップダウンを繰り返しながら、徐々に高度を稼いでいく。登山道を彩るヤクザサの緑、ちょこんと突き出た花崗岩の白といった独特の光景に目を奪われながらさらに進めば、やがて宮之浦岳山頂に到達する。山頂からは目の前に対峙する奇怪な山容の永田岳をはじめ、島内の山々や東シナ海の眺めがすばらしい。

帰りは往路を戻るが、1日の歩行時間が長いので、最後まで気を抜かずに下っていこう。

DATA

登山難易度	上級
日　　程	前夜泊日帰り
歩行時間	9時間35分：淀川登山口→淀川小屋→花之江河→投石平→宮之浦岳（往復）
登山適期	4月下旬～11月中旬

花之江河の先に見える黒味岳（中央）は宮之浦岳の好展望地

下山後の寄り道

SIGHTS

はるばる屋久島まで足を運んだのであれば、宮之浦岳登山だけではもったいないと感じる向きも多いだろう。屋久島の代名詞・**縄文杉**を訪れる場合は、前泊地でも紹介した安房地区に宿泊し、翌朝タクシーまたは登山バスで荒川登山口へ入る（マイカー規制あり）。整備されたトレッキングコースだが、往復19kmと行程は長い。より手軽に屋久島の自然を感じられるのが**白谷雲水峡**で、渓流が育んだ杉と苔に覆われた神秘的な森を散策できる。個々の都合に合わせてコース選択できるのもうれしい。散策路入口まで島北東部の宮之浦から路線バスで30分。

問合せ先　屋久島観光協会☎0997-46-2333

Column6

クルマ利用で縦走登山をするには

クルマ登山では入山口と下山口が異なる縦走プランを立てにくい。例えば、北アルプスの裏銀座コースを縦走すれば水晶岳、鷲羽岳、槍ヶ岳の3座の百名山に登頂できるが、起点となる七倉に駐車した場合、槍ヶ岳まで縦走すると七倉から離れてしまうので鷲羽岳に登頂後、往路を戻ることになる。この問題を解消してくれるのがクルマの回送サービスだ。

マイカー回送サービスとは

マイカー回送サービスは、入山口などで預けたクルマを、下山日までに下山口へ届けてくれるもの。裏銀座コース縦走の場合、七倉に停めたクルマを回送してもらえるので、槍ヶ岳まで縦走できる。槍ヶ岳の代表的な登山口は上高地(駐車場は沢渡か平湯)と新穂高温泉だが、回送する距離が長くなると回送料も高くなるので、七倉からの距離が近い沢渡への回送が最も安くなるのが一般的だ。

回送サービスを行う会社は北海道の大雪山系や富士山、浅間山の周辺などにもあるが、北アルプス周辺に多く、例えば富山側の立山

回送サービスを利用すれば裏銀座コースで槍ヶ岳まで縦走するなど、ロングコースを縦走しやすくなる

駅に停めたクルマを長野側の扇沢へ回送してもらうこともできる。遠方から北アルプスを訪れて何座がまとめて登りたい登山者には、利用価値のあるサービスだ。

そのほかの方法

百名山の山麓にある宿泊施設の中には、登山口まで送迎してくれる所がある。また、連泊すれば下山時にも送迎してくれ、遠距離でなければ入山口と下山口を変えてくれることもある。例えば、北海道の倶知安町ニセコには入山時は羊蹄山の真狩コース登山口に、下山時は倶知安ひらふコースの登山口に送迎してくれる宿があり、宿にクルマを停めて縦走することができる。ほかの山域でも送迎が可能な宿があれば相談してみるといい。

数人で行くパーティ登山でクルマ2台に分乗する場合は、入山口と下山口に1台ずつ駐車して縦走できる。例えば、北アルプス北部にある五竜とおみと爺ヶ岳登山口に駐車して五竜岳から鹿島槍ヶ岳へ縦走するプランが考えられる。ただし、下山口から入山口へのクルマでの移動距離が長い場合(立山駅～扇沢間など)には上記したマイカー回送サービスなどを利用したほうがいい。

また、クルマに載せた折りたたみ式の自転車を下山口に置いておき、縦走に利用する登山者もいる。この方法は百名山の縦走には向かないが、南アスプス・塩見岳の鳥倉林道ゲート～鳥倉登山口間、同じく南アルプスの光岳の芝沢ゲート～易老渡間など、起点の駐車場～登山口間の林道を走るときには自転車を利用することもできる。

Column 7

百名山完登のためのプランニング

日本百名山の制覇までに要した年数は完登者によってさまざま。30年以上かけた人もいれば5～6年で完登した人もいる。ここでは百名山を完登するためのプランニングのポイントを紹介していこう。

シーズンごとのプランを考える

各山の一般的な登山シーズンは登山道に残雪がなくなる時期から初雪が降る頃まで。北アルプスの稜線がまだ多くの残雪に覆われている4月に九州の山へは登れるようになり、5月に入ると雲取山や大菩薩嶺、瑞牆山などの中央道沿線の山、関西以西の西日本の山も登山適期になるので、春はこうしたエリアの山に登ろう。西日本には11月に入っても登れる山が多い。

例年、6月に入ると各地で梅雨入りする。長期の山行を計画しづらくなる時期だが、6月には梅雨の晴れ間をねらって登山シーズンを迎える東北の山や、谷川岳や武尊山などの群馬周辺の山へ登ろう。この山域の山へは10月に登ってもいい。苗場山や巻機山、平ヶ岳などの上越エリアや妙高・火打周辺、白山などの残雪の多いエリアは7月前半や9月に登ると年間のスケジュールが組みやすくなる。

3000m級の山々が連なる日本アルプスや北海道の山は安全に歩ける時期が短い。そのため、7月下旬から8月の夏山シーズンには高峰や北海道の山を中心に登っておきたい。

標高が1000mを切る茨城の筑波山と鹿児島の開聞岳は通年登ることができる。1500m前後の伊豆・天城山や福井・荒島岳なども登山シーズンは長いが、標高が低いぶん暑さが厳しい時期の登山はおすすめできない。

富士山などの高峰への登山は夏に予定すると月ごとの計画が立てやすくなる（写真は富士山八合目付近）

遠征時には複数の山に登る

遠距離にある山域に数年のうちに何度も足を運ぶことは難しい。そのため、遠出をしたときにはなるべく複数の山へ登っておきたい。例えば、北海道の道東へ行ったら羅臼岳、斜里岳、阿寒岳の3座に登る、九州に遠征したら九重山、阿蘇山、祖母山の3座を回るようにする。数年単位で遠征時の山行計画を考えて実践していくと、登頂した山の数を着実に増やしていける。

百名山完登までに何十年もかかることは珍しいことではない。人間はたとえトレーニングや登山を継続していたとしても、加齢によって体力や持久力、敏捷性などの運動能力が徐々に低下していく。そのため、体力を要する標高差の大きいコース（南アルプスの悪沢岳・赤石岳など）やロングコース（平ヶ岳など）、技術的な難易度が高い山（北海道・幌尻岳や北アルプス・剱岳など）にはなるべく早い段階で登頂しておく方が賢明だ。

Index

山名索引 （五十音順）

あ

山名	読み	ページ
会津駒ヶ岳	あいづこまがたけ	96
間ノ岳	あいのだけ	165
赤石岳	あかいしだけ	181
赤城山	あかぎやま	126
阿寒岳	あかんだけ	52
朝日岳	あさひだけ	82
浅間山	あさまやま	132
四阿山	あずまやさん	130
阿蘇山	あそさん	212
安達太良山	あだたらやま	90
吾妻山	あづまやま	88
雨飾山	あまかざりやま	40
天城山	あまぎさん	186
荒島岳	あらしまだけ	194
飯豊山	いいでさん	86
石鎚山	いしづちさん	206
伊吹山	いぶきやま	196
岩木山	いわきさん	70
岩手山	いわてさん	74
空木岳	うつぎだけ	176
美ヶ原	うつくしがはら	158
越後駒ヶ岳	えちごこまがたけ	110
恵那山	えなさん	174
大台ヶ原山	おおだいがはらやま	198
大峰山	おおみねさん	200
御嶽山	おんたけさん	172

か

山名	読み	ページ
甲斐駒ヶ岳	かいこまがたけ	162
開聞岳	かいもんだけ	216
笠ヶ岳	かさがたけ	29
鹿島槍ヶ岳	かしまやりがたけ	14
月山	がっさん	80
木曽駒ヶ岳	きそこまがたけ	176
北岳	きただけ	165
霧ヶ峰	きりがみね	156
霧島山	きりしまやま	214
金峰山	きんぷさん	144
草津白根山	くさつしらねさん	128
九重山	くじゅうさん	208
雲取山	くもとりやま	140
黒部五郎岳	くろべごろうだけ	29
甲武信ヶ岳	こぶしがたけ	148
五竜岳	ごりゅうだけ	12

さ

山名	読み	ページ
蔵王山	ざおうさん	84
塩見岳	しおみだけ	168
至仏山	しぶつさん	122
斜里岳	しゃりだけ	50
常念岳	じょうねんだけ	32
後方羊蹄山（羊蹄山）	しりべしやま	62
白馬岳	しろうまだけ	10
水晶岳	すいしょうだけ	22
皇海山	すかいさん	102

山名	読み	ページ
仙丈ヶ岳	せんじょうがたけ	162
祖母山	そぼさん	210

た

山名	読み	ページ
大雪山	たいせつざん	54
大山	だいせん	202
大菩薩嶺	だいぼさつれい	142
高妻山	たかつまやま	38
蓼科山	たてしなやま	154
立山	たてやま	16
谷川岳	たにがわだけ	118
丹沢山	たんざわさん	184
鳥海山	ちょうかいさん	78
筑波山	つくばさん	104
剣山	つるぎさん	204
劒岳	つるぎだけ	16
光岳	てかりだけ	170
十勝岳	とかちだけ	58
トムラウシ山	とむらうしやま	56

な

山名	読み	ページ
苗場山	なえばさん	116
那須岳	なすだけ	94
男体山	なんたいさん	100
日光白根山	にっこうしらねさん	124
乗鞍岳	のりくらだけ	34

は

山名	読み	ページ
白山	はくさん	192
八幡平	はちまんたい	72
八甲田山	はっこうださん	68
早池峰山	はやちねさん	76
磐梯山	ばんだいさん	92
燧ヶ岳	ひうちがたけ	98
火打山	ひうちやま	36
東岳(悪沢岳)	ひがしだけ	181
聖岳	ひじりだけ	183
平ヶ岳	ひらがたけ	112
富士山	ふじさん	150
鳳凰山	ほうおうざん	160
穂高岳	ほたかだけ	24
武尊山	ほたかやま	120
幌尻岳	ぽろしりだけ	60

ま

山名	読み	ページ
巻機山	まきはたやま	114
瑞牆山	みずがきやま	146
宮之浦岳	みやのうらだけ	218
妙高山	みょうこうさん	36

や

山名	読み	ページ
薬師岳	やくしだけ	20
焼岳	やけだけ	28
八ヶ岳	やつがたけ	152
槍ヶ岳	やりがたけ	24
羊蹄山	ようていざん	62

ら

山名	読み	ページ
羅臼岳	らうすだけ	48
利尻山	りしりざん	46
両神山	りょうかみさん	134

わ

山名	読み	ページ
鷲羽岳	わしばだけ	22
悪沢岳	わるさわだけ	181

日本百名山
クルマで行くベストプラン

2024年 3 月15日　初版印刷
2024年 4 月 1日　初版発行

編集人	志田典子
発行人	盛崎宏行
発行所	JTBパブリッシング 〒135-8165　東京都江東区豊洲5-6-36 豊洲プライムスクエア11階

企画・編集	ライフスタイルメディア編集部
編集・制作	大武　仁
編集協力	横井広海
文・写真	種村　融／樋口一成／横井広海 吉川渡／吉田祐介
写真協力	関係市区町村／PIXTA
表紙写真	アフロ
表紙デザイン	トッパングラフィックコミュニケーションズ （淺野有子）
デザイン	千秋社 （美柑和俊・中田薫・本田加奈子）
地図製作	千秋社
組版	千秋社
印刷	TOPPAN

編集、乱丁、落丁のお問合せはこちら
https://jtbpublishing.co.jp/contact/service/

JTBパブリッシング お問合せ

おでかけ情報満載　https://rurubu.jp/andmore

◎本書の地図の作成にあたっては、国土地理院発行の100万分の1、50万分の1地方図、2万5千分の1地形図及び基盤地図情報（数値標高モデル）を使用しました。

◎本書の取材・執筆にあたり、ご協力いただきました関係各位に、厚くお礼申し上げます。

◎本書の掲載データは2023年12月現在のものです。料金はすべて大人料金です。定休日は、年末年始、盆休み、ゴールデンウィークは省略しています。

◎本誌掲載の料金は、原則として取材時点で確認した消費税込みの料金です。ただし各種料金は変更されることがありますので、ご利用の際はご注意ください。

◎各種データを含めた掲載内容の正確性には万全を期しておりますが、登山道の状況や施設の営業などは、気象状況などの影響で大きく変動する事があります。安全のために、お出かけ前には必ず電話等で事前に確認・予約する事をお勧めします。山では無理をせず、自己責任において行動されるようお願いいたします。事故や遭難など、弊社では一切の責任は負いかねますので、ご了承下さい。

Printed in Japan
233611　421523
ISBN 978-4-533-15636-6　C2026

JTBパブリッシング
https://jtbpublishing.co.jp/